Alcira Mariam Alizade
Weibliche Sinnlichkeit

Alizade entwickelt die psychoanalytischen europäischen Diskussionen der 1960er bis 1980er Jahre um die weibliche Sexualität weiter.

»Ein leidenschaftlich geschriebenes und Leidenschaft erweckendes Buch, das nicht nur den männlichen Lesern das ›ewig Weibliche‹ – den von Freud so gefürchteten ›*dark continent*‹ – näherbringt, sondern auch das Vertrauen von Frauen in ihre Weiblichkeit stärkt. Daher empfehle ich allen dieses Buch zur Lektüre.«
(*R. Horacio Etchegoyen, aus dem Vorwort*)

»In diesem Buch spreche ich über einen Körper, der zugleich sinnlich und in ständigem Austausch begriffen ist zwischen Affekt und Repräsentanz, zwischen Primärvorgang mit seinen verschiedenen Schichten von Unbewusstheit und den Organisationen, die den Sekundärvorgang bestimmen. Ich spreche über einen Körper, der den Konflikten und Leidenschaften, den Tücken des Genusses, den Irrtümern der Identifikation sowie den Täuschungen der Objekte im Dienste der Befriedigung narzisstischer und ödipaler Fantasien auf Gedeih und Verderb ausgeliefert ist. Die Sprache und die tiefen Gefühle, die von den Wesen hervorgerufen werden, die über das menschliche Fleisch zirkulieren, hinterlassen Spuren, Zeichen, trophische Hüllen und Wunden, Rauheit und Zartheit.«
(*Alcira Mariam Alizade*)

Alcira Mariam Alizade (1943-2013) war Psychoanalytikerin und Lehranalytikerin in der Argentinischen Psychoanalytischen Vereinigung und der Internationalen Psychoanalytischen Vereinigung (IPV). Als Vizepräsidentin des 1998 gegründeten Komitees für Frauen und Psychoanalyse (COWAP) war sie eine unermüdliche Verfechterin seiner Aktivitäten und hat sich intensiv für seine Ziele eingesetzt sowie Bücher über Gender und Sexualität veröffentlicht.

Alcira Mariam Alizade

Weibliche Sinnlichkeit

Vorwort von
R. Horacio Etchegoyen

Aus dem Spanischen übersetzt von
Nora Sieverding

Herausgegeben von
Sibylle Drews

Brandes & Apsel

Deutsche Originalausgabe des in der Fassung von 2008
bei Amorrotu Editores 1992 erschienenen Werkes *La sensualidad femenina*
© by Ariel and Juan Martin Ruggieri, Buenos Aires, Argentina.
All rights reserved.

Der Brandes & Apsel Verlag bedankt sich für die Finanzierung
der Übersetzung bei der Sigmund-Freud-Stiftung.

1. Auflage 2014
© der deutschen Ausgabe: Brandes & Apsel Verlag GmbH, Frankfurt a. M.
Alle Rechte vorbehalten, insbesondere das Recht der Vervielfältigung und
Verbreitung sowie der Übersetzung, Mikroverfilmung, Einspeicherung und
Verarbeitung in elektronischen oder optischen Systemen, der öffentlichen
Wiedergabe durch Hörfunk-, Fernsehsendungen
und Multimedia sowie der Bereithaltung in einer Online-Datenbank oder im
Internet zur Nutzung durch Dritte.
Umschlag und DTP: Felicitas Müller, Brandes & Apsel Verlag,
Frankfurt a. M. unter Verwendung von Artemisia Gentileschi (1593-1653):
Allegoria della Fama, ca. 1630-35
Druck: STEGA TISAK d.o.o., Printed in Croatia
Gedruckt auf einem nach den Richtlinien des Forest Stewardship
Council (FSC) zertifizierten, säurefreien, alterungsbeständigen
und chlorfrei gebleichten Papier.

Bibliografische Information der Deutschen Nationalbibliothek:
Die Deutsche Nationalbibliothek verzeichnet diese Publikation
in der Deutschen Nationalbibliografie; detaillierte bibliografische
Daten sind im Internet über www.ddb.de abrufbar.

ISBN 978-3-95558-067-4

Inhalt

Vorwort zur deutschen Ausgabe
von Sibylle Drews   7

Dank   10

Vorwort zur englischen Ausgabe
von R. Horacio Etchegoyen   11

EINLEITUNG   19

1. KAPITEL
   Das sinnliche Empfinden des Körpers   31

2. KAPITEL
   Der Körper in der Psychoanalyse:
   der steinerne Kern   51

3. KAPITEL
   Die weiblichen Orgasmen   97

4. KAPITEL
   Weibliche Jungfräulichkeiten   165

5. KAPITEL
   Der Untergang des Ödipuskomplexes bei Frauen   183

6. KAPITEL
   Treue – Untreue   197

7. KAPITEL
   Über Leidenschaft und leidenschaftliche Sinnlichkeit   211

8. KAPITEL
   Weiblicher Masochismus:
   Erotik und die Conditio humana   225

Bibliographie   235

Vorwort zur deutschen Ausgabe von Sibylle Drews

Alcira Mariam Alizades Buch *Weibliche Sinnlichkeit*, das bereits 1992 auf Spanisch erschienen war, hat nichts an Aktualität und Originalität verloren. In der psychoanalytischen Erkundung der weiblichen Sexualität gibt es nach wie vor kaum ein Buch, das sich mit so viel klinischer Erfahrung, kreativer Eigenständigkeit des Denkens und so großem Einfühlungsvermögen einem zentralen und dennoch vernachlässigten Aspekt der weiblichen Sexualität gewidmet hätte: der weiblichen Sinnlichkeit.

Das ist der Grund, warum der Verlag, unterstützt durch die Sigmund-Freud-Stiftung und angeregt durch Mitglieder des Komitees für Frauen und Psychoanalyse (COWAP), dessen Vizepräsidentin Alcira Mariam Alizade war, sich entschlossen hat, dieses Buch, übersetzt aus dem spanischen Original, allerdings mit den Kürzungen der englischen Fassung von 1999, nach über zwanzig Jahren zu publizieren. Es ist eine Hommage an die argentinische Psychoanalytikerin Alcira Mariam Alizade und ein Dank für ihr Engagement in zentralen Lebensbereichen der Frauen. Durch ihren plötzlichen Tod im Juli 2013 ist es auch ein Vermächtnis, das sie uns hinterlassen hat.

Von zentraler Bedeutung für Alizades Erkundungen sind einerseits Freuds – eingestandenermaßen vorläufige – Konzeptualisierung der am männlichen »Modell« orientierten weiblichen Sexualität und die affirmative oder kritische Auseinandersetzung mit späteren, durchaus kontroversen psychoanalytischen Positionen. Andererseits orientiert sich Alizades Denken an Didier Anzieus Begriff des in der Epidermis verankerten Haut-Ichs als einer primären, phantasmatischen, somatopsychischen schützenden Hülle. Auf dieser Basis erarbeitet Alizade, sozusagen durch Hüllen, Überlagerungen und nicht zuletzt durch die Möglichkeiten von Verletzungen und Entwertungen der Weiblichkeit hindurch, eine neue Sicht auf die weibliche Sinnlichkeit, die nicht auf Sexualität reduziert ist. Dass Sexualität und Sinnlichkeit zu differenzieren sind, belegt Alizades Buch auf eindrucksvolle Weise.

In ihre Ausführungen und Herleitungen sind neue Erkenntnisse, reiche klinische Erfahrungen und innovative Korrekturen integriert. Ihr Buch trägt damit zu einer spannenden Auseinandersetzung und zur Modifikation und Weiterentwicklung psychoanalytischer Positionen bei – sei es zur weiblichen Erogenität, zum affektiven Austausch körperlichen wie psychischen Begehrens, sei es zum Schicksal des Untergangs des Ödipuskomplexes im Unterschied zu dem des Mannes und zum Einfluss einer phallozentrischen Kultur auf das Schicksal der ganz eigenen weiblichen Sinnlichkeit und, damit zusammenhängend, auf die Entfaltung der weiblichen orgastischen Potenz.

Alizades fundierte Konzeptualisierungen muten oft geradezu poetisch an: Die nüchterne Wissenschaftssprache transzendierend, schimmert ihre Leidenschaft, ja Sinnlichkeit durch ihre Sprache hindurch, mit der sie etwas an der weiblichen Sinnlichkeit in Worte zu fassen versucht, das sich ihnen doch gerade entzieht. Das ist das Besondere an diesem Buch. Und nicht zuletzt scheint immer wieder ihr impliziter Rekurs auf Jacques Lacan durch, der zur Weiblichkeit in ihrer fundamentalen Verschiedenheit zur Männlichkeit so Wichtiges beigetragen hat.

Nora Sieverding, in Santiago de Chile lebend, ist es mit ihrer Übersetzung gelungen, durch diese sprachlichen, konzeptuellen und psychoanalytisch oft unvertrauten, innovativen Gedankengänge hindurch einen Text vorzulegen, der etwas von der Besonderheit von Alcira Mariam Alizades Annäherung an das Thema, der Originalität ihrer Gedanken und der überzeugenden Stringenz ihrer Argumentation vermittelt und nicht zuletzt etwas von der Eigenheit ihrer sinnlich-poetischen Sprache erfasst.

Alcira Mariam Alizades Buch sind aufmerksame Leserinnen und Leser und auf Kongressen der psychoanalytischen Institutionen lebendige und diesem besonderen Thema und dem 21. Jahrhundert angemessene und angeregte Diskussionen zu wünschen.

Frankfurt am Main, Juli 2014

Dank

Dieses Buch zu schreiben war ein Abenteuer, eine leidenschaftliche Reise durch ein Meer von Wörtern, bei der viele Klippen umschifft werden mussten. Ich möchte so vielen Freunden danken, die mich bei meinem Vorhaben unterstützt haben. Die Namen derer, denen ich zu Dank verpflichtet bin, sind so zahlreich, dass ich oft nur deren Initialen angegeben habe, um meine Dankbarkeit zum Ausdruck zu bringen.

Mit Freude präsentiere ich diese Seiten, auf denen ich versuche, aus meiner klinischen Erfahrung einige der Variablen herauszulösen, die in der weiblichen Sinnlichkeit am Werke sind, in der Animalität des Körpers und seiner unermesslichen Spiritualität. Seit Freud sind hierzu zahlreiche Beiträge geschrieben worden. Leider war es mir unmöglich, sie alle vor der Veröffentlichung dieses Bandes durchzugehen. Die Zeit drängte, und viel wertvolles Material blieb daher unberücksichtigt.

Ich möchte auch jenen Autoren danken, die mir in meinem Denkprozess halfen, sei es durch ihren Zuspruch, sei es durch ihren Widerspruch. In beiden Fällen gaben sie mir die Gelegenheit zu fruchtbaren Auseinandersetzungen, die mein Buch wesentlich voranbrachten. Mein besonderer Dank gilt Didier Anzieu, der Teile dieses Textes durchgesehen und mich zum Schreiben ermutigt hat.

Alcira Mariam Alizade

Vorwort zur englischen Ausgabe von R. Horacio Etchegoyen

Weibliche Sexualität ist schon immer ein zentrales Thema der psychoanalytischen Forschung gewesen. Neigte Freud zunächst dazu zu glauben, die Charakteristiken kindlicher Sexualität von Jungen seien *mutatis mutandis* auf Mädchen übertragbar, sah er sich später jedoch gezwungen anzuerkennen, dass die Sache nicht ganz so einfach liegt. Wie dem auch sei, von der Zeit der Abfassung seiner »Drei Abhandlungen zur Sexualtheorie«[1] an oder auch schon früher blieb Freud bei seiner Behauptung, der Penis sei das Organ kindlicher genitaler Sexualität, und beide Geschlechter entdeckten die Vagina erst in der Pubertät. Hierauf aufbauend entwickelte er seine Theorie des sexuellen Monismus (oder seine phallozentrische Theorie), die sich mit den Jahren immer mehr verfestigte und zunehmend an Kohärenz gewann. Ein entscheidender Punkt dieser Entwicklung war mit Freuds, wie er selbst zugesteht, verspäteter Erkenntnis erreicht, dass es, ebenso wie es eine orale und eine anale Phase in der libidinösen Entwicklung gibt, auch eine infantile genitale Organisation gibt, die sich als phallisch bezeichnen lässt und in der sowohl Jungen als auch Mädchen einzig den Penis als entweder anwesendes oder abwesendes Organ wahrnehmen, während die Vagina für sie überhaupt nicht existiert.

Viele prominente Psychoanalytiker und auch ein Mann, der sich sowohl mit der Psychoanalyse als auch mit Frauen sehr gut auskannte, haben gegen die monistische Sexualtheorie aufbegehrt und verlangt, dass den Frauen eine den Männern gleichwertige – und zudem von ihnen unterschiedene – Position zugestanden wird, während sie zu-

---

[1] Freud 1905d.

gleich beteuerten, dass Mädchen sehr wohl von der Vagina wüssten und sie als solche anerkennen würden. (Obwohl es sich hierbei um eine grundlegende empirische Tatsache handelt, gibt sie dennoch immer wieder Anlass zu theoretischen Diskussionen.)

Zu einem bestimmten Zeitpunkt in der Geschichte war es möglich, diese beiden entgegengesetzten Auffassungen von weiblicher Sexualität geographisch zu verorten, die erste in Wien – auf dem europäischen Kontinent – und die zweite in London – auf den britischen Inseln. In seinem berühmten Vortrag für den Wiesbadener Kongress von 1932, »Die phallische Phase«, behauptete Ernest Jones von sich selbst, »königstreuer als der König« zu sein, indem er kategorisch die von Freud ein Jahr zuvor aufgestellte Behauptung zurückwies, lediglich mit Blick auf das männliche Kind stelle sich die »schicksalhafte Beziehung von gleichzeitiger Liebe zu dem einen und Rivalitätshass gegen den anderen Elternteil« her.[2]

Dieser Disput hielt unvermindert an und verbreitete sich, wie wir wissen, nach dem tragischen *Anschluss* von 1938 über die ganze Welt. In der Weiterentwicklung gewann die dualistische Sexualitätstheorie immer mehr Anhänger, wie die Veröffentlichung des von Janine Chasseguet-Smirgel herausgegebenen Bandes *Psychoanalyse der weiblichen Sexualität* von 1964 belegt, in dem eine Reihe bedeutender französischer Analytiker Jones' Position entschieden unterstützten.

Zur gleichen Zeit – oder genauer gesagt ein paar Jahre später – kam unter den US-amerikanischen Ich-Psychologen ein revisionistischer Trend auf, der schließlich 1977 im Erscheinen des von Harald P. Blum herausgegebenen Buches *Female Psychology* gipfelte.

Die Tatsache, dass das Buch von Alcira Mariam Alizade den Titel *Weibliche Sinnlichkeit* trägt, ist nicht allein ihrer Besorgnis um semantische Präzision zuzuschreiben – noch weniger handelt es sich bei

---

[2] Freud 1931b, S. 521.

diesem Titel um ein reines Wortspiel –, denn meiner Auffassung nach besagt ihre grundlegende These, dass Frauen, auch wenn sie vielleicht in schicksalhafter Weise an ihre Anatomie gebunden sind, dennoch ihre Sinnlichkeit erforschen, verstehen und sie für sich selbst erobern sollten.

Im wichtigsten Kapitel des Buches »Die weiblichen Orgasmen« bringt die Autorin ihre Sichtweise klar zum Ausdruck: »Ich weiß, dass meine Position umstritten ist und sich von konventionellen Vorstellungen darüber unterscheidet, in der eine Frau sich der Lust und dem Genuss zuwendet.«[3] Sie verwendet den Plural im Titel einerseits, weil Formen wie Orte des weiblichen Orgasmus mannigfaltiger sind als ihr männliches Äquivalent und weil es sich hierbei nicht notwendigerweise um eine einzige Entität handelt, wie dies bei Männern der Fall ist. Setzt man andererseits die inhärente Bisexualität des Menschen voraus, dann ist der weibliche Orgasmus vielleicht auch bei Männern anzutreffen, auch wenn Frauen einen einfacheren Zugang zu ihm haben mögen.

Der Begriff, der Alizades Argumentation zugrunde liegt, ist mit Sicherheit der des Haut-Ichs von Didier Anzieu ebenso wie ihr durchgängiger Leitfaden die Befriedigung ist, die der Säugling an der Brust erlebt und die ihr als Modellfall orgastischer Befriedigung dient.

Das Haut-Ich bildet den Vorläufer des Ichs im eigentlichen Sinne: Verankert in der Hülle der Epidermis enthält es ein Bild des Selbst, in dem sinnliche Wahrnehmungen – seien sie endogen oder exogen, aktiv oder passiv – es dem Subjekt erlauben, zwischen *innen* und *außen* zu unterscheiden. Das Haut-Ich ist die Basis für die Organisation des Ichs im Hinblick auf die Affekte und Triebe. Dennoch ist das Ich nicht lediglich eine äußere Hülle, denn zugleich müssen wir die Existenz eines psychischen Ortes aus purem Stein behaupten, der den Schutz vor narzisstischen Verletzungen ermöglicht und den Erhalt der Selbstachtung gewährleistet.

---

[3] Siehe 3. Kapitel: Die weiblichen Orgasmen, S. 97.

In seinen »Drei Abhandlungen zur Sexualtheorie« hatte Freud die Wirkung des Stillens auf den Säugling als eine Art Orgasmus beschrieben, der das Modell jeglicher sexueller Befriedigung im Erwachsenenleben darstellen sollte.[4] Dieses Modell bildete die Grundlage für Sándor Radós Erklärung der Melancholie in Termini des »alimentären Orgasmus« und fungiert zugleich als Ausgangspunkt für das vorliegende Buch, in dem dieser »primäre Orgasmus« – wie Alizade ihn nennt – als Vorläufer allen zukünftigen erogenen Erlebens des Individuums betrachtet wird. Der primäre Orgasmus dehnt sich aus, um schließlich die gesamte Körperoberfläche zu erfassen, und geht dabei der Unterscheidung zwischen den Geschlechtern ebenso voraus wie der Vorstellung von Konflikten, da er in eine Zeit fällt, in der der Selbsterhaltungstrieb und die sexuellen Triebe noch im Einklang miteinander wirken. Als Hintergrund unseres erotischen Lebens bildet der primäre Orgasmus eine vorsprachliche Erlebensweise im Dienste des Narzissmus' und des Lustprinzips. Letztlich stellt er eine »erste Form des Genießens unter Beteiligung des mit dem Lebenstrieb verschmolzenen Todestriebes«[5] dar. Obwohl der primäre Orgasmus die Matrix der gesamten erwachsenen Sexualität abgibt, ist er verständlicherweise einfacher auf Frauen anwendbar als auf Männer. Er ist die Grundlage für das Verständnis der verschiedenen Formen, in denen die mannigfaltigen Erotismen zusammenwirken, um das reichhaltige libidinöse Potential von Frauen zu entfalten, das das Erblühen des Orgasmus' in den unterschiedlichsten Situationen ermöglicht. Es ist interessant anzumerken, dass aus Alizades Sicht Männer die weibliche Sinnlichkeit nicht begreifen können, und zwar zum Teil aufgrund ihrer Schwierigkeiten, das erogene Überborden, das erogene Ausufern von Frauen zu akzeptieren. Aus dieser Perspektive betrachtet ist der andauernde Versuch, den weiblichen Teil der Spezies im Prokrustesbett des männlichen Orgasmus unterzubringen, ein Mittel, diese ein-

---

[4] Freud 1905d, S. 81.
[5] Siehe S. 116 in diesem Band.

zuschränken, zu beherrschen und zu kontrollieren. Eine der Schlussfolgerungen der Autorin ist daher, dass den sexuellen Pathologien sowohl auf Seiten von Männern als auch von Frauen häufig Phantasien weiblichen erogenen Überbordens zugrunde liegen.

Alles in allem ist dies also ein leidenschaftlich geschriebenes und Leidenschaft erweckendes Buch, das nicht nur den männlichen Lesern das »ewig Weibliche« – den von Freud so gefürchteten »*dark continent*« – näher bringt, sondern auch das Vertrauen von Frauen in ihre Weiblichkeit stärkt. Daher empfehle ich allen dieses Buch zur Lektüre.

Buenos Aires

WEIBLICHE SINNLICHKEIT

Einleitung

In gewisser Weise ist dieses Buch eine Geschichte der Geschehnisse im Bereich der Intimität. Es ist eine Chronik der erogenen Vorgänge, die im Körper einer Frau vonstatten gehen. Heute, am Ende des 20. Jahrhunderts, hebt sich das Nachthemd, das die Körper unserer Großmütter verhüllte – mit seiner einzigen Öffnung im Genitalbereich, um den Geschlechtsverkehr zu ermöglichen –, und die Frauen haben begonnen, im Rahmen des Sagbaren etwas über die Veränderungen in ihrer Sinnlichkeit zu berichten, die von der Kultur unterdrückt und mit religiösen Verboten belegt worden war – »Frucht des von den Autoritäten ausgeübten Willens zur Bändigung.«[6]

Dieses Buch versucht, wenn auch nur teilweise, die Wechselfälle der Begegnungen, Kämpfe und Genüsse zwischen den Körpern oder des Körpers mit sich selbst innerhalb der Psychoanalyse aufzuschlüsseln und hiermit dazu beizutragen, das Knäuel an Fragen zu entwirren, von denen die Weiblichkeit immer wieder bedrängt wurde. Eine Frage ohne Antwort – »Was will das Weib?« – ist symptomatisch für eine Haltung, die die Frau im Hinblick auf das Wissen über die Bedürfnisse ihres Körpers und letztlich über sich selbst in gewisser Weise marginalisiert.

Dank der Bereiche, die die Frau sich erobert, sowie dank des Wahrheitsdranges, der die Menschen jenseits ihrer gewinnsüchtigen Kämpfe und ihrer narzisstischen Pathologien beseelt, werden die Tabus jedoch allmählich schwächer. Jetzt verfügt die Frau mehr und mehr über eine von Entwertung und Scham befreite Sprache. Ihr sprechender Körper beginnt, ein erstes Licht auf den »dunklen Kontinent«[7] zu werfen, der nun erhellt wird, ohne dabei jedoch die geheimen, undurch-

---

[6] Firpo et al. 1984, S. 11.
[7] Freud 1926e, S. 241; im Original »*dark continent*«, Anm. d. Herausgeberin.

dringlichen, dunklen Aspekte zu verlieren, die für die sehnsuchtsvollen Tiefen jedes menschlichen Subjektes wesentlich sind. Hinter der Vorstellung von weiblicher Sinnlichkeit verbirgt sich, so schwer sie auch zu verstehen sein mag, eine Erogenität, die insofern anders ist, als sie sich biologischen Gesetzen weitgehend entzieht und sowohl für Männer als auch für die Frauen selbst verwirrend ist.

Der Körper, dieser fremde und mächtige Herrscher über unser Schicksal, umgibt sich mit Großbuchstaben wie ein Stoff, in den wir eingehüllt sind und der sich unseren Konturen anschmiegt. Zugleich konfrontiert er uns mit der Subversion des Fleisches, das heißt mit seinem revolutionären Schock paradoxen Ausmaßes, der Biologie gleichermaßen nah wie fern. Es handelt sich hierbei um Erschütterungen, die aus der Tiefe des Soma aufsteigen, aus den ersten Ankerpunkten des erogenen Körpers. Sie sind mit Empfindungen und Wahrnehmungen verwoben, die den Wurzeln der Körperlichkeit entstammen und bis in die komplexesten Schichten der menschlichen Seele hineinreichen. Der nahezu seiner selbst entblößte Körper lässt seine Verkleidungen fallen, um durch sein lebendiges Fleisch ein unaussprechliches Geheimnis zu enthüllen, und in seine Materialität sind Wege eingeschrieben, die weder einer geordneten Linearität noch einer weitschweifigen und unveränderbaren Entwicklung folgen.

Meine Ausführungen auf diesen Seiten gelten abwechselnd dem Fleisch, der wahrnehmbaren lebenden Substanz, wie der Seele, die die Vorstellung eines Sinnes in sich verkörpert sowie die Ethik des Körpers einführt – ein kontroverser Punkt. Ausgehend von der Sinnlichkeit, die im wechselseitigen Begehren entfesselt wird und in dem Lust und Genuss eine Rolle spielen, wende ich mich der Beschreibung eines fleischlosen Sinnes in seinem ihm eigenen, ihn vor Triebansprüchen schützenden Container zu, das heißt einem Raum der gebändigten Lust, der von einem geschmeidigen und festen »Haut-Ich«[8] umge-

---

[8] Anzieu, D. 1985.

ben ist. Es geht also um einen Körper um seiner selbst willen und erst danach um einen Körper für andere, um einen mediatisierten Körper. Ich füge den fünf Sinnen (sehen, hören, tasten, schmecken, riechen) diesen unsichtbaren Sinn hinzu, der die Erhebung der Sinne über die Körperlichkeit impliziert sowie die Annäherung an einen *Kern aus purem Stein*, in dem es Raum für das Transzendente, das Schöne und das Sublime gibt. Die Sinnlichkeit benötigt dieses Gefühl, um sich endgültig von der Animalität und der Perversität zu lösen. So lassen sich in aufeinander folgenden Abstufungen der biologische Körper, der sinnlich-wahrnehmende Körper, der erogene Körper, der emotionale Körper, der von Sprache durchdrungene Körper, der ethische Körper und der soziale, von den Ansprüchen und Modellen kultureller Kontexte beeinflusste Körper aufreihen.

Ich ziehe es vor, anstelle von weiblicher Sexualität von weiblicher »Sinnlichkeit« zu sprechen, da ich nach jenen grundlegenden Sinneseindrücken und Erlebensweisen suche, die sich in die ersten innerlich-sinnlichen erogenen Figuren einschreiben, die später einen neuen Sinn erhalten. Man könnte die Sinnlichkeit mit frei fließender Energie vergleichen, die sich – auch wenn sie ihren einfacheren Ausdruck in den erogenen Zonen der Körperöffnungen findet (Mund, Anus, Vagina), den privilegierten Orten des Erlebens von Lust – auch über die gesamte Körperoberfläche ausdehnt, ohne sich dabei tatsächlich auf den Bereich der Haut oder den irgendeiner Körperöffnung einschränken zu lassen. Darüber hinaus richtet sich die Sinnlichkeit an diejenigen Sinne, deren Stimulation eine so gewaltige Wollust hervorrufen kann, wie sie der Physiologie der Sexualität vollständig fremd ist.

Der erogene Körper ähnelt einem Möbiusband, in dem innen und außen ohne Unterbrechung aufeinander folgen und beide nicht unterschieden werden können; er verläuft von der Oberfläche bis in die Tiefe, von der Haut bis zu den Eingeweiden.

Erogenität entsteht als eine Eigenschaft, die ebenso einen Teil des Körpers wie einen Sinn erfüllen oder auch eine Funktion ausfüllen kann – sei es, um sie zu hemmen oder um sie voranzutreiben. Ein Akt, in dem plötzlich etwas offenkundig Wohltuendes geschieht, verleiht der sexuellen Bedeutung »Erogeneität«[9]. Geht man von einer solchen Auffassung von Erogenität aus, erhält die weibliche Sinnlichkeit eine neue Richtung, und das erotische Leben einer Frau kann aus einem anderen Blickwinkel betrachtet werden. Dies beeinflusst, wie wir später sehen werden, in hohem Maße die Weise, wie ich das große Kapitel der weiblichen Orgasmen behandele, und wird die angebliche Frigidität von Frauen infrage stellen.

Ich möchte im Hinblick auf die weibliche Sinnlichkeit ein weiteres Thema einführen, und zwar das der Verflüssigungen, der Sekretionen. Diese sind Absonderungen des von Erregungen und Emotionen bewegten Körpers. Es ist leicht, diese Welt des Flüssigen schmutzig und unwürdig erscheinen zu lassen, als etwas, das schlecht riecht, unrein ist und das der Haut und den Körperöffnungen entströmt. In diesem Zusammenhang ist es interessant anzumerken, dass in vielen Epochen im Verlauf der Geschichte eine Kruste von Schmutz ein Zeichen von Ehre darstellte.[10] Der dreckige Körper brachte mit seiner Schmutzigkeit zum Ausdruck, dass er noch nie berührt worden ist, nicht einmal von Wasser, sein Schmutz galt als Zeichen seiner Unbeflecktheit. Es geht hierbei um den von schmutziger Reinheit umhüllten Körper, um den Körper eines jungen Mädchens, welches seine Unschuld eben durch das Fehlen eines nach Austausch von Genüssen verlangenden Körpers gesteht. Der schmutzige Habit verbirgt den möglichen Skandal des lebenden Fleisches, der offen und für erotischen Lustgewinn am eigenen oder im Austausch mit einem anderen Körper bereit ist.

Das Weibliche ist weit davon entfernt, die Ursache für die gegenwärtige Vorstellung von der Verdrängung und Passivität der Frauen zu sein, die Freuds Sprechzimmer um 1900 aufsuchten. Mythologie und antike Geschichte sind voll von Referenzen, in denen der Frau, ausge-

---

[9] Freud 1926d [1925], S. 116.
[10] Perrot 1984, S. 27.

stattet mit aktiver Macht, große Wertschätzung entgegengebracht wird, eine Kriegsgöttin, rachsüchtig und cholerisch. Christiane Desroches-Noblecourt[11] legt in ihrem Buch über die Frau im Zeitalter der Pharaonen dar, dass in beinahe allen religiösen Legenden und Mythen die Begriffe der Weiblichkeit und der Gerechtigkeit eng mit dem kosmischen Gleichgewicht verbunden sind. Der ägyptische Mythos des Auges des Gottes Ra bildet hierfür ein gutes Beispiel. Es geht hierin um ein weibliches, wanderndes Auge, welches dem Gott entkommt und auf seiner Flucht die gesamte Welt bereist. Als Ra, des Wartens müde, es ersetzt, ist dessen Wut so groß, dass Ra es auf seine Stirn setzen muss, um es zu beschwichtigen. Später wird das Auge in ein Macht- und Schutzsymbol in Form einer weiblichen Kobra transformiert. Es wird auch »die Entfernte« genannt und kann sich in eine wütende Löwin verwandeln, die aus ihren Augen Feuer speit. Das Weibliche erhebt seine mächtige Stimme, die sich in der Kultur hörbar macht. Wenn wir später auf das Thema der Hexe zu sprechen kommen, werden wir diese vielfältigen Aspekte des Weiblichen noch einmal aufgreifen.

Ich bin mir auch im Klaren, dass ich, indem ich mich dem Feld »des Weiblichen« zuwende und dabei meine Überlegungen auf die Frau stütze, in gewissem Sinne eine künstliche Operation durchführe, indem ich »das Männliche« ausschließe – so als seien nicht beide Elemente in jedem menschlichen Subjekt eng miteinander verwoben, bildet doch die konstitutive Bisexualität des menschlichen Subjekts den Ausgangspunkt meiner Überlegungen. Dennoch ist aus der Perspektive aller möglichen Herangehensweisen betrachtet das Weibliche zum überwiegenden Teil mit der Frau verbunden, ebenso wie das männliche Element mit dem Mann. Dies soll freilich nicht die Richtigkeit von Serge Leclaires[12] Überlegungen zu den Schwierigkeiten, aus einer psychoanalytischen Perspektive eine adäquate Definition des Geschlechts zu entwickeln, infrage stellen.

---

[11] Desroches-Noblecourt 1986, S. 20.
[12] Leclaire 1979.

Was die weibliche Sinnlichkeit so anziehend macht, ist die ihr eigene Komplexität. Wahrnehmung, Empfinden, Emotion, Affekt, Erogenität und Objektbindungen sind Umschreibungen dieser Sinnlichkeit. Es ist der weibliche Aspekt des Körpers – die Fülle der Erlebnismöglichkeiten, die das Subjekt »ist« –, der den Gegenstand meiner Überlegungen bildet. Für diesen Affektkörper reklamiere ich einen herausragenden Platz.[13]

Ich möchte in dieser Einleitung ebenfalls die Pseudo-Befreiung der Körper erwähnen, in der, verdeckt unter dem scheinbaren »Alles ist erlaubt«, der erogene Austausch lediglich eine Gymnastik der Lust nachäfft, die im Dienste der emotionalen Verdrängung beinahe schon zum Zwang geworden ist. Dennoch – und diese Frage werde ich offen lassen –: Brauchen wir nicht vielleicht ein wenig von dieser Lustgymnastik für ein gutes psychisches Funktionieren, um den Schatten der aktuellen Neurose zu verscheuchen und der Angst die Tür vor der Nase zuzuschlagen? Ist die Kultur nicht über die Maßen Klischees und Ich-Idealen verhaftet, die bald die Wege der Erogenität blockieren, sie bald erleichtern, indem sie für eine promiskuitive Zirkulation von Körpern ohne jegliche emotionale Hingabe plädieren? Wie kann man im körperlichen Austausch Lust erleben und dabei zugleich das erogene Objekt und sich selbst respektieren? In meiner Vorstellung erscheint sofort das von Margaret Mead heraufbeschworene Bild der sexuellen Freiheit auf der Insel Samoa,[14] wo als einziges Tabu der Inzest gilt und ansonsten die Begegnungen scheinbar ohne Konflikt ablaufen, aus reiner triebhafter Notwendigkeit, reine Physiologie, die fröhlich befriedigt wird, während das Leben der Ureinwohner dahinfließt.

Eingebettet in Kultur stößt das menschliche Dasein auf Hindernisse. Die Psychoanalyse hat es daher auf sich genommen, gewisse Komplexitäten des erotischen, lebendigen Austausches mit Objekten ans Licht

---

[13] Siehe 2. Kapitel: Der Körper in der Psychoanalyse: der steinerne Kern, S. 51.
[14] Zitiert nach Langer 1951/1988, S. 71.

zu bringen. Versteckt sich nicht häufig hinter einer manifesten Objektbeziehung mit einem Mann ein unbewusstes Objekt, eine Ehefrau oder Mutter? Und umgekehrt? Ist es etwa nicht so, dass eine amouröse Begegnung von einer Sekunde auf die andere von einer plötzlichen Phantasie ausgelöst oder zerstört wird? Ist es etwa nicht so, dass das Spiel der Identifikationen seinen subtilen Einfluss auf die Verstrickungen bei der Objektwahl und auf die Schwierigkeiten offenbart, die den menschlichen Liebesbeziehungen ihre Würze verleihen? Ist es etwa nicht so, dass der *senti*[15], was Spitz die »coenästhetische Organisation« nannte, der im Austausch mit anderen signifikanten Elementen ins Spiel kommt, auf eine nie endende Abfolge von Resonanzen in den Verflechtungen der Vorstellungen, Affekte und Sinneswahrnehmungen verweist? Ist es etwa nicht so, dass in der sexuellen Begegnung bald die Lebenstriebe, bald die Todestriebe vorherrschen?

In diesem Buch spreche ich über einen Körper, der zugleich sinnlich und in ständigem Austausch zwischen Affekt und Vorstellung, zwischen Primärvorgang mit seinen verschiedenen Schichten von Unbewusstheit und den Organisationen, die den Sekundärvorgang bestimmen, begriffen ist. Ich spreche über einen Körper, der den Konflikten und Leidenschaften, den Tücken des Genusses, den Irrtümern der Identifikationen sowie den Täuschungen der Objekte im Dienste der Befriedigung narzisstischer und ödipaler Phantasien auf Gedeih und Verderb ausgeliefert ist. Die Sprache und die tiefen Gefühle, die von den Wesen hervorgerufen werden, die über das menschliche Fleisch zirkulieren, hinterlassen Spuren, Zeichen, trophische[16] Hüllen und Wunden, Rauheit und Zartheit.

Indem ich zunächst mit dem Körper der reinen Lust beginne, der Körpermasse, die Befriedigung einfordert und mit dem Lust-Ich verbunden ist, nähere ich mich in wiederholten Wendungen den stufenweisen Transformationen dieses Körpers bei seinem Ausspähen ande-

---

[15] Spitz 1965, S. 16; Anzieu, D. 1970.
[16] Trophisch: die Ernährung des Gewebes betreffend.

rer Regionen an, in deren Verlauf er sich – dank seiner Eigenschaft, der Sprache unterworfen zu sein – von seinem eigenen Fleisch ablöst und den Weg der Sublimierung sowie der Vergeistigung einschlägt. Dabei verfällt er zugleich – das menschliche Paradox – in regressive Bewegungen, die ihn im Rahmen seiner Möglichkeiten in Richtung des Primitiven, des Originären, des Archaischen führen.

In meine Darstellung der weiblichen Sinnlichkeit werde ich auch ein Kapitel über die ersten Begegnungen und Trennungen aufnehmen, über die »Matrizes« des Psychismus, die die Qualität des sinnlichen Erlebens affizieren. In verschiedenen Kapiteln dieses Buches habe ich mich von den wertvollen Beiträgen Didier Anzieus inspirieren und unterstützen lassen, die er im Rahmen seiner Konzeption des Haut-Ichs[17] als einer primären phantasmatischen Hülle für die Integrität des somatisch-psychischen Individuums entwickelt hat.

Von dort wende ich mich den inneren Elementen der Weiblichkeit zu, dem Bereich der Virginität der Frau, der in ihrer Sinnlichkeit verwurzelt ist und der mit ihrer Fähigkeit zu warten verbundenen Wiederherstellung der Jungfräulichkeit.[18] Die aktive Passivität der Frau wird uns ebenso begleiten wie die Figur der Zirkularität, die Lou Andreas-Salomé[19] der Frau in ihrem Schicksal als Trägerin und Unterstützerin von Hüllen und in ihrer herausgehobenen Rolle des »Gebens« in der Mutterschaft und in ihren sublimierten Ersatzbildungen zuschreibt.

Geht man von der anatomisch-physiologischen Basis aus, ist es nicht schwierig zu beobachten, in welch besonderer Weise Leben und Tod im Körper der Frau zum Ausdruck kommen. Sie erscheint als Bewahrerin des Mysteriums des Lebens und des Todes, indem sie – wenn sie Kinder gebiert – Leben erzeugt und durch die Verwundbarkeit ihres blutenden Körpers (Menstruation, Geburt, Abort) auf ihre

---

[17] Anzieu, D. 1985.
[18] Siehe 4. Kapitel: Weibliche Jungfräulichkeiten, S. 165.
[19] Andreas-Salomé 1899.

enge Verbindung mit dem Tod verweist. In ihr liegt das Rätsel – allem voran das Rätsel des Unbewussten, das sie verkörpert.[20]

Und leider haben die Menschen kein gutes Verhältnis zum Tod. Entweder befinden sie sich auf einer faszinierten Suche nach ihm und zerstören dabei sich selbst und andere, oder sie verleugnen ihn, indem sie sich in eine vermeintliche Unsterblichkeit flüchten. Wenn von weiblicher Sexualität so viel im Sinne ihrer Rätselhaftigkeit gesprochen wurde, so liegt der Grund hierfür meiner Meinung nach nicht so sehr darin, dass sie tatsächlich so rätselhaft wäre oder dass die männliche Sexualität etwa weniger Geheimnisse in sich bergen würde, sondern vielmehr darin, dass die Weiblichkeit dazu angetan ist, das große Geheimnis der Schöpfung zu verkörpern. Es geht um das Geheimnis, das Gauguin auf so schöne Weise in seinem wunderbaren Gemälde mit dem Titel *Woher kommen wir? Wer sind wir? Wohin gehen wir?* zur Darstellung gebracht hat – eine dreifache Frage, eine Handvoll unbekannter Dinge für eine im Angesicht ihrer eigenen Existenz fassungslose Menschheit. Sie fällt zusammen mit der ersten Frage danach »woher die Kinder kommen«, eine Frage, die, wie Freud behauptet, jedes Kind stellt.[21] Freud weist darauf hin, wie die Vorstellung der Universalität des Penis 'es unmöglich macht, diese Frage zu beantworten. So hebt er hervor, wie das kleine Kind der Frau in dem Moment einen Penis zuschreiben wird, in dem es intuitiv etwas von der Präsenz eines inneren Gefäßes ahnt, welches zugleich Babys produziert. Die Öffnung, der Tunnel der Vagina, dieser Königsweg ins befruchtende Innere der Frau, wird unerträglich offenbar. Noch einmal wird die Anatomie zum Schicksal, dieses Mal, indem sie angstgeborene Phantasien auslöst. Dann hätte die Frau also auch einen Penis. Besser ist es, gar nicht erst über das Innere des Körpers einer Frau nachzudenken: Es ist einfach zu aufregend und zu beunruhigend.

---

[20] Assoun 1983, S. 11.
[21] Freud 1908c, S. 175.

Die Vorstellung, »alle haben einen Penis«, setzt sich als eine Gewissheit fest, die es unmöglich macht, sich psychisch für andere Wege offen zu halten. Zugleich verschafft diese Gewissheit Erleichterung; denn von der Vorstellung einer Spaltung in ein Geschlecht ohne Penis geht etwas Düsteres aus, etwas, das gewusst werden muss und doch nicht gewusst werden kann. Es ist die Inkarnation des Mangels im Dasein, der für den Menschen konstitutiv ist.

Als ein automatischer Mechanismus, gewissermaßen als Reflex, bekräftigt die Vorstellung von der Universalität des Penis' eine andere Universalität: die des Wunsches, nicht zu wissen. Das Unaussprechliche, das Grenzenlose, das Reale[22] berühren das Sein der Frau. Im Weiblichen scheint eine Wahrheit zum Vorschein zu kommen, eine Macht der Natur, die sich von derjenigen unterscheidet, die von der Kultur vorgegeben wird, und die darum kämpft, verschiedene narzisstische Errungenschaften zu verteidigen.

Schließlich ist das »Weibliche« kein Synonym für »Frau«. Eine Frau erreicht ihre Weiblichkeit anhand psychosexueller Bewegungen, die sie mit ihrem Weiblichsein in Einklang bringt. Erst dann wird sie zu einer weiblichen Frau. Auch der weibliche Anteil in Männern und das Spiel mit verschiedenen Verhaltensweisen bei ein und derselben Frau gehen auf die konstitutive Bisexualität zurück.

Der Anflug des Geheimnisses, mit dem die weibliche Sexualität so oft von Seiten der Psychoanalyse belegt worden ist, sollte es uns nicht unmöglich machen, mit dem »X« der Unbekannten aufzuräumen, auch wenn diese Entschleierung (wie jede Entschleierung) in asymptotischer Form verläuft.

An einigen Stellen werde ich im Folgenden die Grenzen, die mit dem Titel gesteckt sind, überschreiten und mich abstrakteren, an den Rändern des menschlichen Daseins gelegenen Problemstellungen zuwenden wie dem des weiblichen Masochismus, der Funktion

---

[22] Im Sinne Lacans; Anm. d. Herausgeberin.

des »Sich-einen-Körper-Schenkens«, Treue und Untreue oder der schwierigen Annäherung an das Nichts, das in einer Ecke der Kultur als Nichtdarstellbares lauert. In diesen letzten Kapiteln verschwimmt die weibliche Sinnlichkeit, und das menschliche Subjekt in seinem Schwanken zwischen verschiedenen Positionen (männlich oder weiblich) kommt zum Vorschein.

Dennoch entspringt die in diesem Buch dargestellte Psychoanalyse einer großen Nähe zum Körper – zu einem Körper, der fühlt, vibriert, der verdrängt wird, der von anderen abhängig, der gefangen ist in seinen konfligierenden Trieben und von Göttern wie Dämonen bewohnt wird.

1. KAPITEL

Das sinnliche Empfinden des Körpers

In diesem Kapitel werde ich mich mit der Gesamtheit der Erlebnisse beschäftigen, die für das Phänomen des sinnlichen Körperempfindens eine Rolle spielen. Ich möchte die Komplexität des erogenen Erlebens in seiner engen Interaktion mit der sinnlichen Empfänglichkeit aufzeigen. »Erlebnismasse« nenne ich den Körper in dem Zustand, in dem er Sinnesreize empfängt und zugleich auf diese Sinnesreize mit vielfältigen Antworten reagiert, die von der Einzigartigkeit eines jeden Subjektes abhängen. Jedes Individuum verfügt über einen eigenen Fundus an Sinnlichkeit, in dem sich verschiedene Komponenten zu einer jeweils besonderen Formel zusammenfinden, und diese wird wiederum den Umständen und der vorherrschenden psychopathologischen Struktur entsprechend variieren.

Einige allgemeine Prinzipien

1. Im Grunde gibt es zwei Ebenen, die auf die Triebwelt Einfluss nehmen, und zwar die sensorische und die repräsentative.
2. Es können drei Schichten der sensorischen Ebene unterschieden werden: die wahrnehmende, die empfindende und die affektive.
3. Das erogene Erleben zirkuliert zwischen Erlebnissen, Emotionen, Wahrnehmungen, Affekten und Repräsentationen. An dieser Stelle drängen sich zwei Überlegungen auf:

a) Es gibt individuelle Variationen im Hinblick auf den Umfang der Libido sowie auf die sexuellen Bedürfnisse. Freud merkte an, dass »[e]s [...] eine der offenkundigen sozialen Ungerechtigkeiten [sei], wenn der kulturelle Standard von allen Personen die nämliche Führung des Sexuallebens fordert, die den einen dank ihrer Organisation mühelos gelingt, während sie den anderen die schwersten psychischen Opfer auferlegt«[23]. Aus psychoanalytischer Perspektive den erotischen Ansprüchen zuzuhören bedeutet, sich aller Vorurteile und Ideologien zu enthalten und eine breite Skala an Bedürfnissen und Hemmungen zu akzeptieren, die weit über die Konventionen hinausgehen. Wechselfälle in den Objektbeziehungen, die Dimension der menschlichen Liebe und Loyalitätskonflikte leiten den Kurs der erogenen Triebe der Animalität um und bereiten den Weg für erfolgreiche Sublimierungen und Formen der erotischen Beziehungen, die die Physiologie der Sexualität herausfordern und dabei Ersatzbefriedigungen und Ich-Orgasmen[24] mit sich bringen, die für ein ungeheures Wohlergehen bei der indirekten Triebbefriedigung sorgen.

b) Die Bedeutung des Begriffs des Triebes ist umstritten, wie Didier Anzieu in den einleitenden epistemologischen Überlegungen zu seinem Buch *Das Haut-Ich*[25] hervorhebt. Ebenso wenig gibt es eine abschließende Liste der Triebe. Freud selbst unterteilte sie dreimal (zunächst in Selbsterhaltungstriebe und Sexualtriebe, später unterschied er zwischen Ichlibido und Objektlibido und schließlich stellte er die Lebens- und die Todestriebe einander gegenüber). Aber über diese Klassifikationen hinaus hinterließ er vereinzelte Passagen, in denen er die Triebe anders benannte. So konzipierte er in seiner Arbeit über den Witz[26] den »Trieb zur

---

[23] Freud 1908d, S. 155.
[24] Winnicott 1958.
[25] Anzieu, D. 1985, S. 13-24.
[26] Freud 1905c.

Mitteilung des Witzes«[27], indem er sich auf einen von Moll[28] geprägten Ausdruck stützt, den »Kontrektationstrieb«[29], der eine Art des Sozialtriebs darstelle und uns dazu antreibe, miteinander in Kontakt zu treten. In diesem Text verwendet Freud mehrfach den Ausdruck »Drang«[30] und nimmt damit auf die Kraft Bezug, die uns mit Dringlichkeit dazu drängt, anderen einen Witz mitzuteilen. Außerdem behauptete er, dass es einen »Herrschaftstrieb«[31] gebe – einen nicht-sexuellen Trieb, dessen Ziel es sei, das Objekt mit Gewalt zu beherrschen.

Spätere Untersuchungen brachten die wichtigen Beiträge Bowlbys zum Bindungstrieb[32] sowie diejenigen von Imre Hermann zum »Sich-Anklammern«[33] hervor. Dies sind Triebe, die auf den Kontakt mit dem primären Objekt zielen. Sie beinhalten – ebenso wie die Theorien von Spitz[34] – die Vorstellung eines signifikanten Anderen, der als psychische Nahrung für den Lebenserhalt dient. In diesem Trieb bestehen sexuelle Elemente und Elemente der Selbsterhaltung nebeneinander. Sie helfen mir dabei, Überlegungen über den Wert der Aufgabe anzustellen, sich im Laufe des Lebens einen »Körper zu schenken«.[35]

4. Ich möchte noch einmal die enorme Distanz betonen, die das Tier vom Menschen trennt. Verwurzelt in der animalischen Körperlichkeit, in seiner Eigenschaft, Sprachsubjekt sowie Träger eines Affektkodexes zu sein, trennt sich der Mensch von seiner eigenen Biologie

---

[27] a. a. O., S. 160.
[28] Moll 1898.
[29] »ein Bedürfnis nach Hautberührung«, Moll, a. a. O., zit. bei Freud 1905d, S. 69, Fn.; 1905c, S. 107 Fn.
[30] a. a. O., S. 159f., 172.
[31] Freud 1905d, 1913i, 1915c.
[32] Bowlby 1969, 1979.
[33] Hermann 1936.
[34] Spitz 1965.
[35] Siehe 2. Kapitel: Der Körper in der Psychoanalyse: der steinerne Kern, S. 51.

und transformiert die Materialität, die ihn formt. So bleibt jedes allgemeine Gesetz, das versucht, die Sinneslust zu definieren, zweifelhaft.

5. Der Bereich »Vor dem Wort« ist für das sinnliche Empfinden des Körpers wesentlich. Er umfasst das Unsagbare, das Unbeschreibbare der Somatisierungen, der triebbesetzten somatischen Bewegungen und Mitteilungen. Wörter gelten in diesem Bereich als »Sachen«, und ihr symbolischer Gehalt ist zufällig. Sie sind »›Wort-Geschosse, Schutz-Behauptungen‹, Handlungs-Sprache, Worte, die verdecken, Rede jenseits der Worte«.[36] Man muss den paralinguistischen Effekt des Wortes wahrnehmen, die reine Akustik, die präverbalen Signifikanten, die von Rosolato und Didier Anzieu konzeptualisiert wurden.[37]

Rosolato nennt sie »Demarkationssignifikanten« (*signifiant de démarcation*) und vergleicht sie mit den Vorstellungen von Dingen. Diese Signifikanten stammen aus der frühen Kindheit und können dem Spracherwerb vorausgehen. Er schlägt folgende Liste von Gegensatzpaaren für die Demarkationssignifikanten vor: Lust – Unlust, gut – schlecht, Anwesenheit – Abwesenheit, innen – außen, Passivität – Aktivität, man selbst – andere. Er hebt ebenfalls die Wichtigkeit der analogen Gestik hervor, die ein gegenseitiges Verständnis ohne Worte erlaubt, das eine Gemeinsamkeit etabliert, die auf Zuneigung beruht und geltend macht, dass ein somatisches und taktiles Terrain wechselseitiger Identifikation existiert.

Didier Anzieu zieht es vor, sie »formale Signifikanten« zu nennen, die nicht so sehr die »Objekte« darstellen, die die grundlegenden unbewussten psychischen Inhalte bilden, als vielmehr die psychischen Behälter. Später fügt er hinzu: »Sie ermöglichen Eindrücke, Empfindungen und Qualen, die zu früh oder zu intensiv sind, als dass sie in

---

[36] Schust-Briat 1991, S. 46.
[37] Rosolato 1985; Anzieu, D. 1987.

Worte gefasst und so dem Gedächtnis anvertraut werden könnten.«[38]
Sie drängen sich der Psyche als etwas Unaussprechliches auf.
Die formalen Signifikanten sind eng mit dem Körperschema und besonderen Positionen des sich bewegenden Körpers verbunden. Sie können pathologisch oder nicht-pathologisch sein. Alle verweisen auf Phänomene, die sich auf einer ursprünglichen Ebene der psychischen Funktionen vollziehen und eng mit den Erlebnissen des Körper-Ichs verbunden sind. Didier Anzieu betritt mit seiner Untersuchung die vorbegriffliche Welt, die mit Piktogrammen[39] und dem Begriff der archaischen Hysterie[40] verbunden ist.

Die phantasmatische Stimulierung in einer sinnlichen Situation, in der Körper auf Körper trifft, begünstigt das Wiedererleben dieser formalen Signifikanten in einem Klima der Regression, das die Begegnung möglicherweise begleitet. Die erstaunliche Dimension der Zerstörung der Form, der seltsamen körperlichen Veränderungen, die sogar das Finstere und Alptraumhafte streifen, helfen uns, die Zurückhaltung bei der Berührung, die Begrenzungen und Kontrollen zu verstehen, mit denen viele Subjekte ihr sinnliches Leben durchschreiten.

Das »Jenseits der Worte« und das »Vor dem Wort« erweisen sich als faszinierende Bereiche für die psychoanalytische Erforschung der Welt psychosomatischer Abenteuer.

6. Die Sinnlichkeit vollzieht sich in einem »festgelegten Kontext«, dem sowohl das Soziale und Kulturelle als auch die öffentliche Meinung mit ihren Kriterien und Tabus bezüglich dessen angehört, was als ein optimales Sexualleben innerhalb des etablierten Kanons betrachtet wird. Das Über-Ich überwacht die sexuellen Befriedigungen und beeinflusst die Qualität des Erlebens. Als ein Beispiel möchte ich an die enorme Wertschätzung der Homosexualität im antiken Griechenland und an die große Hochachtung erinnern, die in einigen Religio-

---

[38] Anzieu, D. 1987, S. 23.
[39] Aulagnier 1975.
[40] McDougall 1986.

nen den Prostituierten der Tempel entgegengebracht wurde, heiligen Frauen, die in Tibet »die göttlichen Schenkerinnen ihrer Körper«[41] genannt werden.

7. Das sinnliche Körperempfinden kann in autoerotischer Form oder in Beziehung zu einem anderen Körper auftreten. Im ersten Fall dreht sich das Spiel um im Inneren miteinander verknüpfte Phantasieobjekte. Die Ausrichtung des Unbewussten in seiner unermüdlichen Orientierung an der Lust regiert den Weg der erogenen sinnlichen Stimulierung. Dies erlaubt eine gewisse Kontrolle der sinnlichen Situation ebenso wie ihre Unterbrechung, wenn unerträgliche Vorstellungen oder Affekte aufkommen. Im zweiten Fall ist die Verletzbarkeit des Subjekts insofern größer, als der intersubjektive Austausch der Überraschung unterworfen ist, einem Anteil an Unvorhergesehenem, einem Blick, dessen Wirkung entweder narzisstisch oder abwertend ist. Und vor allem: Ist der sexuelle Akt einmal vorbei, bleibt eine Imprägnierung mit den Schwingungen des Erlebten zurück, ein süßer oder bitterer Geschmack, je nach den wachgerufenen Illusionen, dem affektiven Voneinander-Gebrauch-Machen, der Billigung oder Missbilligung des Über-Ichs, den narzisstischen Verletzungen, den Erwartungen, zu lieben und geliebt zu werden etc.

Anmerkungen zu Sinneswahrnehmung und Sinnesempfindung

Sinnliche Wahrnehmung ist der Prozess, anhand dessen ein lebender Organismus sich der Stimulierungen bewusst wird. Wahrnehmung ist immer Wahrnehmung einer Beziehung und konstituiert das, was unmittelbar als erstes gegeben ist. Es ist diejenige Funktion, die sich dem endlosen Fluss der Reize zuwendet, die sich in das Register der Emp-

---

[41] Monestier 1963.

findungen, der Affekte, der Vorstellungen einschreiben. Aus dieser Ansammlung von fließenden, unmittelbaren Momenten heraus wird die Welt wahrgenommen. Das Bündel an Eindrücken verbindet die unterschiedlichen sinnlich wahrnehmbaren Qualitäten, eine mit der anderen.

Der lebende Körper ist eine fühlende Masse, eine lodernde Masse, die ständig von Bildern, Klängen, Bedrängnissen durchschossen wird. Diese Wahrnehmungen verbinden sich mit »Gedächtnisspuren«[42] und umfassen daher die Gedächtnisfunktion. Das perzeptive Bombardement entschlüsselt unmittelbar die diversen Sinneswahrnehmungen, beginnend mit der Polarität Lust – Unlust, sei es in bewusster oder in unbewusster Form. Erinnerungen an Wahrnehmungen treten ins Gedächtnis. Zu den sinnlichen Wahrnehmungen, die den fünf Sinnen äußere Geschehnisse einprägen, treten jene Wahrnehmungen hinzu, die aus dem Inneren des Körpers stammen (kinästhetische Eindrücke, Eigenwahrnehmungen etc.). Ein Schritt weiter und wir treffen auf die affektiven Wahrnehmungen: ein hasserfüllter Blick, ein abwertendes Lachen, ein verletzendes Wort, ein aggressives Drängen, ein Hauch von Liebe …

Freud hat ein Schema entworfen, das den wahrnehmenden Pol mit dem motorischen verbindet.[43] Wahrnehmungen sind *per definitionem* bewusst; Reaktionen auf der motorischen Ebene sind es nicht. Reize lösen »Bewegungsansätze« aus,[44] die sich mit der wahrgenommenen Qualität verbinden und dabei um sie herum eine Art Hof bilden. Die Wahrnehmung installiert sich schnell als eine Empfindung, die die frühere verlängert und sie anhand der Reaktionen, die sie hervorruft, wiederholt.

Die Empfindungen oder wahrnehmbaren Qualitäten weisen eine »motorische Physiognomie und eine sie umfassende lebensmäßige

---

[42] Freud 1900a, S. 543f.
[43] a. a. O., S. 542f.
[44] Merleau-Ponty 1945, S. 247.

Bedeutung«[45] auf. Sie verfügen über verschiedene Attribute: Qualität, Intensität, Ausdehnung, Dauer. Die Analyse der sinnlichen Welt bereichert den Zugang zur Sinnlichkeit, indem sie erlaubt, Zugang zum »Leben meiner Augen, meiner Hände, meiner Ohren, die ebenso viele natürliche Ich sind«[46], zu erlangen.

Die Erlebnismasse lässt den Stoff erkennen, aus dem sie zusammengesetzt ist, die Parteilichkeiten, aus denen sie besteht, die Bruchstücke, die jedes Liebesleben kennzeichnen. Man »ist« sein Körper jenseits des Vorstellbaren, indem man eine erste Körperlichkeit bewohnt, die von Affekten, Erlebnissen und unerschöpflichen Sprachuniversen gekennzeichnet ist.

Das sinnliche Erleben ist ein lebendiger Prozess, der uns mit der Welt, die uns umgibt, in Kontakt bringt. Zugleich ist das Unsichtbare im Sichtbaren aufgehoben, wenn wir mit denjenigen Teilen unseres Körpers verbunden sind, die wir nicht sehen und niemals sehen werden, die wir dunkel wahrnehmen und in unseren Gedanken entwerfen.[47]

Merleau-Ponty führt eine profunde Untersuchung der Sinneswahrnehmung und -empfindung aus phänomenologischer Perspektive durch. Ich möchte den Reichtum seiner Beobachtungen zum Austausch zwischen dem Empfindenden und dem Empfundenen hervorheben, zwischen den Qualitäten oder, mit anderen Worten, zwischen den äußeren Empfindungen, die mit ihrer »Macht der Magie« einen bestimmten Lebensstil ausstrahlen, und dem Empfindenden, der sich durch einen Akt der Sinne auf die Suche nach ihnen begibt. Er schreibt:

> Empfindender und empfundenes Sinnliches sind nicht zwei äußerlich einander gegenüber stehende Terme, und die Empfindung nicht die Invasion des Sinnlichen in den Empfindenden. Die Farbe lehnt sich an meinen Blick an, die Form des Gegenstandes an die Bewegung meiner Hand, oder

---

[45] Ebd.
[46] a. a. O., S. 253f.
[47] a. a. O., S. 249.

vielmehr mein Blick paart sich mit der Farbe, meine Hand mit dem Harten und Weichen [...]. Ohne meinen forschenden Blick, meine tastende Hand und ehe mein Leib sich mit ihm synchronisiert, ist das Sinnliche bloß eine vage Erregung.[48]

Dies ist eine wunderschöne Beschreibung der Begegnung zweier Körper, die sich wechselseitig wahrnehmen, sich empfinden, in der sie abwechselnd den Ort des Empfindenden und des Empfundenen einnehmen, in der Magie die Atmosphäre prägt und die Empfindungen sich auf der Grundlage der natürlichen Ichs der Körper potenzieren und entfalten, die sich anziehen oder einander abstoßen. Die sinnlichen Funktionen verteilen sich neu im Körper, der gewissermaßen die Wechselfälle und Eigenschaften der Körperlichkeit neu erlebt, indem er sich von der Kategorie des Lebenden zu derjenigen des Unbelebten verschiebt. Merleau-Ponty schreibt: »Insofern eine jede Empfindung streng genommen die erste, letzte und einzige ihrer Art ist, ist auch eine jede Empfindung eine Geburt und ein Tod.«[49]

In einer Situation, in der der Körper sich gerade sexuell, das heißt in einer affektiven Begegnung erlebt hat, in der die Anziehung des Objekts und die Empfänglichkeit für dieses Objekt höchste Bedeutung erlangt, entsteht eine tief greifende Vereinigung der Sinne, die eine andere Dimension annimmt. Nun sind die Sinne von einem erogenen Mantel umhüllt und suchen ein Objekt, das entweder durch Begehren oder Liebe zur Existenz gebracht wird. Eine Ebene umhüllt die andere und die sinnlich-perzeptiven Reize beginnen, sich von der Sexualität leiten zu lassen.

Wenn, wie Merleau-Ponty sagt, »[j]ede Empfindung [...] den Keim eines Traumes und einer Entpersönlichung«[50] in sich birgt, erlaubt uns das Erblühen dieses Keimes, die Welt des Genusses zu erspähen,[51]

---

[48] a. a. O., S. 251.
[49] a. a. O., S. 253.
[50] Ebd.
[51] Siehe 3. Kapitel: Die weiblichen Orgasmen, S. 97.

in der die Empfindungen sich verwandeln, ihre Qualitäten verändern, in Unordnung geraten, in einer Bewegung der Regression die Plätze vertauschen, während das Begehren blind einen Körper mit einem anderen vereint.

Die Sensitivität variiert von einem Moment zum anderen. Sie ist abhängig von differenziellen Schwellen in Beziehung zu den Attributen der Empfindung. Es wird mehr oder weniger empfindsame Körper geben sowie Körper, die gegenüber bestimmten Reizen besonders empfindsam sind. Deshalb ist ein jedes sexuelles Erlebnis einzigartig, und Verallgemeinerungen auf diesem Terrain sind völlig unmöglich.

Ich möchte den tief greifenden, unermesslichen Wert der sinnlichen Welt betonen, das Konglomerat der Erlebnisse, die in den lebenden Produktionen des Körperempfindens verankert sind, in dem das Wesentliche zirkuliert, indem es dem Körper anhaftet, dem Auge, dem Rhythmus, der Temperatur und der Farbe, dem wahrnehmbaren Universum der Sinne.

> [D]as Sinnliche [hat] nicht allein motorische und lebensmäßige Bedeutung, sondern [es] *ist* [...] nichts anderes als eine je bestimmte Weise des Zur-Welt-Seins, die sich von einem Punkte des Raumes her sich uns anbietet und die unser Leib annimmt und übernimmt, wenn er dessen fähig ist: Empfindung ist buchstäblich eine Kommunion.[52]

Sie ist eine Kommunion mit der Welt ohne Worte, in einer primären Sprache, einer Sprache der Haut und der Eingeweide, ein Kode der archaischen Affekte.

Der Raum des Haut-Ichs

Das Haut-Ich ist eine Vorstufe des Ichs, die in der epidermischen Hülle verankert ist, die das Selbstbild enthält. Bereits im Jahr 1970 lässt sich

---

[52] Merleau-Ponty 1945, S. 249; kursiv im Original.

ein Vorläufer des Haut-Ichs im Begriff des *senti* auffinden, den Anzieu in enger Beziehung zu dem formuliert, was Spitz »die coenästhetische Organisation«[53] nannte. Anzieu arbeitet den Begriff der sensorischen Umhüllungen ein, unter denen er das »Bad der Wörter« oder das »Bad der Prosodie« nennt, die das Kleinstkind von seinem primären Objekt erhält. Eine der Hauptfunktionen des Haut-Ichs besteht in der Unterscheidung zwischen außen und innen, zwischen demjenigen, was zu mir gehört, und dem, was nicht zu mir gehört. Er schreibt:

> Die Projektion in den Psychismus der Körperoberfläche, das heißt die Haut, konstituiert jene Verdoppelung, jene Nahtstelle, die das Ich ist. Tatsächlich besitzen Berührungserfahrungen verglichen mit allen anderen sensorischen Erfahrungen die Besonderheit, gleichzeitig endogen und exogen, aktiv und passiv zu sein […]. Die taktile Empfindung ermöglicht die grundlegende Unterscheidung »innerhalb« und »außerhalb«. […] Ich spreche vom Einwirken der Haut auf die Psyche, also auf das, was ich das Haut-Ich genannt habe.[54]

Unter den vielen Funktionen des Haut-Ichs möchte ich diejenige des Haltens (*holding*) der Psyche nennen, als Stütze und Container der inneren Welt sowie der sexuellen Erregung, der Verortung der erogenen Zonen und der Anerkennung der Geschlechtsunterschiede. In meinem Studium des körperlichen Empfindens stoße ich auf diese grundlegende imaginäre Struktur für die Verknüpfung oder Regel für die anfängliche Wahrnehmungs- und Triebunordnung.

Das Haut-Ich als im biologischen Körper verankerte Vorstufe des Ichs ist ein primärer Ausgangspunkt für das Nachdenken über das trophische Fließen der Sinnlichkeit. Es ist ein imaginärer Zwischenraum, der die Archaismen der Sinne, der Affekte und der Partialtriebe miteinander verknüpft, indem er sie mit seinen phantasmatischen Hauthüllen, mit seiner eigenen *Gestalt* (*Ich-Gestaltungen*) umgibt, von der aus das Subjekt sein affektives und Trieb-Ich organisiert.

---

[53] Spitz 1965, S. 16.
[54] Anzieu, D. 1990, S. 86.

Die Funktionen des Haut-Ichs stehen besonders im Dienste des Lebenstriebes. Um diese Beobachtung zu belegen, reicht es, die Seiten von Anzieus Buch durchzugehen, auch wenn Anzieu die Verbindungen mit dem Zerstörungstrieb und den perversen Fixierungen und dem Masochismus nicht außer Acht lässt.

Das Haut-Ich wird im Prozess der Verschmelzung und Individuation als ein Mittler zwischen Mutter und Kleinstkind benötigt. Mit einem guten Haut-Ich ausgestattet zu sein, beinhaltet, aus dem anfänglichen Chaos des frühen psychischen Erlebens aufzutauchen und dabei biologisch in einem imaginären Behältnis gehalten und gestützt zu werden, das von der epidermischen Hülle bereitgestellt wird. Dies bedeutet, mit dem gesamten biopsychischen Arsenal »ausgestattet« zu werden, das in dem neuen Wesen aufkeimt. Der Erwerb einer Grenze, einer Abgrenzung zwischen dem Selbst und der äußeren Welt, ist eine positive Folge hieraus. Didier Anzieu schreibt:

> Die Einführung des Begriffs Haut-Ich ist sinnvoll, weil es dem Bedürfnis nach einer narzißtischen Hülle entspricht und das Gefühl konstanter Zuverlässigkeit eines basalen Wohlbefindens vermittelt.[55]

Die Haut ist die erste Hülle des Haut-Ichs. Es stellen sich sofort vielfältige Umhüllungen ein (der Begriff der Hülle geht mit dem des Haut-Ichs Hand in Hand), sowohl sensorische als auch affektive (der Ängstlichkeit, des Leidens etc.). Alle diese Hüllen bilden Anzieu zufolge einen vorindividuellen, mit einem Entwurf von Einheit und Identität ausgestatteten Hohlraum.[56]

Mich interessiert es, die Begrifflichkeiten der Kommunikationstheorie zu verwenden und das Haut-Ich als eine Black Box zu denken, in die auf der einen Seite die Komponenten der Erlebnismasse eingehen (Sinneswahrnehmungen, Affekte, präverbale und linguistische Signifikanten) und auf der anderen Seite, vermittelt durch diese phantasma-

---

[55] Anzieu, D. 1985, S. 60.
[56] a. a. O.

tische Organisation, die bewussten und unbewussten motorischen Effekte, neue Empfindungen und Erlebnisse, Formen der Triebentladung und des Erotismus' auftauchen.

Erste Begegnungen. Erstes Verfehlen

Zwischen einem Menschen und der Erwartung, ein Kind zu bekommen, entstehen viele Phantasien. Mit dem Wunsch oder dessen Ablehnung, ein Kind auszutragen, mit der wirklichen oder imaginären Absicht, es zu empfangen, kommt eine Dynamik von Vorstellungen und Affekten ins Spiel, die sich auf ein noch nicht existierendes Wesen richten, das in diesem Moment aber psychische Realität erlangt und sich als Virtualität einschleicht. Dies sind die psychischen Babys, von denen man träumt und die langsam in allen Ecken und Winkeln der Geschichte der Begierden der menschlichen Subjekte Gestalt annehmen.

Das Kind entsteht als ein Projekt vorweggenommener Hoffnungen der Eltern, ein imaginärer Körper, in den sich die vorgeburtlichen Hypothesen der Eltern einschreiben. Später jedoch empfängt das »Kommende«, das »fötale Wesen«, das »Embryo-Ich« den Widerhall dieser Begierden, die sich in einer breiten Palette von Liebe und Hass ausdrücken. Hier sind die Phantasien über das Geschlecht verankert, das es haben wird, und, einen Schritt weiter, das faszinierende Thema seines eigenen Namens und dessen Wechselfälle. Das Kind wird zu einem »gesprochenen Schatten«.[57]

Im Akt der Geburt verliert der Säugling seine psychosomatischen schützenden Hüllen, wenn auch vielleicht nur für den Bruchteil einer Sekunde. Es wird »bloß« geboren, ohne die schützenden Muskel- und Wassermembranen. Aus gutem Grund spricht Otto Rank vom »Trau-

---

[57] Aulagnier 1975.

ma der Geburt«[58] und benennt mit diesem Ausdruck die plötzliche Veränderung und das plötzliche Hereinbrechen von Reizen, denen das Neugeborene ausgesetzt ist. Annie Anzieu beschreibt dies in einer sehr schönen Weise: »Das Chaos des verrückt gewordenen und weichen, feuchten und lauwarmen Körpers. Die neue Leere des Treibens ohne Flüssigkeit«.[59] Im Traum erst wird das bereits erwachsene Subjekt Substitute für die fötalen Membranen finden und das verlorene Paradies erneut erschaffen.[60] Kaum geboren, bedecken es diverse Hüllen der äußeren Welt: materielle (Leinentücher, Decken), thermische, olfaktorische, visuelle etc. Der Körper der Mutter wird zur Haupthülle und erfüllt von außen die umhüllende Funktion, die die Biologie ihm von innen her zugewiesen hatte. Der »Körper für zwei« geht in »eine Haut für zwei« über. Die somatische Haut wird auf der psychischen Ebene in der schrittweisen Konstitution des Haut-Ichs konstruiert werden müssen.

Am Anfang umgibt Mutter und Kind ein und dieselbe Hülle. Das notwendige Auftrennen dieser Hülle, das heißt die Loslösung vom Primärobjekt, stellt eine Art zweite Geburt für die in Richtung Exogamie blickende Psyche dar. Dieser abgrenzende Schnitt öffnet den Weg hin zu Autonomie und Individuation. Dies ist ein Beispiel für einen trophischen[61] Schnitt.

Es ist wichtig hervorzuheben, dass einige Brüche notwendigerweise auftreten (klinisch können sie als »Krise« übersetzt werden), so dass sie, auch wenn sie Leiden mit sich bringen, den Bruch, das Durchtrennen der Starrheit einer erstickenden Hülle und den Übergang zur Bildung einer Art »psychischen Regenerationsgewebes« erlauben, indem so das Haut-Ich im Sinne des Erlangens größerer Plastizität modifiziert wird. Eine intensive Krise, eine akute Verletzung kann

---
[58] Rank 1924.
[59] Anzieu, A. 1974.
[60] Garma 1949.
[61] Das heißt hier, die Bildung neuen psychischen Gewebes unterstützend.

auf dem »Königsweg« der Ausbildung von Wahngebilden entstehen, deren Auflösung es dem Subjekt ermöglicht, nachdem es durch eine schmerzhafte Häutung hindurchgegangen ist, eine »neue« Haut und Zugang zu anderen psychischen Regionen zu erlangen. Dies ist der versteckte positive Aspekt des Negativen, die schützende Funktion der »Schmerzhülle«.[62] Tränen, Rückzug, Schmerz, Ängstlichkeit etc. hüllen die Verletzung ein und geben dem Subjekt die Möglichkeit, sich still und unterstützt durch seine Leidenshülle die notwendige Zeit in seiner inneren Welt zu nehmen, um sich wieder zu sammeln. Doch der Bruch ist ein unvermeidbarer Schritt. Bei anderen Gelegenheiten haben die Hüllen eine abwehrende Funktion: Sie bilden eine schützende Haut, um größeres Unheil zu vermeiden, nämlich die Enthüllung der Risse und die Nacktheit des verletzten Haut-Ichs.[63]

Die pathologischen Brüche können vom ersten Verfehlen her kategorisiert werden. Wir können in sie die umgekehrte Phantasie hineinlesen, die Freud 1914 beschrieb: Anstatt »His Majesty the Baby«[64] haben wir es dann mit »His Enemy the Baby« zu tun. Das Baby als Feind übermittelt die kindsmörderischen Triebe,[65] die Dramatik der Medea.[66] Der Säugling wird entthront vom großartigen Ehrenplatz des Narzissmus', und archaische Konflikte werden die Oberfläche seines Körper-Ichs heimsuchen. Die Brüche, die es wird erleiden müssen, verstärken die negative Kraft der ursprünglichen Wahngebilde und verdammen das Subjekt dazu, schmerzhafte Ausgrenzungen, Kastrationen und traumatische Verführungen erneut zu erleben.

Darüber hinaus sind nicht alle »phantastischen Mutterleiber«[67] idealisierte magische, intrauterine Räume, in denen dem Anschein nach

---

[62] Enriquez, zitiert in Anzieu, D. 1985, S. 264.
[63] Bick 1968.
[64] Freud 1914c, S. 157.
[65] Rascovsky 1973.
[66] Alizade 1988a.
[67] Cachard 1981, S. 850.

Allmacht und unmittelbare Befriedigung vorherrschen. Es gibt viele düstere Geburtslegenden, nach innen gerichtete Gewalt, bewusste Todeswünsche, ein »Überleben« im Voraus. Freud schrieb 1914, die Biologie liege allen psychologischen Bestimmungen zugrunde. Wo lassen sich Schläge auf einen schwangeren Mutterleib einordnen? Wie können wir die möglichen Auswirkungen auf den Fötus deuten? Die Untersuchung verweist uns auf Arbeiten zum fötalen Psychismus.[68] Zum physischen Schlag tritt der psychische Schlag hinzu, wenn der Vater den Embryo verflucht, der sich zum falschen Zeitpunkt ankündigt, oder wenn eine Mutter resigniert das Unglück einer ungewollten Schwangerschaft erträgt.[69] Das vorgeburtliche Gepäck des Menschen interagiert mit der Umwelt. Diese Art des pränatalen *senti* ist ein primärer psychischer Organisator.

Hüllen und Brüche folgen aufeinander. Hat man die schützenden Hüllen nicht rechtzeitig erhalten, kann eine psychische Verletzung sich auf den somatischen Körper ausdehnen (an diesem Punkt taucht die Problematik der psychosomatischen Prävention auf).

Im Wechselspiel der Intersubjektivitäten kann eine psychische Haut ebenso sehr eine andere (ähnliche) zugunsten des Ichs trophisch einhüllen, wie sie, unter der Herrschaft des Thanatos', dem Anderen die Haut abreißen und ihn dort verletzen kann, wo das Körper-Ich im sprechenden Fleisch des begehrenden Subjekts verwurzelt ist. Im letzteren Fall herrscht die Pathologie einer erdrückenden Intersubjektivität vor, in der man »nach der Haut des Anderen schreit«, manchmal um sich mit dem Riss des Anderen die eigene Integrität zu verschaffen. Wir stehen dem Drama des narzisstischen Zerreißens und der negativen Wildheit gegenüber, die sich in der Klinik beispielsweise in pathologischen Scheidungen zeigt.

---

[68] Rascovsky 1973; Raskovsky & Rankovsky 1977.
[69] Siehe »Fragmente aus Marys Analyse« im 2. Kapitel, S. 69ff.

Hüllen und Brüche

Die intersubjektiven Auswirkungen, die als Ergebnis der Begegnungen und dem Verfehlen eines Subjekts im Austausch mit anderen Bedeutungen in seiner Umgebung entstehen, können im Licht von zwei imaginären Formen begrifflich gefasst werden: der Hülle und des Bruchs. Diese Formen entsprechen zwei psychischen Bewegungen, die sich im Bereich der Intersubjektivität entfalten, nämlich: a) die Zirkularität; b) die Linearität.

Die Zirkularität schließt sich an den Begriff der psychischen Hülle an und die Linearität an den psychischen Bruch oder Schnitt. Im ersten Fall geht es um die Kategorie der Kontinuität und im zweiten um die der Diskontinuität. Beide können sowohl der Seite der Normalität als auch der Pathologie zugeordnet werden. Wir haben also Hüllen, die erleichtern, beschützen und liebkosen, und Hüllen, die ersticken, erdrücken, zerstören und vergiften.

Die Brüche wiederum können schädlich (Verletzungen, psychische Wunden) oder trophisch sein, indem sie Schnitte, die aus einer starren Hülle befreien, oder neu organisierende Krisen darstellen. In letzterem Fall unterbricht der Bruch eine pathologische Kontinuität.

Die Welt der Sinne, der Affekte und der Vorstellungen entwirft in der Interaktion zwischen den Psychen diverse Typen von Hüllen und diverse Typen von Brüchen.

Beobachtungen an Teresa

Was das Körpergespür, die weibliche Sinnlichkeit und den Begriff der psychischen Hüllen betrifft, so erlaubte mir die Sitzung mit Teresa, die ich nun vorstellen werde, folgende Beobachtungen:

1. die assoziative Aufeinanderfolge unterschiedlicher psychischer Hüllen;
2. die Brücken, die die Empfänglichkeit mit der Erogenität verbinden;
3. die Kontinuität zwischen den wahrnehmbaren Imagines des äußeren und des inneren Körpers;
4. die überaus große Wichtigkeit der sensorischen Reizung und das Ins-Spiel-Kommen von zielgehemmten Trieben in der weiblichen Sinnlichkeit.

Die Sinne sind mit den Triebbewegungen verwoben. Die Unterordnung der Sexualität unter die Sinnlichkeit erleichtert die Entfaltung von tief greifenden und intensiven Erlebnissen. Das Hin und Her zwischen Empfänglichkeit und Erogenität potenziert die Sinneslust in der Erotik.

Kaum hat sich Teresa auf die Couch gelegt, bricht sie ein kurzes Schweigen, indem sie sagt: »Es gibt einen Geruch nach einer anderen Person, einen Geruch, als wäre eine andere Person hier gewesen.« Als ich sie frage, welche Gefühle dieser Geruch in ihr hervorruft, ist ihre Antwort scharf: »Er gefällt mir nicht. Es ist der Geruch eines Mannes oder der einer Frau ohne Frauengeruch, einer dreckigen Frau.« Sofort beschwert sie sich, dass mein Sessel, der ein wenig mehr seitlich steht als gewöhnlich, es mir erlaubt, sie besser zu sehen. »Warum sitzt du an der Seite? Damit du mich sehen kannst?«, tadelt sie mich verärgert.
Ich mache sie darauf aufmerksam, dass ich auf die olfaktorischen und visuellen Hüllen nicht eingegangen bin, die sich in der Sitzung entfaltet hatten. Der »Geruch eines anderen« nähert sich der Urszenenphantasie. Verärgert versucht sie, meinen sie umhüllenden Augenkontakt abzubrechen. Die folgenden Assoziationen bringen neue unangenehme Gerüche mit sich: nach Scheiße, nach Zigarette, nach Dreck. »Entweder erkenne ich die Gerüche der Orte nicht wieder, oder ich nehme sehr intensive Gerüche wahr. Heute habe ich mir meine Schuhe angesehen und roch Scheiße.« Die Assoziationen verweisen auf ihre Mutter, die raucht, und an die dreckige Intimität von Mutter und Tochter. Dann spricht sie über erogene

Gefühle. Sie sagt: »Manchmal wünschte ich mir, sie würden mich auf eine andere Weise anfassen, dass sie sanfter wären, nicht so brutal. [...] Ich gebe vor, eine sehr harte Person, nicht sehr zerbrechlich zu sein, aber ich bin extrem sensibel gegenüber Berührungen, und ich schätze Zartheit sehr. Trotzdem sind die Typen alle sehr grob.« Teresa spielt darauf an, dass ihr die Hülle des Körpers eines Freundes fehlt, der sie abrupt verlassen hat. Außerdem drückt sie damit ihre mangelnde sinnliche Befriedigung aus, da sie Sexualität häufig als Gewalt erlebt, als eine Häutung, und die durch die Sexualität erlangte Lust ist gering verglichen mit der sinnlich-affektiven Unlust, die damit einhergeht.

Daraufhin kommt sie auf das Thema ihrer Geruchsempfindungen zurück und erzählt, dass üble Gerüche sie sauer aufstoßen lassen. Sie hat sie mit ihrem Körperinneren assoziiert. Ich frage sie, ob sie ein spuckendes Baby war. Sie antwortet: »Ich weiß es nicht, aber ich weiß, dass mir, wenn ich in ein Auto einstieg, schwindelig wurde und ich die ganze Fahrt über gebrochen habe. Das Erbrechen ist nicht einfach nur Erbrechen [...], die Säure verursacht mir Übelkeit, die fast schlimmer ist als das Mittel, das ich einnehme.« Die folgende Erinnerung führt sie auf ihre erogenen Gefühle zurück: »Mir wurde schlecht, als ich X einen geblasen habe. Brechreiz. Mir wurde schlecht, als er in meinem Mund gekommen ist.« Ich erinnere sie an ihre Ablehnung von Milch. Sofort erzählt sie mir, dass sie Milch nur als Mittel gegen saures Aufstoßen trinkt. »Als solche hasse ich sie, innen ist alles verfault.«

Dieser letzte Satz fasst das Bild zusammen, das Teresa sich von sich macht. Als solche hasst sie sich und findet nichts Gesundes, das zu retten wäre. Aber wir können auch ihre Forderung nach einem Körper hören, der »gut genug« wäre und ihr helfen würde, ein vollständiges Haut-Ich zu bilden, einen formbaren Sack, der sie sich »wohl in ihrer Haut« fühlen und ein gesundes Bild ihres inneren Selbst bilden lassen würde.

In diesem kurzen Fragment der Sitzung sind die Empfindungen, Sinne, Erogenität und der Körper in seinen epidermischen und löchrigen Aspekten miteinander verwoben.

Als ich sie darauf hinweise, dass sie in der vorangegangenen Sitzung die gute Milch, die ich ihr angeboten habe, angenommen, dass sie sie heute aber erbrochen und sie sie angeekelt habe, erwidert sie zu meiner Überraschung: »Außerdem ist es so, dass ich, wenn ich auf die letzten paar Jahre zurückschaue, feststelle, dass es eine Zeit gab, in der ich mich nicht so gut gefühlt habe, jetzt fühle ich mich erleichtert, behaglicher, und all die Jahre konnte ich das nicht sagen […]. Ich habe Lust, mit meinen Eltern zu sprechen, ich glaube, ich bin an einem anderen Ort, an einem neuen Ort […], natürlich bin ich am Ende immer dieselbe, wie es ganz normal ist.«

Während ich die Sitzung nachbereite, denke ich darüber nach, dass das, was durch meine Interpretation aufscheint, belegt, dass wir im Verlauf der Analyse eine gemeinsame Haut gebildet haben, die Teresas ursprüngliche Angst, der Schutzlosigkeit ausgesetzt zu bleiben, linderte.

Mir liegt daran, mit Hilfe dieser Vignette die enge Verbindung zwischen Empfänglichkeit und Erogenität hervorzuheben. Beide Elemente bilden eine Art Möbiusband, ebenso wie dies der äußere und der innere Körper tun. Indem Teresa meine visuelle, sensorische Umhüllung zurückweist, wehrt sie eine mögliche erogene Übertragung ab. Angeschaut zu werden, lässt sie vom Sensorischen zum Sinnlichen gleiten. Die Kategorie des Sensorischen verweist auf die Welt des Erogenen.

2. Kapitel

Der Körper in der Psychoanalyse: der steinerne Kern

> Ich möchte zurückkehren
> in jene Gewissheit
> in die zentrale Ruhe, in die Gebärmutter
> des mütterlichen Steins.
> (Pablo Neruda, *Die Steine des Himmels*)[70]

Freud schrieb:

> Ich meine, wir dürfen unseren Vermutungen freien Lauf lassen, wenn wir dabei nur unser kühles Urteil bewahren, das Gerüste nicht für den Bau halten. Da wir nichts anderes benötigen als Hilfsvorstellungen zur ersten Annäherung an etwas Unbekanntes, so werden wir die rohesten und greifbarsten Annahmen zunächst allen anderen vorziehen.[71]

Auf eben diese Weise muss ich, als eine behelfsmäßige Vorstellung, den Begriff eines psychischen Ortes aus reinem, fleischlosem Stein im Zentrum des psychischen Apparates einführen. Der steinerne Kern nimmt einen inneren Raum ohne Geschlecht ein, eine unerschütterliche Matrix, die die »zentrale Ruhe« (Neruda paraphrasierend) des Steines verschafft. Dieses Gravitationszentrum stützt den psychischen Apparat. Es ist wie das winzige Stück unorganischen Materials, das die Perle im Zentrum der Muschel für ihr Wachstum benötigt.

---

[70] »Quiero volver / A aquella certidumbre / al descanso central, a la matriz / de la piedra materna.« Neruda 1970.
[71] Freud 1900a, S. 541.

Noel Altamirano erwähnt in seinem Buch über Neruda den Symbolismus des Zentrums, der von Mircea Eliade untersucht wurde.[72] Eliade zufolge symbolisiert das Zentrum die absolute Realität, das Sakrale sowie die Unsterblichkeit und ist dadurch charakterisiert, dass es gut geschützt ist. Dem steinernen Ort, den ich postuliere, haftet tatsächlich eine gewisse Konnotation des Absoluten und Ewigen an. Es handelt sich jedoch um einen steinernen Kern, der keinerlei Rechtfertigung bedarf. Er »ist« unsichtbare Nichtkörperlichkeit. Vielleicht hängt die »Bändigung« der Triebe von der gelungenen Herausbildung dieses Kerns ab,[73] die Fähigkeit, sich der überbordenden Fülle der Sinne hinzugeben und damit klar zu kommen, ohne dass dabei das »Selbstgefühl«[74] Schaden nimmt.

Der steinerne Kern besitzt keine evolutionäre Bedeutung. Ein erster Entwurf dieses Kerns taucht auf, wenn die Säuglinge zwischen sich selbst und ihren Müttern zu unterscheiden und sich einzigartig zu fühlen beginnen. In seiner umfassenden Untersuchung der interpersonellen Welt des Säuglings unterscheidet Stern unterschiedliche Grade im Auftauchen dessen, was er das »Selbstgefühl« nennt (auftauchendes Selbst, Kern-Selbst, subjektives Selbst, verbales Selbst).[75] Diese Begriffe stehen in enger Wechselwirkung mit dem steinernen Kern. Zu dessen ersten Manifestationen gesellen sich trophische, narzisstische Umhüllungen, strukturierende Spekulationen und Identifikationen. Ein psychischer Raum nimmt Gestalt an, der sich, obwohl er der Interaktion mit der Umgebung entspringt, von ihr abtrennt, um *Einsamkeit an sich* herzustellen, Lebendigkeit in Unabhängigkeit von der Außenwelt, in der reinen ursprünglichen Bedeutung des reinen »Seins«, eine Ebene des Gleichgewichts. Dieser Raum verfestigt sich im Laufe des Lebens – oder eben nicht – und bildet einen Energiepunkt, ein Zentrum der Stärke des psychischen Apparates.

---

[72] Altamirano 1990.
[73] Freud 1937c, S. 69.
[74] Freud 1914c, S. 166.
[75] Stern 1985.

Es handelt sich um einen psychischen Ort, der sich nur schwer darstellen lässt und mit Moral und mentaler Gesundheit verbunden ist. Seine Genese und Konsolidierung können entweder vom theoretischen Standpunkt aus oder unter Rückgriff auf die eigene Subjektivität betrachtet werden. Er stellt eine Art Abstraktion dar, und zugleich machen es Schlüsse aus klinischen Daten möglich, die Gegenwart und die Auswirkungen dieses Sitzes des Gleichgewichts aus phänomenologischer Perspektive zu beobachten. Der steinerne Kern ist eine Stütze für das Subjekt. Die somatisch-psychische Einheit funktioniert synergetisch, wenn sie unter dem Befehl dieses trophischen, steinernen Kerns steht. In diesen Ort aus Stein haben strukturierende Identifikationen eingegriffen, und es haben sich dort Erlebnisse aus dem Bereich des Schmerzes und der Befriedigung angesammelt. Stürzt man sich in die innere Welt, fällt das Fleisch ab; und nun, wenn man mit der Arbeit des Umfüllens beginnt, verschwinden die fiktionalen Gestalten und das Subjekt bleibt allein zurück, mit niemandem und mit sich selbst allein. In der eigenen Einsamkeit, die von vielen Begegnungen und Erfahrungen geprägt ist, entsteht allein der Ort aus reinem Stein, dieser unversehrte Raum, den ich theoretisch zu erfassen versuche. Der steinerne Ort bewahrt das Subjekt vor narzisstischen Verletzungen, wenn es sich in das erotische Leben einbindet, und er erhält durch seine stützende Funktion die Selbstachtung. Er ist seiner Natur nach frei von Rissen und Abschürfungen. Natürlich handelt es sich dabei um im Verlauf der Zeit erodierten Stein; er ist jedoch ein Stein der Stärke oder im positiven Sinne ein lebender Stein.

Der steinerne Kern lässt sich anhand von Andeutungen innerhalb des klinischen Materials aufspüren, die semantisch auf Vorstellungen wie das Skelett verweisen: Stütze, Gerüst, Zugehörigkeit, Integrität. Es gibt Hinweise auf das Erleben einer zentralen Masse und der Eigenschaften der Konstanz, Stabilität, Festigkeit. Ich betone den Ausdruck des »fleischlosen« steinernen Kerns, um auf dessen Mangel an wahrnehmbarer Materialität hinzuweisen, auf seine Nichtsinnlichkeit, auf die Abwesenheit der Triebhaftigkeit, der Bewegungen des Begehrens, all dessen, was ein Subjekt in seinem psychisch-körperlichen Dasein erschüttert. Dieser steinerne Ort ist ein Verbindungspunkt, der in das unbewusste Triebgeschehen im Leben des Subjektes eingreift. Er verleiht ihm das Gefühl, sich selbst zu gehören, und erlaubt es ihm, die Stabilität seiner inneren Welt aufrechtzuerhalten. Der steinerne Kern trägt dazu bei, dass dieses bestimmte Subjekt sich als einzigartig wahrnimmt. Und als ein einzigartiges Subjekt verleihen die narzisstischen, trophischen Hüllen, die diesem Kern hinzugefügt werden, ein Gefühl der Selbstschätzung *per se*, unabhängig von den konkret erreichten Erfolgen oder erlebten Misserfolgen. Ein positives »Ich bin« ohne Attribute fließt dem Erleben des Subjektes in natürlicher Weise zu. Der steinerne Kern stellt also einen Orientierungspunkt dar, einen Raum der Selbstergreifung, der »Selbsterfassung«.

In der analytischen Praxis lassen sich häufig die Defizite in der Konstitution dieses Raumes beobachten. Die Analyse versucht, jene Erlebnisse zu erarbeiten, die für die Konsolidierung dieses Kerns notwendig sind. Sie muss versuchen, in der Übertragung die heikelsten Aspekte der Seele des Patienten, die primären Missverständnisse zu erreichen.

Das beschützende Element des steinernen Kerns kann mit Hilfe von Thoms Begriff der Katastrophe verstanden werden.[76] Thom hat die Katastrophentheorie zunächst im Kontext der Mathematik entwickelt. »Katastrophe« bezeichnet den Wechsel von einem System in ein anderes, der entweder anhand der Zerstörung des vorherigen Systems vollzogen werden kann (in diesem Fall fällt »Katastrophe« mit der bekannten Bedeutung zusammen – beispielsweise einem explodierenden Boiler) oder aber, und hierin besteht der revolutionäre Beitrag dieser Theorie, die »Katastrophe« impliziert einen verändernden Wechsel, einen plötzlichen Sprung, durch den das System der Zerstörung entgeht.

---

[76] Thom 1980.

In beiden Fällen intervenieren die Flexibilität und Agilität der Operation und eine bestimmte mathematische Form (eine geschlossene Form im Falle der Zerstörung des Systems, eine offene Form im Falle des Sprunges von einem System zum anderen).

Der steinerne Kern ist an jedem Punkt der Verschiebung der offenen Kurve präsent und treibt den Sprung zum anderen System voran. So beschützt er das System vor zerstörerischen Explosionen und gewaltsamen Brüchen. Er hilft dabei, Lebenskrisen zu vermeiden, indem er sie, wenn sie auftreten, dank des verändernden Sprunges von einem System zu einem anderen, in nichtzerstörerische Katastrophen umwandelt, in lediglich einfache Katastrophen, die dem Zustand des Lebendigseins inhärent sind, in chaotische Erlebnisse, die die innere Welt auf einer anderen Ebene neu organisieren. Das System, das fähig ist, sich zu verändern, anstatt sich zu schließen, ist wechselweise geschlossen und befindet sich in einer Kurve,[77] das heißt, es ist ein offenes System.

Die Konsolidierung des steinernen Kerns stattet das Subjekt für die Entfaltung eines guten aggressiven Potentials aus, der gesunden Wildheit einer trophischen Gewalt, die nicht nur den Todestrieb umleitet, sondern auch das Subjekt zum Eindringen in exogame Räume antreibt. An dieser Stelle verbindet sich der steinerne Kern mit der Öffnung für das Sein, der inneren Freiheit und dem Zugang zur Kreativität.

Psychische Hüllen und der steinerne Kern

Didier Anzieu hat das Haut-Ich theoretisch erfasst, die erste narzisstische Hülle, auf der das Gefühl des Wohlbefindens beruht.[78] Er hat sich ebenfalls mit den Pathologien des Haut-Ichs beschäftigt und seine Untersuchungen auf die Vielzahl an psychischen Hüllen ausgeweitet, die

---
[77] a. a. O., S. 62.
[78] Anzieu, D. 1985.

mit ihm einhergehen. Die Ausbildung von Hüllen ist eine Bedingung für das psychische Funktionieren. Anzieu zufolge verfügen sie über drei grundlegende Funktionen: die des Behältnisses, die der Interphase oder der Grenze mit der äußeren Welt sowie die der Einübung für den kommunikativen Austausch.

Die psychischen Hüllen weisen unterschiedliche Grade der Formbarkeit und Unnachgiebigkeit auf. Sie können normal oder pathologisch sein. Sie verfügen über Bewegungen wie diejenige der Fusion (die Verbindung mit einer anderen Haut in der Phantasie »eine Haut für zwei«), des Zerreißens[79] und der Akkumulation von einer über der anderen in Form von multiplen Hüllen. Es gibt Entwicklungen und Metamorphosen der Hüllen.[80]

Man könnte behaupten, dass so etwas wie ein »Trieb, sich einzuhüllen«, existiert. Diese Triebkraft würde so etwas hervorrufen wie *zirkuläre Bewegungen, die für den Psychismus konstitutiv sind*. Die Triebdynamik kann so beschrieben werden, dass sie sich in drei Phasen vollzieht: a) Man wird umhüllt. In dieser ersten Phase greift der *senti*[81] ein, der aus den verschiedenen sensorischen Hüllen besteht, die den Säugling von seiner Geburt an umhüllen. Das Wort der bedeutsamen Anderen, besonders der Mutter, umhüllt ihn mit einem begleitenden »Stimmenbad« oder einem »Bad der Prosodie«. b) Man umhüllt sich selbst. Dies ist eine reflexive Phase, eine Internalisierung der Funktion des Umhüllens. Die komplementäre Abfolge bestimmt die Qualität dieser Hüllen, ihren höheren Grad an Normalität oder Pathologie. c) Man umhüllt jemand anderen. Diese Triebbewegung kann aus der Pathologie (Symbiose, Umhüllungen von zweien mit gewaltsamen Rissen in sadomasochistischen Beziehungen) oder aus der Normalität (Zugang zur Liebe, zur Sorge für den Mitmenschen) heraus entstehen.

Hieraus lässt sich schließen, dass der Trieb, sich zu umhüllen, so-

---

[79] Siehe 1. Kapitel: Das sinnliche Empfinden des Körpers, S. 31.
[80] Siehe »Beobachtung an Diana« in diesem Kapitel, S. 57.
[81] Anzieu, D. 1970.

wohl im Dienste des Lebenstriebes als auch im Dienste des Todestriebes stehen kann. So zeigt Didier Anzieu, wie vorbewusste Verschmelzungsphantasien und unbewusste Phantasien des Losreißens im Masochismus nebeneinander bestehen.

Manchmal fungieren die Hüllen als eine Maske und versuchen, den Mangel an einem steinernen Kern oder dessen Fehlen zu kompensieren und zu ersetzen. In diesem Fall weisen die psychischen Hüllen, wie bei Diana, einen zwanghaften Charakter auf, der eine intensive primordiale Hilflosigkeit verbirgt. In der Analyse wird man Zeuge der graduellen Auflösungen dieser behelfsmäßigen, kompensatorischen Hüllen, und es bildet sich schrittweise, als ihr Kontrapunkt, der steinerne Kern heraus. Klinisch drückt sich dies anhand der folgenden psychischen Parameter aus:

a) das Erlebnis, allmählich »in sich selbst zu sein« oder »sich selbst zu gehören«;
b) die intrinsische Selbstwertschätzung, unabhängig von der Konnotation von Erfolg oder Misserfolg, die damit verbunden sein kann;
c) ein stärkeres Gefühl der inneren Sicherheit;
d) die Fähigkeit, alleine sein zu können.

Beobachtungen an Diana

Um diese Ideen zu verdeutlichen und zu veranschaulichen, werde ich einige Bruchstücke aus der Analyse von Diana vorstellen. Das Material erlaubte es mir, folgende Aspekte zu betrachten:

1. die assoziative Aufeinanderfolge unterschiedlicher Hüllen;
2. das Defizit in der Herausbildung des steinernen Kerns;
3. die kompensatorische Natur der pathologischen Hüllen angesichts eines fehlenden zentralen Kerns bei Diana. Sie wiesen die weiter oben beschriebene zwanghafte Ordnung auf. Es handelt sich im

Wesentlichen um drei: eine Leidenshülle, eine toxische (halluzinogene) Hülle sowie um zwanghafte sinnlich-körperliche Hüllen;
4. die Entstehung und nachfolgende Konsolidierung des steinernen Kerns anhand der Analyse zweier Träume;
5. die schrittweise Auflösung der pathologischen Hüllen.

Bevor ich mit der Betrachtung des ersten Traumes dieser jungen Analysandin beginne, möchte ich eine zurückliegende Episode ihres Lebens erzählen, deren Bearbeitung in der Stunde Dianas Einsicht und die spätere Erarbeitung ihrer grundlegenden Defizite erleichterte. Betrachten wir also diese Geschichte:

> Diana erzählt, wie sie sich nach einer Feier, auf der sie exzessiv getrunken und geraucht hatte, in einem Bett inmitten einer intensiven Lustorgie wiederfand. Im Nachhinein empfand sie einen bitteren Nachgeschmack. Sie fühlte sich in einen der jungen Männer, mit denen sie die Nacht verbracht hatte, verliebt und verspürte den heftigen Wunsch, ein Kind mit ihm zu haben. Er dagegen blieb ihren Äußerungen gegenüber gleichgültig. Ihre Reflexion im Verlauf der Stunde ist frappierend. Sie sagt: »Es geht ihm gut mit sich selbst, er ist *sein eigen*.« Mit dieser klaren Einsicht drückt Diana ihr Defizit im Hinblick auf den steinernen Kern und ihren Mangel an einer sie haltenden Hülle aus, in deren Innerem sich eine psychische Bewegung des »Auf-sich-selbst-Zählens« skizzieren ließe. Der Ausdruck »*sein eigen*« (*suyo*) wurde in unterschiedlichen Bedeutungskontexten durchgearbeitet.

Ein Jahr später stellt die Aufeinanderfolge zweier Träume einen Meilenstein in Dianas Analyse dar. Anhand der Analyse dieser Träume zeichnen sich die Umrisse einer beginnenden Konstruktion des steinernen Kerns ab. Zugleich beginnt Diana, sich ihrer pathologischen Hüllen zu entledigen (der Leidenshülle, der toxischen Hülle, der Hülle der Promiskuität), die sich zu ihrer großen Überraschung selbst aufzulösen beginnen. Sie spürt bereits nicht mehr die zwingende Notwendigkeit, Halluzinogene zu konsumieren oder sich triebhaft Sexualpartner zu suchen. Sie beginnt, sich gut dabei zu fühlen, wenn sie einen Abend allein zu Hause verbringt, und kann sich auf ihr Studium konzentrieren.

Erster Traum
Ich fuhr im Auto mit einem Mann zum Haus einer Frau. Wir suchten nach einem Haus, wo die Frau alleine lebte. Wir konnten den Weg nicht finden, er nahm einen anderen Weg. »Weißt du, wo es ist?«, fragte er mich. »Weißt du, wo der Supermarkt ist«, antwortete ich. Wir kamen an, und das Haus war wunderschön, faszinierend, es schien von einem Architekten entworfen, und ich musste hingehen, um eine Kiste zu suchen, und ich musste selbst hingehen. Ich musste auf das Dach steigen [...], und in einem bestimmten Moment packte ich sie, und als ich mich umdrehte, sah X mich an, er spielte ein Verführungsspiel, wie wenn wir uns bei Nacht in irgendeiner Kneipe trafen. Ich ging nicht mit ihm, ich ging mit der Kiste fort.

Die Assoziationen führen zu folgenden Vorstellungen: Den Supermarkt assoziiert sie mit einem Jugendfest, mit der ersten Illusion, dass sie einen Jungen mochte, der ihr Jahre später gestand, dass er sie ebenfalls mochte. Es war eine glückliche Zeit in ihrem Leben, der einige dunkle Jahre folgten; es war eine Zeit, in der sie, ihren eigenen Worten nach, »noch nicht pervertiert war«.

Die Kiste bezieht sich auf eine künstlerische Arbeit, die Diana ausführen muss. Sie sagt: »Die Kiste muss aufhören, Kiste zu sein, um virtuell etwas anderes zu werden. Die Form eines Prismas muss verschwinden und sich in eine Täuschung verwandeln, in eine Bühne.« Außerdem assoziiert sie *Kiste* (*caja*) mit *Kot* (*caca*). So wird die Kiste zu einem wertvollen Schatz, einem geschätzten Geschenk.

Die Frau, bei deren Haus sie ankommen, ist eine furchtbare Frau, »ohne Weiblichkeit, ungepflegt, grauhaarig«. Sie assoziiert sie mit der Mutter eines Freundes, mit dem sie die schlechten Jahre ihres Lebens geteilt hat.

»Kiste« (*caja*) erscheint als ein bedeutsamer Schlüssel. Im Traum schaut sie X an (eine Verdichtung vieler Männer, mit denen sie ausgegangen ist), doch sie entscheidet sich schließlich, alleine mit ihrer Kiste wegzugehen. Die Kiste ist ein identifizierender Besitz, sie ist »das Eigene«, das sie beginnt wertzuschätzen, sie ist der Repräsentant einer Transformation, die sich in ihr vollzieht und die mit der Herausbildung des steinernen Ortes verbunden ist. Die Kiste stellt ihre Genitalien, ihr Haus, ihren Körper, ihr kreatives Potential dar. In Diana vollzieht sich eine wichtige Unterscheidungsarbeit, die auf häufige Episoden der Unterschiedslosigkeit, der Verschmelzung mit dem Primärobjekt beim Gebrauch ihrer pathologischen toxischen Leidens- oder körperlich-sinnlichen Hüllen verweist. Im Traum verdichtet sich diese Thematik im faszinierenden Haus der grauhaarigen Frau (dem Wohnsitz der Mutter). Im Bild dieser Frau im Traum – einer negativen bisexuellen Figur – tritt das Düstere hervor. In ihren künstlerischen Ideen versucht Diana, selbst Häuser zu bauen (in der Analyse versucht sie, sich selbst zu bauen). In zwei Assoziationen erscheint die Figur eines Architekten: Möglicherweise handelt es sich um einen Appell an eine konstante, ordnende Achse, die Stütze und das Fundament der Psyche.

Wenn Resnik schreibt, »[j]eder Körper ist ein Haus, und der zentrale Stützpfeiler dieses Hauses ist der Vater«[82], dann bezieht er sich ebenfalls auf eine zentrale, ordnende Achse. Bleger zufolge verweist die Transformation, die sich in Diana vollzieht, auf eine stärkere Unterscheidung innerhalb des zusammengeballten Kerns: Der psychotische Teil beginnt, sich in einen neurotischen Teil umzuwandeln.[83]

In der heterosexuellen erotischen Übertragung benötigt Diana mich, um die maskuline Position einzunehmen und die väterliche Funktion auszuüben.

> In einer Sitzung erzählt sie, dass sie das Haus besucht hat, in dem sie ihre Kindheit verbracht hatte. Es gehört nun jemand anderem; doch im Garten gibt es noch den großen Baum mit dem kräftigen Stamm, den ihr Großvater gepflanzt hatte. Dieser Baum verweist auf ihren Stammbaum, der mit ihrer Identität verbunden ist, und repräsentiert in der Besetzung einer

---

[82] Resnik 1990.
[83] Bleger 1967.

Zweigachse die Matrix des steinernen Kerns, dessen psychische Präsenz sich zu manifestieren beginnt.

Zweiter Traum
Ein zweiter Traum einige Tage nach dem ersten bestätigt den Prozess, der sich in Diana vollzieht. Es handelt sich lediglich um ein Bild, eine Skizze, doch über diesen scheinbar nichtssagenden Traum ergießen sich reichhaltige Assoziationen. Tatsächlich hatte Diana als Aufgabe, eine Zeichnung anzufertigen, indem sie ein Bild auswählen und dann drei Veränderungen an ihm vornehmen sollte. Sie sagt: »Ich wählte den Arm eines Mannes, auf dem Federn tätowiert waren. In einer von ihnen steht ›Mutter‹ geschrieben. Der Rest des Armes hat Haut. Die Veränderungen, die ich vornahm, bestanden darin, den Arm nachzuzeichnen und die Federn herunter zu bewegen, die Federn mit Fingern zu füllen und so dem Ganzen das Aussehen eines Skeletts zu verleihen.« Neue Assoziationen führen zur Suche nach Festigkeit, einer stützenden Basis. Wie ich bereits weiter oben beschrieben habe, fließt der steinerne Ort anhand von Andeutungen ein, die semantisch auf ein Skelett Bezug nehmen: Stütze, Gerüst, Zugehörigkeit, Integrität.
Wochen später tritt ein Gefühl der Entfremdung auf. Diana spürt, dass sich etwas verändert, sie verspürt Angst – die Angst, sich in eine »normale Person« zu verwandeln.

Die Veränderung, die sie erlebt, impliziert den Übergang von einem Raum in Unordnung, von einem Chaos an Konfusionen zu einem Raum, in dem der steinerne Kern strukturelle psychische Effekte hervorruft.

Sie sagt: »… worüber ich gesprochen habe, dass etwas im Inneren Gestalt annimmt, das anderen Dingen Raum gibt, wie ein Skelett. … Ich habe Lust, alleine zu sein. … Dies konnte ich niemals sagen …, weil ich allein bin.« »Sein« taucht als ein privilegierter Signifikant auf. Das lange Schweigen, das diesen Worten folgt, fasse ich als ein psychisches Moment des »mit-sich-Sein« in trophischer Einsamkeit auf.

Mit jedem Tag gewinnt das psychische Gravitätszentrum an Kraft. Schon jetzt muss sie nicht mehr zwanghaft in die verwirrende Welt halluzinogener Drogen eintreten.

Sie sagt: »Gestern haben sie mir *Acid* angeboten, und ich hatte keine Lust, etwas zu nehmen, und habe diesen Wunsch respektiert ... Es passieren Dinge, und es ist nicht so, als würde etwas von außen passieren, als ob ich mit meinem Kistchen weggehe (Verweis auf die Kiste aus dem vorherigen Traum), und ich sage: ›Ich gehe mit meinem Kistchen weg, das mir gehört, das ich gemacht habe‹.«

In einer späteren Stunde weist sie meine Interventionen zurück. Ich respektiere ihr Bedürfnis, »mich rauszuwerfen«, um, allein, weiter ihren Raum auszustatten, als würde sie eine Art »psychisches Exil« in der Gegenwart ihrer Analytikerin benötigen, und das Wesentliche würde sich in einem Mit-sich-selbst-Sein abspielen. In Dianas Analyse tauchen Erlebnissen auf, in denen »das Andere«, »das Neue«, »das, was sie niemals zuvor erlebt hatte«, die Ankunft des steinernen Kerns ankündigt.

Der Affektkörper

Der Affekt ist das Resultat eines komplexen somatisch-psychischen, sinnlichen und triebhaften Metabolismus, der sich im Bereich der Intersubjektivität etabliert. Er besetzt einen Kreuzungspunkt, an dem sich dasjenige trifft, was man die »Erlebnismasse« nennen kann – ein Konglomerat von Empfindungen, Wahrnehmungen, der Zirkulation von Energie –, und an dem auch das Erogene zum Tragen kommt.

Es gibt ein affektives Gedächtnis, und darüber hinaus sind die Affekte auf die verschiedenen Triebklassifikationen aufmontiert: erotische Affekte, zerstörerische Affekte, erhaltende Affekte etc. Zu einer primären Energie, dem Sitz der primären Affekte auf der Lust-Unlust-Skala, treten sekundäre Affekte[84] oder organisierende Affekte hinzu, die benannt und definiert werden können. Der Affekt ist das,

---

[84] Green 1970.

was »zwischen den Worten«, »vor dem Wort« zirkuliert, wie ein Bereich des Unsagbaren, ein Bereich dessen, was nur durch das Erleben vermittelt werden kann, durch eine Atmosphäre, durch ein Klima des subjektiven Geschehens, die das Subjekt kontinuierlich begleitet wie ein Druck auf die Oberfläche des Körpers.

Auch die Sinne transportieren Affekte. Lust und Unlust konstituieren die Sinnlichkeit, und der Affekt wirkt sich auf den sinnlichen Körper aus. Vitalitäts- und kategoriale Affekte[85] sind weitere Klassifikationen. Die Vitalitätsaffekte konstituieren eine bestimmte Form des Erlebens, und mit ihrer Hilfe versucht man, zahlreiche Eigenschaften von Emotionen zu benennen, die im bestehenden Vokabular oder in der Taxonomie der Affekte nicht auftauchen. Diese nichtgreifbaren Eigenschaften lassen sich in dynamischen, kinetischen Begriffen verstehen wie »heraufsteigen«, »sich auflösen«, »flüchtig«, »explosiv«, »aufsteigend«, »absteigend«, »explodieren«, »sich ausdehnen« etc. Die unterschiedlichen Formen von Emotionen, die durch diese vitalen Prozesse hervorgerufen werden, affizieren den Organismus fast immer. Sie verlassen uns niemals, ob wir uns ihrer bewusst sind oder nicht. Im Gegensatz zu den vitalen Affekten kommen und gehen die kategorialen Affekte.

Die Affekte operieren daher im Bereich des Nichtformalisierbaren.[86] Es ist beinahe unmöglich, sie auszudrücken, und sie existieren und zirkulieren in der Intimität der Körper, vermitteln sich ohne Worte. Teilweise sind sie in dem inbegriffen, was Lacan »das Reale«[87] nennt.

Der Affektkörper bedeutet eine Herausforderung für die Rekonstruktion von Szenen. Wir gelangen hier zum Konzept des Affekts als

---

[85] Stern 1985.
[86] Sciarreta, persönliche Mitteilung.
[87] Das »Reale« ist eines der drei Register bei Lacan und bedeutet in seinem Verständnis das nicht Symbolisierbare, es ist das Unmögliche, das nicht imaginiert werden kann und dennoch wirkt; Anm. d. Herausgeberin.

»psychischer Matrix«[88], als stumme »Erscheinungen«, die zusammengefasst (nun wird die Verankerung in der Ordnung der Repräsentation unverzichtbar) ganze Fragmente einer untergetauchten Geschichte mit sich führen. Freud schreibt:

> Was ist nun im dynamischen Sinne ein Affekt? Jedenfalls *etwas sehr Zusammengesetztes*[89]. Ein Affekt umschließt erstens bestimmte motorische Innervationen oder Abfuhren, zweitens gewisse Empfindungen, und zwar von zweierlei Art, die Wahrnehmungen der stattgehabten motorischen Aktionen und die direkten Lust- und Unlustempfindungen, die dem Affekt, wie man sagt, den Grundton geben. [...] Bei einigen Affekten glaubt man tiefer zu blicken und zu erkennen, daß der Kern, welcher das genannte Ensemble zusammenhält, die Wiederholung eines bestimmten bedeutungsvollen Erlebnisses ist.[90]

Der im Körper untergetauchte Affekt, der diesen wie einen Umhang umgibt, enthält manchmal die zur Legende gewordenen Geheimnisse über ein bestimmtes Subjekt, die von Generation zu Generation weitergegeben werden.

Der Affekt in all seinem Reichtum und seiner Komplexität erscheint wie ein neuer »Königsweg«, auf dem das Unnennbare gefiltert wird, dasjenige, das noch nicht in die Ordnung des Diskurses aufgenommen ist, das zu einer anderen Ordnung gehört.

Freud sagte: »l'état émotif [...] est toujours justifié«[91], sogar in der Dissonanz, die ihn mit seinem Inhalt vereint. Der Affektkörper impliziert eine Intra- und eine Intersubjektivität, einen Dialog der Emotionen mit denjenigen Wesen, die im Verlauf unseres Lebens »bedeutsam« sind. Es handelt sich um einen humanisierten triebhaften Körper, auf dem die Emotionen, die Gefühle der bedeutsamen Anderen

---

[88] Green 1970, S. 17.
[89] Kursiv. von A. M. A.
[90] Freud 1916-1917a [1915-17], S. 410.
[91] Freud 1895b [1894], S. 346: »Der emotionale Zustand [...] ist immer gerechtfertigt«; Französisch im Original.

ihre vorrangig erotischen oder destruktiven Spuren hinterlassen, die sogar die Möglichkeit von somatischer Gesundheit und Krankheit an der Schnittstelle des empfindenden und des somatischen Körpers bestimmen können.

Der erogene Körper ist eng mit dem Affektkörper verwoben. Ersterer verlangt Sättigung, spezifische Handlungen, Befriedigung des sexuellen Appetits, Entladung, den Gebrauch eines Objektes, um seine Ziele zu erreichen. Manchmal wird dieser erogene Körper als ein Schutzschirm verwendet, um intensive affektive Erlebnisse zu unterdrücken oder zu ersticken. Der Affektkörper steht ihm sehr nahe. Indem er in alten Emotionen wurzelt, steht er in ständigem Austausch mit den Mitmenschen, er ist ein Körper der Omnipotenz und der Hilflosigkeit, ein Körper der Kommunikation, der mit einem anderen Körper in Kontakt tritt, empfindsam für die Wirkungen, die ein bestimmtes Wort auf ihn ausüben kann. Ein Wort lässt die Tränen fließen, ein anderes verhärtet den Gesichtsausdruck, wieder ein anderes ruft eine Welle der Liebeslust hervor. Die Biologie macht dem sprechenden Subjekt Platz, und die Sinnlichkeit verkompliziert sich. Das Gebiet des Affektes ist keineswegs einfach; und so kann ein Schlag Ordnung bringen und eine Liebkosung einen gewaltsamen Akt, das Produkt einer pathologischen, sexuellen Reizüberflutung darstellen.

Manchmal steht der erogene Körper im Dienste des Schutzes eines Mitmenschen. Die Erscheinung ist eine erotische: Hinter dem Körper steht der pure Affekt, auf den Altären der Selbsterhaltung (wie wir im Fall von Mary sehen werden, die in ihrer Vorstellung ihre Jungfräulichkeit anbietet, mit der Absicht, so das Leben eines Freundes zu »retten«)[92]. Der erogene Körper erlangt eine leidende Lust (Unlust für den erogenen Körper, Befriedigung für die Psyche, die es als heroische Tat erlebt, ihren Körper aufzugeben). Der erogene Körper vereinigt sich mit dem psychischen Schmerz und bietet sich als ein Objekt

---

[92] Siehe »Fragmente aus Marys Analyse« im 2. Kapitel, S. 76ff.

der Wiedergutmachung an. Es handelt sich um einen dem Schmerz zur Verfügung gestellten Körper mit dem Ziel, das Leben zu erhalten (das eigene oder das eines geliebten Wesens).

Der Körper erscheint als ein Geschenk, eine mögliche Opfergabe. Es zeichnen sich unterschiedliche Ordnungen des Körper-zu-Körper ab: der Worte (Stimme als Körper), der Gesten, der sanften Liebkosungen (in ihrer Absicht eingeschränkte Triebe), der ungezügelten Sinnlichkeit, der Gewalt. Zum direkten Körper-zu-Körper tritt ein durch eine Absicht vermittelter Körper hinzu. Nun ist der Körper Gebrauchsobjekt, interessierter Austausch, dem ein Nutzen abverlangt, der ausgebeutet, der unter Bedingungen gestellt wird, die sich außerhalb des Spektrums von Lust und Genuss befinden: ein Körper der Rache, ein Körper, um Geld zu verdienen, ein Körper, um Macht und Herrschaft über die Situation zu erlangen, ein Körper, der über den Körper »Bescheid weiß«. Der Affekt ist nicht nur ein narzisstischer Sexualtrieb. Dahinter pulsiert die Selbsterhaltung und der Erhalt anderer (Schutz, Nahrung, Sorge) sowie die Neuschaffung oder Erneuerung der Objektbeziehungen.

Die Spuren, die der Affekt auf dem Körper hinterlässt, können vorübergehend, flüchtig und leicht wieder zu löschen oder aber hartnäckig und beständig sein. Der Körper spricht anhand von Falten, Gesten, Krümmungen, Ausstrahlungen etc. und erweckt so Affekte in einem selbst und in denjenigen, die uns sehen, lesen und diese Signale entsprechend ihres eigenen affektiven und darstellenden Kodes interpretieren.

Der Affektkörper verfügt über unbewusste, verdrängte und bewusste Komponenten. Mit Joyce McDougall möchte ich auf die Wichtigkeit hinweisen, die der affektentleerte Körper im Dienste der Abwehr für ein Subjekt hat, das sich, auf der Suche nach einer Frieden stiftenden Gleichgültigkeit, dazu entschlossen hat, Emotionen zu vermeiden.[93]

---

[93] McDougall 1982.

Der Affektkörper ist in erster Linie ein Körper der Energie und des Magnetismus', der manchmal positiv, manchmal negativ ist, der Reaktionen hervorruft und ein stimmloses Muster konstituiert, das jedoch zugleich äußerst lebendig und im unaufhörlichen menschlichen Austausch präsent ist. Es gibt positive Affekte (stimulierende, Leben spendende, beschützende) und negative Affekte (Tod bringende, destruktive).

Es gibt einen primären Affektkörper, der in grauer Vorzeit empfangen wurde, einen mehr oder weniger erwünschten Körper, einen Körper auf dem Weg der Narzissisierung, einen Körper des Schmerzes und der Befriedigung, der extremen Omnipotenz und Hilflosigkeit, den ersten menschlichen, für den Zugang zur Sprache präparierten Körper. Das primitive körperliche Ich erhält die vielfältigen primären affektiven Ströme, die mit den Trieben und mit den Sinnen interagieren, und gibt sie ab.

Der erogene Körper, der auf den Affektkörper aufmontiert ist, enthüllt die Dimension der menschlichen Liebe.

Das affektive »Körper-zu-Körper« in einer Analyse

Die Affekte tauchen – manchmal offen, manchmal versteckt – im Verlauf einer Analyse in der Übertragung in einer Weise auf, die – je nachdem, wie der Analytiker es versteht, über die Kommunikation von Unbewusstem zu Unbewusstem eine Verbindung zur Innenwelt des Patienten herzustellen – etwas aufdecken, intuitiv wissen oder gar erfinden kann. Über den »Affekt« zu sprechen, bedeutet, den Körper ins Spiel zu bringen. Jeder Affekt ist ein zentrifugaler Prozess, der auf das Innere des Körpers ausgerichtet ist, und »diese Entfesselung ist für den Körper dasselbe wie Motorentladungen für die Außenwelt«.[94] Mit seiner antreibenden und geheimnisvollen Qualität verweist der Affekt auf seine innige Verankerung im somatischen Körper.

Green schreibt, »[w]as sich an den Analytiker wendet, kann nichts anderes sein als der Affekt«.[95] Der durch den Affekt berührte Körper eröffnet einen neuen Weg zur Sinnlichkeit, nämlich zur *affektiven Sinnlichkeit*. Die Konstruktionen[96] zielen darauf, vergrabene Szenen wachzurufen und die Affekte in ihrer ganzen Vielfalt (Angst, Schmerz, Trauer, Depersonalisierung, Vernichtung, Hass, Freude etc.) zum Aufblühen zu bringen, bis sie im Bereich der Affekte an die Grenze des Benennbaren stoßen. Das geschieht dann, wenn wir uns dem Reich des Unsagbaren und Nichtdarstellbaren nähern, in dem es keine Vorstellungen gibt, das uns aber seine Wirkungen fühlen lässt, die vielleicht nur im Heranreifen des affektiven Geschehens zwischen Analytiker und Analysand manifest werden. Hier kommt eine über das Wort selbst hinausgehende Macht der Übertragung ins Spiel, und wir verfügen über die Fähigkeit, das *senti*[97] des Patienten zu erraten und auf regressivem Wege die aufeinander folgenden hypothetischen Ereignisse durchzuarbeiten, die den bewussten oder unbewussten affektiven Stimmungen in der analytischen Situation zugrunde liegen mögen.

Bei dem Versuch, in einer Analyse diese Erlebnisse mit der Realität zu deuten, leisten wir Symbolisierungsarbeit und beschäftigen uns mit der *Handschrift des Affektkörpers*, den jeder Patient uns zwangsläufig darbietet.

Der Affektkörper präsentiert sich uns mit seinen Konflikten, seinen Modi der Abwehr, seinen Verdrängungen, Verschiebungen, Umkehrungen und Transformationen. In seiner Wechselbeziehung mit dem

---

[94] Green 1970, S. 46.
[95] a. a. O., S. 67.
[96] Freud 1937d.
[97] Anzieu, D. 1970.

erogenen Körper gibt er uns die organischen Verdrängungen[98] zu erkennen, die sich in ihm eingerichtet haben.

Der Affektkörper ist in der analytischen Arbeit eine lebendige Gegenwart, und die Heilung wird – bis zu einem gewissen Grad – von dem Wechselspiel des »Affektkörpers« oder des »Feldes des Begehrens« oder des Feldes der wechselseitigen Übertragung und des wechselseitigen Wahrsagens abhängen, das zwischen diesen zwei Subjekten entsteht, die Körper zu Körper in der Arbeit darum kämpfen, das Unbewusste bewusst zu machen. Die Fähigkeit des Analytikers, »mit« und »gegen zu fühlen«, ist wesentlich dafür, verdrängte Affekte auftauchen zu lassen und es zu wagen, in affektive Archaismen (Neid, Eifersucht, Hass, Liebe …) einzubrechen. Man wird mit ihnen in einem sich immer verändernden Feld der Kräfte interagieren müssen, auf dem *Eros* und *Thanatos* für eine lange Zeit um die Vorherrschaft kämpfen.

Marys Qual

Didier Anzieu schreibt: »Der Schmerz ist nicht das Gegenteil oder die Umkehrung der Lust: vielmehr ist ihre Beziehung asymmetrisch. Die Befriedigung ist eine ›Erfahrung‹, das Leiden ist eine ›Prüfung‹.«[99]

Für Mary war ihre gesamte Kindheit eine lange Überlebensprobe, ein intensiver Kampf, um den Schmerz in ihrem Affektkörper aushalten zu können. Schon früh wurde ihr Körper durch negative Affekte sowohl auf qualitativer als auch auf quantitativer Ebene verletzt. Sie konnte keine primäre Identifikation mit einem unterstützenden Objekt aufbauen, an das sie sich hätte klammern können, sie verfügte über keine »Sicherheit gebende[…] Phantasie einer gemeinsamen Haut mit dem haltenden, stützenden Objekt«.[100]

---

[98] Freud 1930a.
[99] Anzieu, D. 1985, S. 258.
[100] a. a. O., S. 133.

Da ihr die haltende Funktion des Haut-Ichs fehlte, traten diffuse, nichtlokalisierbare Ängste und Ängste der Leere auf, die dem entsprechen, was Anzieu als filterndes Haut-Ich bezeichnet hat, dem es an der für jegliche Selbstbehauptung notwendigen Aggressivität fehlt. In den Worten von Didier Anzieu:

> Einer der frühen Ich-Kerne besteht in der Empfindung und dem Bild eines inneren mütterlichen oder allgemeiner elterlichen Phallus, der als Sieg über die Schwerkraft eine erste vertikale Achse im psychischen Raum darstellt und die Erfahrung eines eigenen psychischen Lebens vorbereitet.[101]

Marys Geburtslegende war unheilvoll. Unter »Geburtslegende« verstehe ich die manifeste Erzählung der Wünsche der Eltern im Hinblick auf das kommende menschliche Subjekt und die Situation, in der sie offenbar diese Welt betrat.

Marys Vater, ein Ausländer, war emigriert und hatte zwei Töchter in seinem Land zurückgelassen, von denen er nichts mehr wissen wollte. Er heiratete Marys Mutter unter der conditio sine qua non, dass sie es vermeiden sollten, Kinder zu bekommen. Marys Mutter war fruchtbar und trieb oft ab. Wie sie mir in einem Interview selbst erzählte, bevor ich meine Patientin kennenlernte, habe es Mary dagegen bis zum vierten Monat geschafft, in dem eine Abtreibung bereits gefährlich ist – die Mutter hatte nämlich Blutungen mit der Menstruation verwechselt –, und nun konnte sie Marys Vater überzeugen, dieses Kind zu bekommen. Bis zu einem gewissen Grad verspürte die Mutter wohl einen Wunsch nach Mutterschaft (was vielleicht auch auf den Vater zutraf). Der Legende nach wollte sich der Vater aber nicht mit seinem Schicksal abfinden und schlug der Mutter in den Bauch in der Absicht, sie solle das zukünftige Kind verlieren. Eine andere Geschichte besagt, dass der Vater die Mutter auf eine Motorradfahrt mitnahm, bei der er mit hoher Geschwindigkeit über viele Schlaglöcher raste, um einen Abort hervorzurufen.

---

[101] a. a. O., S. 131.

Mary wurde trotz der Schläge geboren. Die pränatalen Todeswünsche beider Erzeuger waren bewusst. Sie sollte ebenso wie die anderen Föten, ihre Geschwister, sterben. Untersuchungen zur fötalen Psychologie beschreiben fötale Reaktionen auf Anzeichen von Gewalt, und Bowlby legt Nachdruck darauf, bei der Auswahl, Interpretation und Bewertung dessen, was im Gedächtnis gespeichert wird, »sensoriell«[102] vorzugehen. Marys affektives Gedächtnis *kannte* weder Glück noch Sicherheit, und ihr embryonaler Körper wurde mit Schlägen und Worten malträtiert.

Wie meist in adoleszenten Rebellionen akzeptieren es die Eltern, wenn ihr Kind erstmals die Grenzen überschreitet und über sie triumphiert. Indem sie lebendig und gesund zur Welt kam, beging Mary eine erste Überschreitung. Mit ihrer Geburt triumphierte Mary zum ersten Mal über den Tod und leistete so, ohne es zu wissen, eine Entschädigung für die Todeswünsche der Eltern.

Die Defekte ihres Haut-Ichs in seinen zwei Variablen, der Umhüllung und der Penetration, sind offensichtlich. Mary litt an pathologischen, starren Hüllen und schützte sich selbst mit Schmerzhüllen;[103] außerdem litt sie an pathologischen Penetrationen (beschrieben als Wunde-Bruch-Blutung-Quetschung), sei es durch die destruktive Gewalt, die gegen ihren Körper während der mütterlichen Schwangerschaft ausgeübt wurde, sei es durch die Schläge, die ihr in ihrer Kindheit zugefügt wurden. Andere, durchlässige, zerbrechliche und unbewusste Hüllen, die von ihrer Unfähigkeit zeugen, sich selbst gegen Aggressionen zu verteidigen, sowie von der Erfahrung, nicht in der Lage zu sein, ihre Gedanken und Affekte im Zaum zu halten (häufige »unbewusste« Tränen, da sie sie mit keinerlei offensichtlichem Grund für ihr Weinen in Verbindung bringen konnte), verweisen auf den Begriff des filternden Haut-Ichs.

---

[102] Bowlby 1969; sensoriell: »den Sinnesempfindungen vertrauen«; Anm. d. Herausgeberin.
[103] Enriquez zitiert in Anzieu, D. 1985, S. 264.

In den Sitzungen trat der präverbale, infralinguistische Körper[104] hervor. Die Verinnerlichung eines affektiven Bandes (der Analytiker als Unterstützungsobjekt) in Form der Etablierung einer als unveränderlich und dauerhaft erlebten Verbindung waren wesentlich dafür, dass Mary Stück für Stück ihres Haut-Ichs reparieren und in ihrer inneren Welt ein ausgleichendes Gravitationszentrum finden konnte, das unverzichtbar dafür war, ihr Dasein als nur Überlebende zu beenden und mit dem Leben zu beginnen.

Betrachten wir die pathologischen Hüllen, die sich nach und nach um Mary gebildet hatten, einmal von Nahem. Ihre Eltern hatten sie in einen erzwungenen Beischlaf eingeschlossen. Sie hatte sie vergeblich angefleht (sie erinnerte sich daran, dass sie zwischen zehn und zwölf Jahre alt gewesen war), ihr ein eigenes Zimmer in ihrem großen Haus zu geben. Sie musste bei der Primärszene zugegen sein, auch wenn sie sich in ihre Decke einwickelte und sich die Ohren zuhielt, um das Stöhnen und die Worte nicht zu hören, die die Eltern während ihrer sexuellen Begegnungen austauschten.

So entstand das, was sie selbst während der Analyse ihr »Gefängnis« nennt. Die Eltern kauften ihr viel Spielzeug, verboten ihr jedoch jegliche Beziehung zu Freunden. Sie konnte weder an den Geburtstagsfeiern ihrer Freundinnen teilnehmen noch zum Spielen in andere Häuser gehen. Mary erinnert sich an sich selbst hinter dem Gitterzaun ihres Hauses, von wo aus sie »die Welt ausspionierte«.

Mit Bowlby können wir von einem »unbeschreiblichen Elend« sprechen,[105] einem Elend, von dem Mary, begleitet von intensiven Gefühlen des Schmerzes, zu erzählen beginnt, während sie die schwierigen Momente ihres Lebens wiederholt. Manche Affekte kann sie nicht in Worten ausdrücken, und so berichtet sie in Form von Seufzern, ausgedehntem Schweigen sowie diffuser und unerwarteter Angst von dem »unbeschreiblichen« Teil ihres Leidens.

---

[104] Anzieu, D. 1985.
[105] Bowlby 1979.

Sie erinnert sich, dass sie in der Fülle der ödipalen Phase ihre Gefühle gewöhnlich verbarg, während sie auf einen Blick affektiver Anerkennung von Seiten ihres Vaters wartete. Sie hatte das Gefühl, lediglich auf Gleichgültigkeit zu stoßen. Ihr Vater kehrte mit schlechter Laune von der Arbeit heim und ging sogleich zu Bett. Das Essen wurde ihm im Bett serviert. Mary war gezwungen, im selben Raum zu essen, an einem Schreibtisch, »mit den Beinen gegen die Schubladen stoßend, in einer unbequemen Position«. Ihr Körper war eingesperrt, da sie eine Ruhe einhalten musste, die ganz und gar nicht zum Aufruhr des *Eros* passte. Mary litt und bildete masochistische Fixierungen aus. Sie scheint dazu verdammt, mit wenig psychischem Raum für ihre Bedürfnisse und Wünsche leben zu müssen. Sie erinnert sich an die Angst, die sie empfand, als sie einen viszeralen, primären Affekt verspürte, eine Art Angst der Leere, wenn sie mit der Verlassenheit konfrontiert wurde, der sie ausgesetzt war.

Die Sexualität ihrer Eltern beschreibt sie als »abusiv«. Sie erinnert sich an Partys im Haus, für die sich die Mutter stark schminkte und den Blicken der anderen Männer ausgesetzt war, die »sie durchs Haus jagten«.

Die Ursprungsphantasien stellen sich ihr in einem negativen Licht dar. Wir haben bereits gesehen, wie die Phantasie des intrauterinen Lebens von Blut und Schlägen und Mordgelüsten gefärbt war (dabei das erträumte Paradies eines Umhülltseins im Körper der Mutter zurücklassend). In ihrer frühen Kindheit quälte sie die Urszene. Im Weiteren werden wir sehen, wie Kastration und Verführung miteinander verknüpft sind.

Der Missbrauch wurde von einer finsteren Figur ausgeführt, einem Maurer, mit dem die Mutter sie allein gelassen hatte, einer aggressiven Sexualität ausgeliefert. Dieser Mann zog ihr das T-Shirt aus und berührte sie. Lust, Verwirrung, Scham und Angst waren die Affekte, die durch dieses wiederholte Erlebnis ausgelöst wurden. Der Maurer baute am Ende des Gartens ein Schwimmbecken – ein Schwimmbecken ohne »Sicherung«, das eine Metapher für das Gefühl darstellte, nicht über eine ausreichende, körperliche, rückversichernde trophische Grenze zu verfügen.

In diesem Schwimmbecken spielte sich Marys Kastrationsphantasie, festgemacht am Tod eines Kindes, ab. Dieser kleine Junge, Carlos, der kaum laufen konnte, Marys symbolischer Bruder, lebte im Nachbarhaus. Zwischen beiden Häusern gab es keinen Zaun, und der kleine Junge verbrachte die meiste Zeit bei Marys Mutter. Gemeinsam badeten und fütterten sie ihn. Wieder einmal taucht das Bild einer Mutter auf, die verlässt und tötet, diesmal in der Figur der Mutter von Carlos und Marys eigener Mutter. An einem schicksalhaften Nachmittag sah Mary, wie er zum Ende des Gartens ging. Einige Zeit später fragte Marys Mutter nach ihm. Er war im Schwimmbecken ertrunken. »Ich sah, wie er geboren wurde, ich war fünf Jahre alt«, sagte sie weinend in der Sitzung Jahre später; der erste Tote, der erste Tod, der ihren abgetriebenen, fötalen Geschwistern eine neue Bedeutung verlieh und in sie »die Schuld, am Leben zu sein«, einschrieb. Dennoch glaube ich, dass es angebracht ist, darauf zu bestehen, dass es sich nicht um eine Frage des »Lebens«, sondern vielmehr des »Überlebens« handelte, da ihr psychisches Leben von vielen kleinen Toten niedergeschmettert und unterdrückt wurde, die Zeichen intensiven Schmerzes auf ihrem Körper hinterließen.

In diesem »Klima negativer Affekte« verbrachte sie die ersten Jahre ihrer Kindheit. Didier Anzieu schreibt, man lerne die Bitterkeit zu lieben, man sehe sich mehr oder weniger dazu verpflichtet, unangenehmen Erfahrungen Aufmerksamkeit zu schenken. Aus der Intersubjektivität entstehe ein grausamer Imperativ des Über-Ichs und die Bereitschaft zum Masochismus. Das Einzelkind Mary wird sich einige Zeit später selbst eine »Überlebende« nennen.

Marys Adoleszenz verlief ein wenig besser. Sie war eine gute Schülerin und begann, Freunde und Freiheit zu genießen. Doch in einer beinahe dämonischen Wiederholung konsultierte sie mit 17 Jahren einen Gynäkologen, der sie missbrauchte. Die Szene, die sie beschreibt, ist erbärmlich: Er führt sie zu einer Couch und befiehlt ihr, ruhig zu sein. Dann vergewaltigt und entjungfert er sie. Ein Klima der Phantasie scheint über dieser Szene zu schweben, wenn sie sie in den Sitzungen in Worte fasst. Mary war Mitglied einer Schülerorganisation, und ein vielleicht verschwundener Freund (Wahrheit oder Fiktion: Sie selbst weiß es nicht) muss gerettet werden. Der Arzt könnte ihr vielleicht einen rettenden Ausweg gewiesen haben. In ihrer Phantasie hat Mary ihre Jungfräulichkeit geopfert, indem sie ihren Körper zur Rettung eines anderen anbot. Dies ist Teil ihrer grundlegenden Dramatik: die Toten zu entschädigen und wiederzubeleben, ihre Schuld zu sühnen, weil ihr Los das Leben war, während so viele Föten/Kinder/junge Menschen sterben mussten.

Während der Szene mit dem Arzt wurde der erogene Körper in einen für einen anderen aufbewahrten Körper transformiert. Die Szenen erhielten eine neue Bedeutung, und Mary scheint immer benutzt, dem Todeswunsch anderer geopfert zu werden, während sie aus sich selbst ausgeschlossen bleibt.

In ihrem Körper drückte sie diese Intoleranz gegenüber dem Leben anhand von Ohnmachtsanfällen in der Schule aus, die eine Art hysterische Schwäche in der Konfrontation mit ihren Mitschülern zum Ausdruck brachte. Außerdem zwangen sie häufige Episoden von Bronchitis dazu, viele Wintertage mit hohem Fieber eingeschlossen im Haus zu verbringen (eine Hülle aus Hitze).

Kurz nachdem der Freund verschwunden war, den sie ebenfalls Carlos nannte, wie das Kind, das im Schwimmbecken ertrunken war, beging Mary ihren ersten Suizidversuch. Sie war 18 Jahre alt. Sie nahm Barbiturate ein. Ihr stärkster Wunsch war es, diese feindliche Welt zu verlassen. Es gibt noch einmal eine erotische Wiederholung: Das Leben wartete auf sie, und ihre Mutter erschien rechtzeitig, um sie zu retten.

Kurze Zeit später begann sie eine Liebesbeziehung mit Adolfo, und beide begannen eine Therapie – bei demselben Therapeuten. Auch

Adolfo behandelte sie schlecht, ebenso wie ihr Therapeut, der ihr nach den Ferien mitteilte, dass er sie nicht mehr als seine Patientin betrachte, während er die Behandlung von Adolfo fortsetzte. Einmal sagte Adolfo zu ihr, dass es für sie mit ihrer Verrücktheit unmöglich sei, eine gute Mutter zu sein und Kinder großzuziehen.

Wenig später beging sie einen weiteren Suizidversuch, dieses Mal, indem sie den Gasherd anschaltete. Die olfaktorische Hülle sollte sie beschützen, sie in eine bessere Welt führen. Durch eine glückliche Wiederholung eilte die Mutter mit einem »Lebenshauch« zu dieser zum Leben bestimmten Tochter. Mary wurde noch einmal gerettet. Das sadomasochistische Klima ihrer Paarbeziehung mit Adolfo nahm zu, bis sie sich schließlich trennten. Zu diesem Zeitpunkt war Mary 21 Jahre alt. Ihre Mutter suchte nach einem neuen Therapeuten für sie und kam so zu mir. Dies war vor 13 Jahren.

Fragmente aus Marys Analyse und Beobachtungen

Als Marys Mutter mich seinerzeit um ein Gespräch bat, war das Erste, um das sie mich bat, bei einer Lüge mitzumachen. Sie hatte mich aus einer Liste eines sozialen Hilfswerks ausgewählt, aber ihre Tochter sollte glauben, dass ein der Familie gut bekannter Arzt ihr meinen Namen gegeben hatte. In Anbetracht der Schwere ihrer gewaltsamen Suizidversuche, die die Mutter mir beschrieben hatte, hatte ich meine Zweifel, ob ich ihre Behandlung übernehmen sollte.

Ich machte dann einen Termin mit Mary und spürte sofort, dass es gut wäre, die Analysearbeit zu beginnen. Ich fragte mich, welche Erregungsqualitäten in Marys Affektkörper ein so schmerzhaftes Gedächtnis eingeschrieben hatten, dass sie es »mit ihrem Tod auslöschen« musste.

Die Analyse dauerte ohne größere Unterbrechung etwa sieben Jahre. Während der ersten zweimonatigen Ferien hatte sie auf meine Empfehlung Sitzungen mit einem anderen Therapeuten. Mary verfügte über große Einsichtsfähigkeiten und über einen enormen Wunsch, ihre innere Welt zu erkunden. Während der Behandlung war es wesentlich, zu prä-oralen Phasen zurückzugehen, um innerhalb des rückversichernden Rahmens Analytiker-Analysand zu versuchen, die zerbrochenen Grenzen und den beschädigten Affektkörper durch die Stimulierung von integrativen Impulsen des Ichs[106] durch die Analysearbeit wiederherzustellen.

Wie lässt sich ein kurzer Bericht all der unbewussten Affekte geben, die im Laufe der Zeit auftraten? Ich habe wichtige Fragmente verschiedener Sitzungen ausgewählt sowie eine Abfolge von zwei Sitzungen während einer wichtigen Krise in der Mitte ihrer Analyse. Hören wir Mary zu:

»Man wird geboren, um zu leben. … Ich fühle mich nicht so, als hätte ich in all der Zeit gelebt, ich war nicht frei, es war, als wäre ich im Bauch eingeschlossen.«

»Ich wurde im Sommer geboren. Die Leute starben vor Hitze. Während die anderen starben, leistete ich mir den Luxus, geboren zu werden.«

»Ich spüre, dass ich mich selbst oft getötet habe, und ich kann so nicht weitermachen.«

»Mir gefällt es zu sehr, mich zu misshandeln.«

»Einmal spuckte mein Vater mir ins Gesicht, ich war 14 Jahre alt, weil er in seiner Funktion als Manager mich gefragt hatte: ›Was hältst du von diesen Männern?‹ Ich sagte zu ihm: ›Sie sind alle Schweine.‹ Dann beleidigte er mich von oben bis unten, spuckte mich an und wollte mich mit einem Revolver töten. Er begann, den Revolver zu reinigen und ihn zu laden, ich legte mich auf das Bett, und meine Mutter stellte sich in den Eingang zu meinem Zimmer. ›Mal sehen, wo ist denn dieser Dreck, der es nicht verdient zu leben‹, sagte mein Vater.«

»Ich glaube, dass ich nichts mehr machen kann, ich kann nicht alles, was ich erlebt habe, auslöschen, ich kann es nicht ertragen, ich kann nicht.«

---

[106] Luquet, zitiert in Anzieu, D. 1985.

»Als ich klein war, fiel ich einmal vor Schreck in Ohnmacht. Ich ekelte mich vor Ochsenzunge, deshalb sagte mir meine Mutter, wenn sie Zunge kochen wollte, erst Bescheid, wenn sie mit dem Reinigen der Zunge schon fertig war, und eines Tages sagte sie zu mir: ›Es ist soweit‹, und ich kam heraus und sie kam mit der Zunge auf mich zu und machte ›Buh!‹, jetzt lache ich darüber, aber ich habe mich furchtbar erschrocken.«

Im Juli 1984 arbeiteten wir an einem Traum: *Sie befindet sich in einem Haus des Viertels ihrer Kindheit. Um das Haus gibt es einen Zaun. Beim Hinausgehen vergisst sie einen Mantel. Im Haus war ein Mann, weswegen sie nicht hineingehen konnte.* Sie verbindet mit dem Mantel etwas, »das ich haben möchte und dort gelassen habe«. Ich weise sie darauf hin, dass es versteckte Dinge[107] gibt, die sie nicht leben lassen. Sehen wir sie uns an:

Mary: Es macht mir Angst, diese Dinge wiederzuerleben. Ich konnte nicht sehen, was hinter diesem Unkraut im Traum war. Ich konnte nicht sehen, was auf der anderen Seite war. Ich fürchtete, dass dort etwas sei, was mich verletzen könnte. Ich beeilte mich, ich hielt niemals an. Ich hätte gern den Zaun geöffnet und nachgeschaut.
A. M. A.: Meine Hypothese ist, dass du Dinge gesehen hast, an die du dich nicht erinnern möchtest. Oder daran, dass du sie erlebt hast.
Mary: Wahrscheinlich. Es muss etwas sehr Hässliches sein, das Flecken hinterlässt. Es gab eine Dose mit etwas sehr Hässlichem drin. Der Eindruck von etwas Verdorbenem. Danach wollte ich keine andere Dose mehr öffnen. Es war etwas, was wir vorher noch nie gekauft hatten. Würstchen.
A. M. A.: Möglicherweise haben diese Erinnerungen etwas mit sexuellen Ereignissen zu tun, und wir reden hier nicht viel über Sex.
Mary: Für mich ist Sex nichts Schlechtes. Für meine Familie schon. Meiner Ansicht nach haben sie hässliche Dinge mit dem Sex gemacht.

Eine perverse, promiskuöse Hülle war Teil der pathologischen Hüllen von Marys Leben.

---

[107] *Tapado* = Mantel; *tapar* = bedecken, verdecken; Anm. d. Übersetzerin.

Im Januar 1984 hinterließ mir Mary eines Nachts einen Hilferuf auf dem Anrufbeantworter, bei dem sie mit schwacher Stimme sagte, dass sie den Wunsch verspüre, sich selbst zu töten. An diesem Abend kam ich spät nach Hause, hörte ihren Anruf ab und, da sie zu Hause kein Telefon hatte, konnte ich ihren Anruf nicht beantworten. Da ich ihre Adresse kannte, fuhr ich am nächsten Morgen bei ihr vorbei. Mary lebte allein. Mich zu sehen, löste heftige Gefühle in ihr aus. Ich blieb einige Minuten bei ihr und sprach mit ihr, lange genug, um festzustellen, dass sie es bis zur nächsten Sitzung aushalten würde, und ging dann.

Sehen wir uns nun ein Fragment einer Sitzung im September 1984 vor einer erneuten Krise an.

Mary: Meine Großmutter zwickte ihre Kinder mit einer Kneifzange, einmal, weil eines einen Pfirsich gegessen hatte, der für meinen Großvater bestimmt war. Sie quälte sie, damit sie gestanden, sie ließ sie auf Mais in einer Ecke knien. Die, die gestorben ist, muss gut gewesen sein, wenn auch vielleicht nicht so gut, denn einmal hat sie eins ihrer Kinder in eine Mülltonne geschmissen.
A. M. A.: Bevor du geboren wurdest, bestand für dich auch das Risiko, in eine Mülltonne geworfen zu werden. Wie kannst du mit der Last dieser Geschichten auf deinem Rücken leben?
Mary: Ich habe eine Erinnerung: Ich sehe mich weinen und ziehe meinen Rock fest.
A. M. A.: Vielleicht hast du gespürt, dass niemand dich vor den Männern beschützen würde, die dich berühren und deinen Rock hochheben könnten.
Mary: (*Nickt. Kurzes Schweigen.*) Außerdem ist es jedes Mal, wenn ich mich schlecht fühle, auch deshalb, damit meine Mutter sich um mich kümmert ... ich habe in meinem Leben mehr Spielzeug besessen als jedes andere Mädchen. Und wozu? Ich hatte niemanden, um mit ihm zu spielen. Jedes Mal, wenn ich mich töten wollte, versuchte ich es auf unterschiedliche Weise, es war, glaube ich, als werde ich wütend, weil sie schlecht zu mir sind, ich werde traurig, danach kommt es über mich, und ich will sie bestrafen ... sie sollen so leiden wie ich.

A. M. A.: Durch deinen Tod.
Mary: Ja, und danach denke ich ... was kümmere ich sie ... es kümmert niemanden, was mit mir passiert.
A. M. A.: Und welche Liebe erhält dich aufrecht?
Mary: Es gibt keine Liebe. Es gibt überhaupt keine Liebe. Und ich werde es bald weiter versuchen.
A. M. A.: Was versuchen?
Mary: Nun ja, Möglichkeiten ... zu suchen, daran zu denken, wie ich es machen werde ... ich denke an verschiedene Möglichkeiten ... zunächst Tabletten nehmen, dann weiß ich, dass sie nicht funktioniert haben ... also denke ich an etwas anderes ... nicht an etwas, was mich verletzt, weil mir das wehtun würde, es muss etwas sein, dass man es sich nicht anders überlegt. (*Sie lacht.*)
A. M. A.: Was du töten möchtest, ist etwas, das dich nicht leben lässt, oder du möchtest einen Befehl deiner Eltern ausführen, die daran gedacht haben, dich zu töten, bevor du geboren wurdest, und denen es nicht viel bedeutete, dass du lebst. Aber wem es etwas bedeuten muss, das bist du.
Mary: Und ich hörte auf, weil ich dachte: Jemanden kümmert es, was mit mir passiert ... als hätte ich jemanden, der mir helfen würde – verstehst du?
A. M. A.: Ich repräsentiere die Mary, die den Wunsch hat, zu leben, mit Kraft und einem versteckten Schatz; dann gibt es nicht nur schmerzhafte Dinge, sondern auch ein Potential für Glück. Außerdem glaube ich, dass du konkret gespürt hast, dass ich mich um dich sorge, es war wichtig, dass ich zu dir nach Hause gegangen bin.
Mary: Ja, daran habe ich erst neulich gedacht. Dann dachte ich: Sie kümmert es, was mit mir passiert. Für mich war es eine richtige Offenbarung an diesem Tag, es war, als würde ich das selbe empfinden, weißt du, wie als wir in der Schule waren und wir der Fahne folgten – wir marschierten, indem wir uns gegenseitig beim Gürtel packten, und ich spürte gewissermaßen die Hand der Lehrerin ... während ich der Fahne folgte.
A. M. A.: Wir sollten der Fahne folgen.

Am Freitag jener Woche gab es eine weitere Krise. Sie nahm eine niedrige Dosis Barbiturate ein. Es war ihre Mutter, die mich anrief. Mary habe ihr am Telefon gesagt: »Jetzt werde ich mich umbringen, und du wirst leiden.« Ich sprach mit Mary am Telefon, verängstigt weinte sie: »Es ist, weil Mama mit diesem Mann geschlafen hat.«

A. M. A.: Das ist etwas, was du verdeckt hattest, und so musstest du es aussprechen.
Mary: Es ekelt mich an.
A. M. A.: Wir müssen uns daran erinnern, um es vergessen zu können.

Wir verblieben damit, uns am nächsten Tag zu sehen. Die folgende Sitzung:

Mary: Ich erinnerte mich an diesen Typen, der so oft im Haus war, er hieß J., und er kam zum Verputzen oder Klempnern … Ich sprach mit Mama über das, was wir in einer früheren Sitzung über den Rock herausgefunden hatten, und ich fragte sie, ob A., das Dienstmädchen, mit diesem Typen zusammen war. Sie sagte, nein. »Nun gut«, sagte ich zu ihr, »ich werde mich sowieso daran erinnern.« Und ich schwieg. Später sagte sie zu mir: »An was musst du dich erinnern?« Und ich habe mich sehr über die Form dieser Frage erschrocken, ich bekam plötzlich Herzklopfen, und das machte mir große Angst, ich weiß nicht, ob irgendetwas passiert ist und mich erschreckt hat.
A. M. A.: Könnte es nicht sein, dass du deinen Vater mit diesem Mädchen gesehen hast?
Mary: Nein. Ich weiß es nicht. Was A. betrifft, ließ sie ihn kommen, wenn ich zur Schule ging. An dem Tag, an dem ich mich erschrocken hatte, weil es ein Fest gab und ein Freund von Papa mit meiner Mutter wegging, habe ich mich sehr erschrocken und ich habe angefangen zu weinen … Das hat nichts zu tun mit den Gefühlen, die ich habe … ich weiß nicht; ich habe es dabei belassen … Am Freitag bin ich morgens mit dem Gefühl aufgewacht, dass es meine Mutter war … ich weiß nicht, ob ich etwas geträumt habe oder was … und ich erinnerte mich daran, dass sie mich für den Mittagschlaf hingelegt hatte, sie legte mich auf die Seite von Papa und brachte mich zum Einschlafen und sang. Ich wachte auf. Mama war nicht da, und ich ging direkt in das gegenüberliegende Zimmer, wo das Dienstmädchen schlief. Es gab ein großes Doppelbett, wo ich später geschlafen habe, und danach rannte ich aus dem Haus, ich kam bis zur Tür, danach erinnere ich mich nicht mehr, und dann rannte ich in den Hof, und danach kam dieser Typ, um mich zu suchen … an denjenigen aus dem Hof habe ich mich

schon vorher erinnert, so vorgebeugt, er trug einen Pullover mit V-Ausschnitt, er lächelte mich an, eine grausame Sonne, und ich war mir sicher, dass Mama mit ihm zusammen gewesen war, ich fühlte mich, als würde ich verrückt werden ... es war das erste Mal, dass mir so etwas passiert ist.
A. M. A.: (*Ich nehme den latenten Teil des Traumes wieder auf und sage ihr, dass wir damit beginnen, diese Dinge aufzudecken, die sie nicht leben lassen.*)
Mary: Ja, ich fühlte mich sehr schlecht mit meiner Mutter, am Freitag ging ich nicht zur Arbeit, sie kam, um mir einige Dinge vorbeizubringen, ich wollte sie nicht sehen ...
A. M. A.: Erinnerst du dich daran, dass du sie angerufen und ihr gesagt hast, dass du dich selbst töten würdest?
Mary: Ja, in dem Moment habe ich Mutter keinen Kuss gegeben, sie ging sofort, ich habe ihr nichts gesagt, es macht mir Angst, es zu sagen ... große Angst ... ich habe es zu Adolfo gesagt und fühlte mich noch schlechter, weil es so war, als müsste ich jetzt, wo ich es gesagt habe, tatsächlich sterben.
A. M. A.: Zur Strafe?
Mary: Ja.
A. M. A.: Hast du mehr als einmal Lust gehabt, diesen Mann zu töten?
Mary: Ja, natürlich.
A. M. A.: Und was du nun töten möchtest, sind diese Erinnerungen.
Mary: Ja, und danach fühlte ich mich so, als würde ich sterben, aber ich bin nicht gestorben, ich war still, als hätte ich mich von meinem Körper und von dem, was ich dachte, getrennt, und tat nichts. Sie hätte mich niemals allein lassen dürfen, damit mir nichts passiert, ich hätte als Kind sterben sollen, um ihr beizubringen, dass man ein Kind nicht allein lassen darf.
A. M. A.: Wie Carlos?
Mary: Ja, nach dem, was mit Carlos passiert ist (*tiefer Seufzer*) ... Übrigens habe ich ihn absichtlich gehen lassen, ich sah ihn, wie er in Richtung Schwimmbecken ging ...
A. M. A.: *Du* hast dich schuldig dafür gefühlt, am Leben zu sein, seit du geboren wurdest, seit du sechs Jahre alt warst, seit jeher.
Mary: Ja.
Am Ende dieser Sitzung erkläre ich ihr den Ursprung der dahinter versteckten Lüge, um auch das zu erhellen, was in unserer initialen Begegnung »versteckt« war.

Hier verlasse ich die Beobachtung von Mary. Seit dem Ende ihrer Analyse sind bereits sechs Jahre vergangen. Sie hat sich in einer kleinen Stadt am Meer niedergelassen und hat ein Haus mit einem schönen Garten gekauft. Bei zwei Gelegenheiten hat sie Reisen gemacht und einige Stunden Nachanalyse genommen. Vor Kurzem schrieb sie mir, um mir mitzuteilen, dass sie »zu Ihrer Freude« (und sicherlich auch zu ihrer) mit jemandem zusammenlebt und sehr glücklich ist.

Sich einen Körper geben – sich Körper teilen

Mit dem Titel »Sich einen Körper geben« lasse ich absichtlich den Ausdruck der »Objektfindung« beiseite, der gewöhnlich in der Psychoanalyse verwendet wird, um die lebendige Materialität der körperlichen Gegenwart eines Mitmenschen und deren Auswirkungen auf die psychische Realität zu betonen. Ich nehme hier das deutsche Wort *Nebenmensch* wieder auf, das die Position der Nähe einer Person zu einer anderen zum Ausdruck bringt.

Im Verlauf des gesamten Lebens interagieren Körper miteinander. Körperliche Kontakte organisieren die Psyche, indem sie sie mit Beziehungserlebnissen nähren. Es ist nicht nur wichtig, berührt zu werden; ebenso wichtig ist der Kontext, in dem die Berührung stattfindet. Zur Quantität und Qualität des sinnlichen Austausches gesellt sich die Dimension des momentanen Begehrens.

Der erste Kontakt Körper-zu-Körper vollzieht sich mit der Mutter-Frau-Amme, der Trägerin der »bevorzugten Form«. Das verletzliche Kind schmiegt sich an ihren Körper von weicher Anatomie, ihre Milch spendenden Brüste, einen einhüllenden Körper, der ernährt und beschützt, dem sich der Säugling in seiner Verwundbarkeit ausliefert. Dieser Körper, die primäre Quelle der Sicherheit, stellt sich zugleich als bisexuell, als kombiniert dar. Der Säugling reagiert auf dieses

Körper-zu-Körper mit dem Wunsch, die Mutter zu vervollständigen, indem er sich in der Interaktion in der Dyade als Phallus imaginiert.[108] Die bevorzugte Form prägt dem Körper des Säuglings den ersten *senti*[109] auf, übt auf ihn die erste notwendige Gewalt aus[110] und ruft in ihm die ersten »primären Orgasmen« hervor.[111]

Der erste bedeutsame Andere macht seinen Körper zu einer Stütze, auf der der Säugling seinem eigenen Körper nachspürt, seine körperliche Einheit zusammensetzt, indem er sich von der Phantasie des »auseinandergerissenen Körpers« entfernt, seine körperlichen Grenzen anerkennt, sein Inneres und Äußeres definiert und sich als mit einem Geschlecht versehenes Wesen annimmt. Spitz hat die wesentliche Rolle untersucht, die dieser erste Körper spielt, sowie die Gefahr, der der Säugling ausgesetzt ist, wenn dieser ihm fehlt (am extremen Ende befinden sich die Fälle des Marasmus oder des Hospitalismus, die Spitz so eindringlich schildert[112]).

Ein Aspekt, den es zu betrachten lohnt, ist der Zustand des »Körper-Teilens«, der dem Raum zwischen den existierenden Körpern inhärent ist. Von Anbeginn an müssen wir über dieses erste Körper-zu-Körper mit der Mutter reden, über die unerlässliche Funktion, die von einem primären Objekt ausgeht, das sich aus dem Zauber der Dyade zurückziehen muss, um die Triangulierung zu ermöglichen. Kein Körper kann sich vollständig selbst besitzen. Aus der mütterlichen Dyade ausgeschlossen zu werden und »teilen zu lernen«, was man liebt, wird zu einem Mittel der Funktionsbildung des psychischen Apparates.

Die Kategorie des Menschlichen impliziert eine permanente Interaktion mit den (realen, imaginären, symbolischen) Nebenmenschen. Das menschliche Subjekt konstituiert sich aus den Wechselfällen di-

---

[108] Lacan 1958.
[109] Anzieu, D. 1970.
[110] Aulagnier 1975.
[111] Alizade 1989.
[112] Spitz 1965, S. 289ff.

verser sinnlicher, identifikatorischer, affektiver etc. Kontakte. Es formt sich im Spiegel der Nebenmenschen, im Spiel von Identifikation und Nichtidentifikation und in der Übernahme psychischer Erbschaften. So bildet sich auch das unbewusste Bild des Körpers heraus, die unbewusste symbolische Inkarnierung des begehrenden Subjekts,[113] das, verwoben mit dem Körperschema, die Kommunikation mit den Nebenmenschen ermöglicht.

Die Herausbildung des Haut-Ichs sowie autoerotische Erlebnisse auf dem Körper grenzen das unbeschreibliche Gefühl ein, »einzigartig« zu sein, das die Basis für die Identifikation bildet. Der Narzissmus der Eltern ergießt sich über das junge Wesen zugunsten der Größe seines Ichs,[114] das heißt der Vergrößerung seines Selbstwertgefühls. Wenn die Pubertät einsetzt und in der Adoleszenz des Jugendlichen seine exogame, nach außen gerichtete Entwicklung beginnt, erscheint vor seinem Horizont die Suche nach und die Entdeckung des Objekts. Dass das Kind »einen Körper bekommen« hat, wird gegen das »Sich-selbst-einen-Körper-Geben« eingetauscht. Der Körper des Nebenmenschen, selbst eines nur vorübergehenden, wird ein notwendiges, wesentliches Objekt sowohl in der Phantasie als auch in der Realität. Auf diese Weise gewinnt »ein Gegenstand oder ein Wesen in der Begierde oder der Liebe für uns Existenz«.[115] »Sich-einen-Körper-Geben« wird zu einer *vitalen Funktion*. Es impliziert, auf die Suche nach anderen Wesen zu gehen und den eigenen Körper für Lust, Vergnügen und Liebe zu verwenden, entweder in transitorischer oder mehr oder weniger dauerhafter Form.

Im »Körper-zu-Körper« kommt die gesamte Palette der Triebe ins Spiel, wobei je nach Einzelfall der eine oder der andere vorherrscht. Der Bindungstrieb[116] manifestiert sich in der Notwendigkeit, auf die

---

[113] Dolto 1984.
[114] Freud 1914c.
[115] Merleau-Ponty 1945, S. 185.
[116] Bowlby 1969.

Gegenwart eines anderen Körpers als Kontaktoberfläche zu zählen, etwas, das Wohlergehen und das Gefühl der Lust erzeugt. Der »Kontrektationstrieb«[117] drückt sich in dem triebhaften Drang aus, mit den uns umgebenden Wesen »Kontakte« herzustellen. Der Selbsterhaltungstrieb kommt dann ins Spiel, wenn das Objekt mit seiner Gegenwart über die sexuelle Befriedigung hinaus das Überleben dieses Subjekts in seinen unmittelbaren und materiellen Aspekten garantiert.

Sich einen Körper zu schenken, ist ein konstantes, alltägliches Vorkommnis, bei dem *Eros* eine Rolle spielt, aber auch *Thanatos* gegenwärtig ist. Wenn dieser vorherrscht, handelt es sich um den fremden Körper mit Blick auf die Zerstörung, um ein pervertiertes Körper-zu-Körper. Der Herrschaftstrieb wiederum verlangt nach dem Besitz des Objektes, verlangt von ihm Unterwerfung, wenn nicht Dienerschaft. Zu anderen Gelegenheiten akzeptiert es der Körper, körperlicher Aufbewahrungsort der »Hinterlassenschaften« anderer Körper zu sein.

Die Dimension des Erhabenen fehlt im Körper-zu-Körper nicht. An diesem Punkt ist ein Bruchteil des von seinem sexuellen Ziel umgeleiteten Triebes am Werk, der das Objekt zur Würde des »Dings« erhebt.[118] Das ethische Element erscheint inmitten des Getöses des sinnlichen Austausches.

Der erogene Körper des Nebenmenschen kann entweder vollständig oder teilweise begehrt werden. Im ersten Fall handelt es sich um die amouröse Freundschaft, um Verliebtheit oder wahre Liebe. Der Körper, der sich dem Nebenmenschen öffnet, öffnet sich für dessen Geschichte, Erinnerungen, mnemonische Spuren. Die psychische Intimität begleitet die Intimität des Fleisches, und die Kombination beider intensiviert die Qualität der Lust. Es handelt sich um eine Beziehung der Lust/Liebe.

Wenn der erogene Körper lediglich teilweise begehrt wird, geht es da-

---

[117] Moll und 1905d, S. 69 Fn., zitiert nach Freud 1905c, S. 107, Fn.
[118] Lacan 1959-1960.

rum, die Vorteile dieses erogenen Körpers in der Zeit des Begehrens aufrechtzuerhalten. Es handelt sich um eine Beziehung der Lust/des Begehrens. Dies ist der Bereich des Autostrichs, der Prostituierten, des Mann-Objektes. Hier wird nach der Befriedigung der Sinne und dem Erleben von Lust mit der geringst möglichen affektiven Verpflichtung gesucht.

Die Prostituierte stellt ein extremes Beispiel hierfür dar. Anonymität ziert sie. Als eine Unbekannte, bar jeglicher Gefühle, und Expertin in der Kunst, Lust zu bereiten, wird von ihr verlangt, die erogenen Zonen zum Höhepunkt ihrer Lust bereitenden Kapazitäten zu bringen. Sie ist ein Profi der erogenen Techniken und erklärt sich selbst als von den Schranken organischer Verdrängung befreit.

Da der Affekt die Erotik erhöht, lässt sich in einigen Fällen (die Expertin in den Künsten der Lust kennt dies sehr gut) die künstliche Suche nach Affekt in Gestalt von »Versen« beobachten, in den falschen Liebesversprechen, die nur nach einer Steigerung der sinnlichen Leidenschaft suchen.

Der erogene körperliche Austausch ist mit dem Illusions- oder Übergangsraum[119] verknüpft und potenziert spielerische Effekte, die die Entfaltung trophischer narzisstischer Phantasien ermöglichen. Es blitzt also noch einmal in der Begegnung *His Majesty the Baby*[120], um Freud von 1914 zu paraphrasieren, aus dem Bereich des Narzissmus' auf. Es geht hier um die Majestät von Subjekten, die im revitalisierenden körperlichen Abenteuer vereinigt sind.

Die narzisstische Expansion des Sich-Verliebens entfaltet ein magnetisches Feld, auf dem die Ekstase zum Vorschein kommt. James Joyce vermittelt diese Vorstellung in den Worten, die er Molly Bloom im *Ulysses* in den Mund legt. Ein häufig wiederholtes, entzücktes »Ja« kündigt die Nähe der Auslieferung, der Verschmelzung der Liebenden an und verweist auf eine bewegende Freude, die man erlebt, wenn man einen Raum der Intimität mit einem Nebenmenschen teilt. Nicht

---

[119] Winnicott 1953.
[120] Freud 1914c, S. 157.

nur die vor Verlangen lodernden Körper sagen »ja«, sondern die Psychen wiederholen es. Das »Ja« nimmt Bewegung auf und erweitert das Spektrum des vitalen Austausches. Alles scheint möglich: Die Routine und die alltägliche Frustration sind verschwunden. Eine Art Magie kündet am Horizont von der Sicherheit der vollständigen Verliebtheit. Hören wir Molly zu:

> [...] und hab ihn mit den Augen gebeten er soll doch noch mal fragen ja und dann hat er mich gefragt ob ich will ja sag ja meine Bergblume und ich hab ihm zuerst die Arme um den Hals gelegt und ihn zu mir niedergezogen daß er meine Brüste fühlen konnte wie sie dufteten ja und das Herz ging ihm wie verrückt und ich hab ja gesagt ja ich will Ja.[121]

Denn sich einen Körper zu schenken, bedeutet, sich eine sensorische und psychische Hülle zu geben, während der Andere trophische Elemente, bald auf der Ebene der Selbsterhaltung, bald auf der sinnlichen Ebene der Stimulation und Entladung, beiträgt.

In der Ausübung des Körper-zu-Körper treten folglich zwei Hauptfunktionen hervor: 1. die Funktion des Lustgewinns (mit oder ohne Beteiligung des Besitzens); 2. die unterstützende Funktion der Psyche (Liebe und Schutz).

Die Lustfunktion stellt eine Facette der »Verjüngung« dar, die eng mit den biologischen Grundlagen verbunden ist. Sie besteht darin, den erogenen Körper in Funktion zu setzen, indem sie den Prozess der Entladung zu einem guten Abschluss bringt, als wäre das sexuelle Leben ein natürliches Tonikum, das den somatischen Körper durch die Ausschüttung und Zirkulation von Hormonen auffrischt und revitalisiert. Indem die Präsenz des Objektes jegliches Anzeichen einer gegenwärtigen Neurose vertreibt, eröffnet es eine Möglichkeit der Partizipation, die die Zustimmung beider Beteiligten erfordert. Man sollte an dieser Stelle nicht die Ambivalenz vergessen, die bei jeder den Körper betreffenden Besetzung aufblühen kann. Aulagnier

---

[121] Joyce 1922, S. 491.

hat den Ausdruck »radikaler Hass« eingeführt,[122] um einen gewaltsamen Affekt zu bezeichnen, der in den Archaismen wurzelt, die dann wieder erwachen, wenn man den Zustand des dringenden Verlangens nach dem Nebenmenschen erlebt. Dieser »radikale Hass« kann dann auftreten, wenn der Körper, nach dem ein Individuum als Quelle der Triebbefriedigung verlangt, sich zurückzieht oder das Begehren zurückweist und einen anderen erogen-affektiven Körper wählt. Der Hass manifestiert sich ebenso, wenn die Begegnung endet, aber unter Vorbehalten, die dem Vorspiel Grenzen setzen und so die Möglichkeit des Partners einschränken, höhere Ebenen der Lust zu erreichen. In der alltäglichsten Begegnung reiner Lust ist das Subjekt in die Welt seiner Phantasien versunken, die in der erogenen Szene miteinander interagieren, während diese sich entfaltet. Eine Geste, eine Körperhaltung, ein offensichtlich nichtssagendes Wort können die erotische Atmosphäre zu ihren Gunsten oder zu ihren Ungunsten verändern.

Wenn zur Lustfunktion das Genießen hinzukommt, kommt der Todestrieb ins Spiel. In den regressiven Bereich der Begegnung[123] hinein reicht die Depersonalisierung, der Entzug der Besetzung des Anderen als unterschiedenes Subjekt; und der Körper des Anderen wird zum reinen Vorwand, um auf dem Pfad des Bewusstseins wieder zurückzugehen und dem Nichtvorstellbaren auszuweichen. Das Spiel der Identifikation, die vielfältigen Personen, die auf den ausgewählten Anderen hätten projiziert werden können, ziehen sich zurück. Dies ist der Moment der Exilierung der Personen, der Auflösung der Vorstellungen, der Installation des Primären, des ursprünglichen Elementes, des rein sinnlichen Körpers, der in seiner Gänze vom Todestrieb umfasst wird. Was vom anderen ankommt, ist ein archaischer Rest, ein Lautgestammel, ein Abreiben der Membranen, ein Aneinanderreiben nackter Schleimhäute, während man sich in der Anarchie und im Aufruhr der erogenen Zonen jedweden Druckes entledigt. Das Reale und die Di-

---

[122] Aulagnier 1975.
[123] Siehe 3. Kapitel: Die weiblichen Orgasmen, S. 97.

mension des Unsagbaren sickern durch. Es erklingen Empfindungen, Affekte, Bilder, lebendige Rhythmen und wollüstige Fluten.

Der Tod erscheint, doch es handelt sich um den Tod in der Mitte des Lebens, um einen mit dem Schlaf vergleichbaren Tod, das heißt um eine dem Nirvana benachbarte Erfahrung in dem Wissen, dass es sich hierbei um einen vorübergehenden Zustand handelt, aus dem man durch eine Leben spendende Wiederauferstehung zurückkehren muss.

Bataille unterscheidet zwischen der Erotik der Körper, der Erotik der Herzen und der heiligen Erotik.[124] Der Ersteren weist er einen eher egoistischen und oberflächlichen Charakter zu: Sie ist die billige Lust. Im Falle der Erotik der Herzen tritt die Liebe hinzu, die Gemeinschaft, die höchste Wertschätzung. Im Falle der heiligen Erotik spielen das Göttliche, hohe Ideale, Ehrfurcht und das Erhabene hinein. Erotik in Großbuchstaben bedeutet eine Mischung dieser drei. Die Kategorie Gottes, des Höchsten, verkörpert sich im Austausch der Liebe, der Achtung und der Dankbarkeit. Einen Schritt weiter handelt es sich um den Körper als Gabe, als Opfergabe, die edelmütige und großzügige Hingabe, die an den Tod erinnert und ihn zugleich austreibt, die in der Gegenwart einen Raum der Wonne eröffnet, in dem ein Körper einen anderen überschwemmt, um den Schmerz zu vergessen, um der unerträglichen Wirklichkeit zu entkommen. Es gibt nichts Besseres als eine liebende körperliche Oberfläche, um die Angst vor dem Leben zu beruhigen, um das Drama der Aufeinanderfolge von Mängeln wieder gut zu machen, mit denen sich die Existenz jedes Subjekts konfrontiert sieht. Die erotische Hülle imitiert eine Art Schleier, der den Körper überzieht, um ihn vor der Rauheit des Lebens zu schützen. Die Funktion des Sich-einen-Körper-Schenkens weist verschiedene Schattierungen auf, die vom Degradierten und Perversen bis zum Erhabensten reichen.

Eine weitere Funktion des »Sich-einen-Körper-Schenkens« ist die Unterstützungsfunktion: Unterstützung durch Liebe, Unterstützung

---

[124] Bataille 1957.

durch Schutz. Der Körper des Nebenmenschen rückt an den eigenen heran, um ihn zu umsorgen, um ihn zu beschützen. Die zweifach beruhigende Fähigkeit, sich zwischen zweien einzurichten, erzeugt das Erleben, eine gemeinsame Haut oder einen Körper für zwei zu haben, was auf die imaginäre Wiederherstellung der Dyade mit dem Primärobjekt verweist.

Man kann sagen, dass es für einen Menschen nicht gut ist, allein zu sein. Sein menschliches Dasein treibt ihn dazu, Körper zu finden: einen sinnlichen Körper, einen Körper der Liebe (der direkten Befriedigung oder der Sublimierung), einen Körper der Freundschaft, des alltäglichen Austausches, den brüderlichen Körper des Reisegefährten.

Die Unterstützungsfunktion des »Sie-von-einem-anderen-Körper-Verlangens« weist einen äußerst interessanten Aspekt auf, wenn das Subjekt sich der Alterskrise stellen soll und seinen Alterungsprozess wahrnimmt. Jeder wird sich dieser Situation auf die ihm oder ihr bestmögliche Weise stellen, und einige ältere Herren werden sich eine jüngere Ehefrau suchen, die sie ihr eigenes Alter vergessen lässt und die Nähe des Todes dementiert (und andersherum). Die Jugendlichkeit des anderen Körpers ist ein höchstes Gut, das sich das Subjekt mit Hilfe eines Mechanismus anzueignen versucht, der die »Magie bei Kontakt« nachzuahmen versucht.

Yasunari Kawabata erzählt die Geschichte einer Herberge, in der schöne junge Frauen in den Zimmern schlafen, die von älteren Herren gemietet werden, nur um an der Seite einer dieser jungen Frauen zu liegen und sie höchstens sanft zu berühren und von der Gegenwart der heiteren Jugend zu zehren.[125] Die Gleichungen schlafend = ruhig = schön und Tod = Jugend sind beruhigende Metonymien einer zukünftigen Wiederbegegnung mit der Mutter im Grab und erlauben, sich einen süßen Tod ohne Angst und Trauer vorzustellen.

---

[125] Kawabata 1960/1961.

Jedes Teilen von Körpern enthält trophisch einen Raum für die Sublimierung. Die sublimierte Erotik findet ihren Ausdruck in der Zärtlichkeit, in geteilten Interessen, in der Freundschaft, die jenseits der erotischen Anziehung bestehen bleiben.

Im Zusammenhang mit dem »Teilen-von-Körpern« muss man ebenfalls die Zeit nach der Begegnung berücksichtigen, wenn der andere Körper sich zurückzieht und das Intervall der zeitweisen Trennung oder des endgültigen Abschieds eintritt. Was bleibt zurück? Ein Klang, der Nachklang einer bestimmten Liebkosung, der einen die gestrige Liebeslust wieder erleben lässt, das Versprechen auf zukünftige Momente der Lust und des Genusses oder ein bitterer Nachgeschmack. Hier kommt der Wert ins Spiel, den jedes Subjekt einem erotischen körperlichen Akt zuschreibt.

Wenn die Bewegung zwischen den Körpern in dem Sinne zu allererst erotisch ist, als in ihr der Lebenstrieb vorherrscht, dann erlaubt diese vitale Qualität, dass im Falle der Trennung, welcher Art sie auch sein möge, das Sublimierte bestehen bleibt. Der Hass und die Zerstörung, die aus der natürlichen Ambivalenz des Menschen entstehen, werden durch diese sublimatorische Tendenz und durch die in ihren Zielen gehemmten Triebe neutralisiert.

Und sogar im Falle einer definitiven Trennung, nachdem eine erotische Verbindung bestanden hat, ist es die Liebe in ihrem weitestmöglichen Sinne, die über den Narzissmus des Verliebtseins hinausgeht, das heißt, es ist die menschliche Liebe, die die Verminderung traumatischer Affekte erlaubt.

Das Subjekt, das sich mitten in einem Trennungsprozesses befindet, wird diesem auf eine weniger schmerzhafte Weise begegnen können, wenn es eine Struktur der Fürsorge internalisiert hat, einen inneren Objekt-Körper in einer Art von »intrapsychischer Maternisierung«, die einen intrasubjektiven Zustand des »Mit-Seins« mit sich bringt, selbst wenn es alleine ist. Die mit den Ursprungsphantasien verbundenen Vorstellungen wären weniger negativ aufgeladen (es würde weniger Eifersucht im Angesicht des Ausgeschlossenseins aus einer möglichen Urszene, weniger Trostlosigkeit im Angesicht der Kastrationsangst geben, die dem Verlust der Bindung an den anderen Körper im liebenden Austausch zugrunde liegt). Man kann sich auch darauf verlassen, das verlorene Objekt zurückzugewinnen oder ein adäquates Substitut zu finden. Der imaginäre »Mutterleib«, der mit dem Anderen in der Verschmelzung der symbiotischen Kerne oder anhand der weiterentwickelten Phantasie der »einen Haut für zwei« konstruiert wurde, könnte rekonstruiert werden. Wenn es um Verführung geht, würde der verletzte Narzissmus seine Niederlage ertragen, ohne dass dabei der Selbstwert großen Schaden nähme.

Der Zwang zum »anderen Körper«

Beobachtung von Ophelia

Ophelia, eine junge Analysandin, verzweifelt bei dem Gefühl, keine Liebesbeziehung aufrechterhalten zu können. Wenn sie heftige erotische Gefühle spürt, hat sie das drängende Bedürfnis, sich auf einen Körper zu stürzen. So hüllt sie ihr Haut-Ich in eine andere Haut, die ihr als Grenze dient und von der sie zugleich ihre narzisstische Bestätigung als Liebesobjekt erwartet. Ihr Körper ist in großem Maße in Erregung gehüllt, die aus der Hysterie entspringt.

Sich selbst einen Körper zu schenken, tritt auf als eine Suche nach einer psychischen Struktur, anhand derer es ihr gelingt, die narzisstische trophische Aufladung zu erhalten, mit der sie die Risse in ihrem Haut-Ich flicken kann.

Ihrer offenkundigen Promiskuität liegt eine unmögliche Sehnsucht zugrunde: die der Begegnung mit einem nichtexistierenden Ideal. Die Liebeserlebnisse sind daher intensiv, aber ephemer. Während des Verliebtseins hat sie Erlebnisse der Ekstase, sie glaubt, schließlich ihr beständiges Objekt gefunden zu haben. Wie Azzeo schreibt: »Auf den ersten Blick hin versichert uns die Liebe durch narzisstische Magie der Ewigkeit und der Unsterblichkeit des Vaters.«[126] In der Zerrüttung, die dem Verlassen des Objekts folgt, lässt sie ihre intensiven masochistischen Fixierungen erkennen.

»Also werde ich niemals einen haben!«, ruft sie aus und bezieht sich dabei auf einen möglichen Partner. Die Anklänge des Mangels an »Haben« aus der Rivalität zwischen den Geschlechtern sind unmissverständlich. Sie zählt die Männer, mit denen sie ausgeht, und beruhigt sich dabei selbst, indem sie anerkennt, dass sie doch einen hat. Fehlt einer, ist sie tief deprimiert. Im Zwang von Ophelia ist das gesuchte Körper-Objekt zur gleichen Zeit ein erogenes Objekt und ein Objekt der Bedürftigkeit.

Hinter diesem scheinbar unmöglichen Liebeskörper zeichnet sich ein anderer Körper ab: derjenige des Kindes, das sie fürchtet, niemals zu haben. »Sich-selbst-ein-Kind-Schenken« erscheint als eine Variante des »Sich-einen-Körper-Schenkens«. Der verzweifelte Wunsch nach einem Mann versteckt diese andere Verzweiflung, in der sich die Klage der Biologie in der lauernden Gefahr hörbar macht, für immer von der körperlichen Erfahrung der Mutterschaft ausgeschlossen zu bleiben, die sich zur Phantasie über die größtmögliche fleischliche Vereinigung eignet.

Ophelia verlangt vom »Anderen«, sie mit seiner Gegenwart und seinem »Körper-zu-Körper« narzisstisch zu nähren und sie von dem Leiden zu befreien, das vom Defizit des trophischen Narzissmus' hervorgerufen wird. Sie bittet ihn so darum, abwechselnd den Platz der »zwei« (in der Rekonstruktion der Dyade mit dem mütterlichen Primärobjekt) und den Platz der »drei« (im Ruf nach dem Vater, nach der Triangulierung) einzunehmen. Scheitert dieser Versuch der Strukturierung, sieht sich Ophelia auf eine zerrissene Einheit zurückgeworfen,

---

[126] Azzeo 1991.

auf eine insofern unerträgliche Einsamkeit, als sie nicht durch die Gegenwart eines ausreichend guten inneren Objektes abgefangen wird.

Ihr Zwang zu einem »anderen Körper« lässt ihr Gefühl der Verzweiflung bar zurück, das in einer melancholischen, oralen Fixierung[127] verankert ist, die sich im Zwang zum wiederholten Scheitern und zur pathologischen Trauer manifestiert.

---

[127] Bodni 1991.

3. KAPITEL

Die weiblichen Orgasmen

Einleitung

Ich weiß, dass meine Position umstritten ist und sich von konventionellen Vorstellungen darin unterscheidet, wie eine Frau sich der Lust und dem Genuss zuwendet. Ich möchte betonen, dass es hier um »weibliche« Orgasmen geht und nicht um Orgasmen der Frau. Hiermit möchte ich auf einen im engeren Sinne weiblichen Bereich verweisen, der aufgrund der angeborenen Bisexualität jedes Subjektes sowohl Auswirkungen auf einen Mann als auch auf eine Frau haben kann. Und doch ist es – getreu des berühmten Ausspruchs »Anatomie ist Schicksal« – die Frau, die einen leichteren Zugang zu derjenigen Sinneslust hat, mit der ich mich auf den folgenden Seiten beschäftigen werde.

Der Mann findet in seinem sichtbaren Penis einen körperlichen und narzisstisch besetzten Ort, an dem sich seine Libido konzentriert. Überdies muss dieser Penis die spür- und greifbaren Vorgänge der Erektion, der Friktion und der Ejakulation ausführen, die seinen sexuellen Bemühungen in der gesamten erotischen Begegnung eine bestimmte Richtung verleihen.

Der Frau fehlt dieses sichtbare Organ, von dem in der Psychoanalyse so viel die Rede war. Ihr Mangel an einem Penis sei die Quelle früher Ängste – wie bereits bedeutende Zeitgenossen Freuds behaupteten[128] –, die sich teilweise daraus ableiten ließen, dass seine ihm eigene Ana-

---

[128] Horney 1933; Jones 1927; Klein 1932.

tomie es verhindere, dass das kleine Mädchen sich anhand seiner der Phantasie entstammenden Erlebnisse und der Wirkungen der Masturbation der Intaktheit seiner Genitalien vergewissern könne (der Nachteil des Mädchens, wie Melanie Klein sagt). Sie kann ihre sexuellen Organe, die im Inneren ihres Körpers liegen, weder sehen noch kontrollieren.

Meiner Meinung nach ist es aber gerade diese Anatomie, die die Verbreitung der Erogenität auf der gesamten Körperoberfläche und damit die Entstehung erogener Zonen ermöglicht, die sich wechselweise ausweiten, zusammenziehen und wieder anwachsen. Aus dieser Perspektive betrachtet, ist es das Privileg der Frau, keinen Penis zu besitzen. Nicht umsonst legt die Legende Teiresias den Ausspruch in den Mund, die Frau empfände mehr Genuss als der Mann – zehnmal mehr, siebenmal mehr behaupten die verschiedenen Versionen. In diesem von Teiresias angestellten Genussvergleich (er lebte sieben Jahre lang in Gestalt einer Frau) ist es die Weiblichkeit der Frau, die ihr ihren unerschöpflichen orgasmischen Reichtum verleiht.

Die Psychoanalyse hat sich bisher sehr wenig mit dem Thema des Orgasmus' beschäftigt. Dies war zu einem Großteil der Vorherrschaft der Sexologen geschuldet. Freud bezieht sich in seinem gesamten Werk etwa ein Dutzend Mal auf den Orgasmus und immer in indirekter Weise – vielleicht weil er ihn als etwas betrachtet, was zwischen Körper und Geist angesiedelt ist.

Ich gehe davon aus, dass der weibliche Orgasmus etwas Subversives ist. Durch die Vielfalt an Manifestationen, die er beinhaltet, stellt er eine Herausforderung für die biologischen Gesetze dar. Es ist interessant, im Rahmen der Legende von Teiresias an die Wut zu erinnern, mit der die Göttin Hera darauf reagiert, dass Teiresias sein Wissen um das Ausmaß des Genusses der Frau preisgibt. Der weibliche erogene Reichtum soll geheim, im Verborgenen bleiben. Ich könnte vielleicht sogar hinzufügen, dass er in dem Sinne eine Spur von etwas »Elitärem« an sich trägt, als er nicht für alle zugänglich, sondern sein Zugang nur für Frauen reserviert ist.

An diesem Punkt wird es unerlässlich, den Begriff der erogenen Zone von der anatomischen Präzision zu befreien, mit der er in den Anfängen der Psychoanalyse belegt wurde. Stattdessen sollte man ihm einen breiteren Sinn verleihen, demzufolge der Körper mit einem sprechenden Subjekt zusammentrifft, das jedweden Teil seines Körpers, jedweden Bereich der Haut, jedwede Öffnung narzisstisch besetzen kann. Wie bereits erwähnt, führt Freud die Idee einer Ich-Funktion eines Organes ein, die an dessen Erogenität angelehnt ist.[129] Diese Erogenität hängt direkt mit der sexuellen Bedeutung zusammen, die ein Organ in einem bestimmten Moment erlangen kann. Wie ich bereits dargelegt habe, erinnert der Körper an ein Möbiusband, das die Kontinuität zwischen innen und außen, zwischen seiner Oberfläche und seinem Innenleben verdeutlicht.

Wenn der menschliche Körper einen erogen-affektiven sinnlichen Austausch mit einem anderen Körper beginnt, negiert er die biologischen Gesetze. Dann enthüllt er, wie er von der Sprache durchdrungen ist, deren Objekt er gewesen ist, und führt uns durch die Vielfalt an intimen Veränderungen, denen er unterworfen ist, in die Irre. Die verschiedenen Kombinationen von Phänomenen zeigen die Überschneidungen von Wahrnehmungen und Empfindungen, Worten und Gesten, Phantasien und erogenen Ausströmungen, Erinnerungen und Hemmungen.

Der weibliche Körper bringt seine eigenen Phantasmen hervor. Er ist ein »anderer« Körper, in dem sich das Wesentliche seines erogenen Ausdrucks auf einem faszinierenden unsichtbaren Terrain abspielt. Diese weibliche Verfasstheit verweist auf das Geheimnis und – ruft Unverständnis hervor.

Obwohl sie auf eine Welt stößt, die durch ein imaginiertes »Nichthaben« (eines Penis') geprägt ist, ist es dennoch die Frau, die in den wesentlichen Abenteuern des Körpers die Hauptrolle spielen muss:

---

[129] Freud 1926d [1925].

Menstruation, Schwangerschaft, Geburt, Stillen ... Orgasmen. Wie das Blut während der Menstruation, die Milch in der Stillzeit, das Kind bei der Geburt, so muss auch der Orgasmus aus ihrem Körper wie eine weitere Veränderung in ihrer rätselhaften Sinnlichkeit hervorgehen.

Alle Versuche, den weiblichen Orgasmus zu begrenzen, resultieren in einer unvollständigen, parteilichen, manchmal sogar lächerlichen Sichtweise, die versucht, ein einziges Modell sexueller Befriedigung zur Anwendung zu bringen, und die der Tendenz nach die Aufdeckung des weiblichen Geheimnisses verhindert.

Die Definition des weiblichen Orgasmus' in der Psychoanalyse ist paradox: Auf der einen Seite wird er als etwas rein Biologisches, auf der anderen Seite als etwas von der Biologie Unabhängiges betrachtet, als etwas, das sich in einem Moment leicht definieren lässt, sich im nächsten Moment jedoch jeglicher Kategorisierung entzieht.

Die weiblichen Orgasmen sind nicht exakt oder messbar; stattdessen sind sie erratisch, wandelbar und schwer zu lokalisieren. Sie entfalten sich in einem Bereich, in dem alles möglich ist, frei von jeglichen Anforderungen, die sie auf eine Form festlegen würden, die ihre Eingrenzung ermöglichen würde.

Bevor ich meine Ideen detaillierter darlege, halte ich es für sinnvoll, einen kurzen Blick auf die Geschichte zu werfen, zurückzugehen und sich anzuschauen, wie Freud in den ersten Jahren der Entdeckung der Psychoanalyse die Frauen betrachtete.

Freud und die weibliche Sexualität
(1895-1905)

Zunächst werde ich die Texte »Über die Berechtigung, von der Neurasthenie einen bestimmten Symptomenkomplex als ›Angstneurose‹ abzutrennen«[130] sowie »Manuskript G«[131] betrachten. In Ersterem stellt er bereits das Problem fest, vor das einen die konfusen und künstlichen Oszillationen des weiblichen Sexualtriebes stellen, und bei seinem Versuch eines Vergleichs der Sexualität des Mannes mit derjenigen der Frau schreibt er:

> Es ist auch bei der Frau eine somatische Sexualerregung anzunehmen und ein Zustand, in dem diese Erregung psychischer Reiz wird, Libido, und den Drang nach der spezifischen Aktion hervorruft, an welche sich das Wollustgefühl knüpft. Nur ist man bei der Frau nicht imstande anzugeben, was etwa der Entspannung der Samenbläschen hier analog wäre.[132]

Offenkundig hat Freud deutlich wahrgenommen, dass mit Blick auf die weibliche Sinnlichkeit die männliche Linearität verschwimmt und dabei Oszillationen Raum gibt, neuen Formen, die sich dem klassischen Modell, das die Sexualität des Mannes repräsentiert, entziehen. Zugleich sieht man einen Freud, der stur darauf beharrt, exakte anatomisch-physiologische Übereinstimmungen zwischen einer Weise des sexuellen Funktionierens und einer anderen zu finden, und der sowohl in dem einen als auch in dem anderen Fall scheitert und dabei deutlich macht, wie eben dieses epistemologische Hindernis ihn auf seinem Weg zum Wissen behindert.

---

[130] Freud 1895b [1894].
[131] Freud 1887-1904, S. 96ff.
[132] Freud 1895b [1894], S. 335.

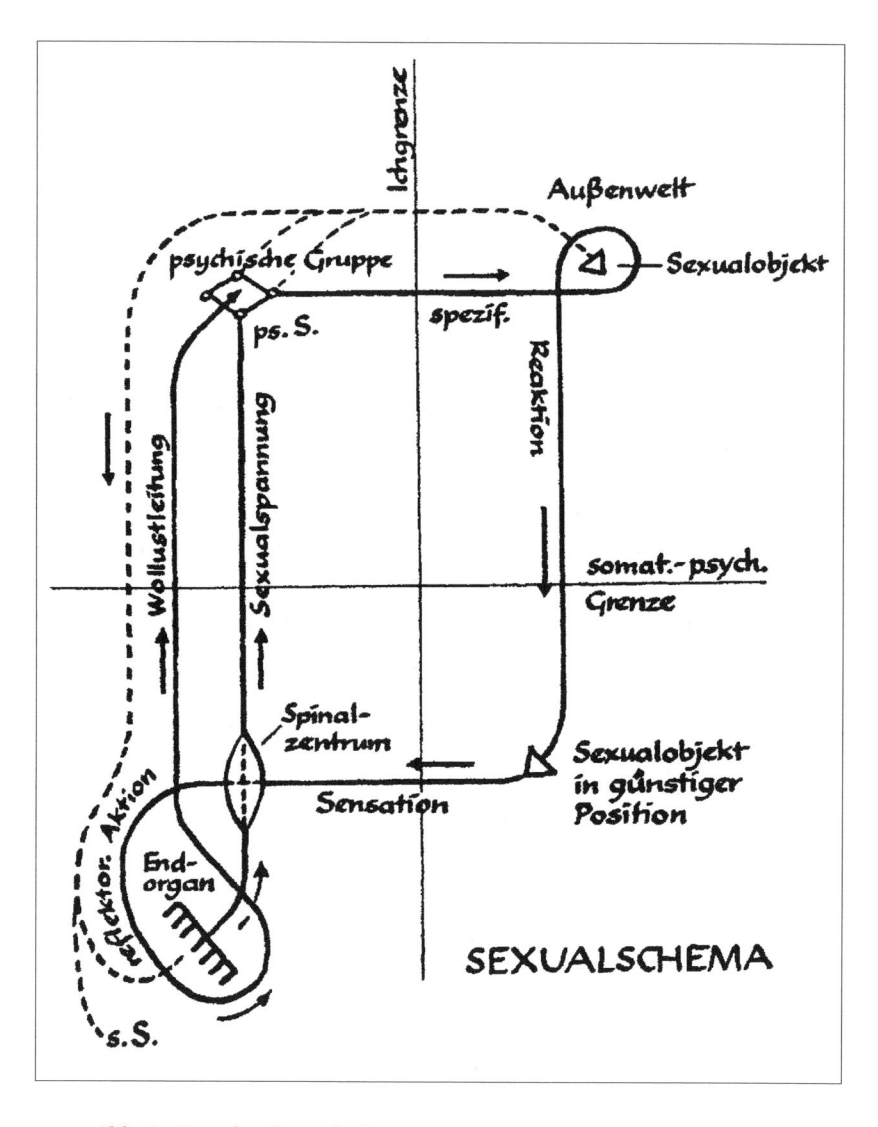

Abb. 1: Freuds »Sexualschema«. Umzeichnung von G. Fichtner[133]

---

[133] Freud 1887-1904, S. 571.

Das »Manuskript G« enthält das für die Untersuchung der weiblichen Sinnlichkeit überaus reichhaltige »Sexualschema«. Es ist praktisch der Frau gewidmet; hier listet er seine Hypothesen zur Anästhesie und zur Melancholie der Frau auf.[134] Ich möchte anhand dieses Schemas auf einige wichtige Elemente hinweisen (s. Abb. 1).

Im Prinzip handelt es sich um vier Quadranten, die horizontal das Soma von der Psyche und vertikal die innere von der äußeren Welt abtrennen. Die interne Seite beinhaltet das Endorgan, die Quelle der somatischen Sexualerregung, das zentrale Rückenmark sowie zahlreiche im oberen, externen Quadranten gelegene Pfade, die zur sexuellen psychischen Gruppe hin- und von ihr wegführen. Auf diesen Pfaden werden die sexuelle Erregung und die erotischen Gefühle transportiert. Einer der interessantesten Aspekte des Schemas liegt in der Interaktion mit der Außenwelt, das heißt in dem Moment, in dem die Grenze des Ichs überschritten und die spezifische Aktion auf der Suche nach dem Sexualobjekt ausgeführt wird, das sich in der Außenwelt befindet. Die Absicht dieser Bewegung ist es, das Sexualobjekt soweit anzunähern, bis es die somato-psychische Grenze überschreitet, und es in eine günstige Position zu bringen. Die erogenen Körper kommen in Kontakt, Gefühle tauchen auf, und man nähert sich der Entladung.

Für Frauen scheinen die Dinge eine negative Tendenz aufzuweisen. Die so oft bei ihnen anzutreffende Anästhesie prädisponiert sie, um mit Freud zu sprechen, für die Melancholie. Sie »*bestünde in der Trauer über den Verlust der Libido*«.[135] Während wir diese Zeilen lesen, erscheint vor unseren Augen das Bild der Frau als traurig, passiv, gehemmt, unbefriedigt ... hysterisch – das Bild einer Frau, der es nicht nur an der Kraft für das Erreichen sexueller Befriedigung mangelt, sondern die darüber hinaus schwach ist und kein Recht auf sie hat. An ihr gehindert, scheint ihrer Ausstattung etwas zu fehlen. Freud zeigt eine durch die vorherrschende soziale Umwelt paralysierte Frau. Sie

---

[134] a. a. O., S. 100f.
[135] a. a. O., S. 98; kursiv im Original.

erscheint als ein »Symptom der Kultur« und zugleich als ein »Symptom des Mannes«. Es handelt sich hierbei um eine Beschreibung jener Frauen, die 1895 Freuds Praxis aufsuchten und die für eine Epoche der Unterdrückung typisch sind. Die Geschichte ist voll von weiblichen Prototypen, von denen viele sich das phallische Emblem zu eigen machen, und so treten die Königin, die Göttin, die Grausame auf den Plan, die alle sehr weit von Freuds armen, melancholischen, unterwürfigen Frauen entfernt sind.

Um noch einmal das »Sexualschema« aufzugreifen: Hier wird die angemessene Entladung in der Frau auf verschiedene Weisen verhindert, sei es, weil die erotischen Gefühle fehlen, sei es, weil das Endorgan nicht ausreichend aufgeladen ist oder weil der Pfad von der Empfindung zur reflektorischen Aktion beschädigt ist. In einer Art Teufelskreis wird die Frau von 1895 in der Absicht erzogen, ihre somatische sexuelle Erregung auf Minimalniveau zu halten.

Wenn Freud mit seiner Behauptung Recht hat, dass »die psychische Sexualgruppe [...] durch Eintreffen von Wollustempfindung gestärkt« wird, dann würde die Erziehung die Frau tendenziell körperlich und seelisch schwächen. Es wundert daher nicht, wenn sie schließlich an »Angstmelancholie« oder »neurasthenischer Melancholie«, wenn nicht sogar an einer »echten, *genuinen schweren* Melancholie« leidet.[136] Ich zitiere weiter:

> Es wäre zu erörtern, wie es kommt, daß die Anästhesie so vorwiegend Eigentümlichkeit der Frauen [ist]. Dies rührt von der passiven Rolle der Frau [her]. Ein anästhetischer Mann wird bald keinen Koitus unternehmen, das Weib wird nicht gefragt.[137]

Freud fährt fort, indem er die zwei Hauptgründe dafür angibt, die sie für die Anästhesie anfällig macht. Der erste wurde bereits erwähnt: Die Erziehung verlangt, »daß der Bogen der spezifischen Aktion aus-

---

[136] a. a. O., S. 98.
[137] a. a. O., S. 101.

falle, dafür sind permanente spezifische Aktionen verlangt, die das männliche Individuum zur spezifischen Aktion verlocken«.[138] Die gestrichelte Linie, die vom Sexualobjekt zur psychischen Sexualgruppe führt, verweist hier auf den Kreislauf, innerhalb dessen sich eine weibliche Position halten muss, indem sie das Objekt beständig stimuliert, aber in der berühmten Locktechnik der Koketterie und der Verführungstricks verortet bleibt. Freud geht davon aus, dass diese zügelnde Bewegung für die Reaktion der Frau notwendig ist (daher die Notwendigkeit, sie mit der geringstmöglichen sexuell-somatischen Erregung zu erziehen), weil im Gegenteil »bei lebhafter somatischer Sexualerregung bald [die] psychische Sexualgruppe intermittierend eine solche Stärke bekäme, um wie beim Mann durch spezifische Reaktion das Sexualobjekt in günstige Position zu bringen«.[139] Die Erziehung muss daher den Unterschied, wenn nicht zwischen den Geschlechtern, so doch in der Art der Eroberung und Aneignung des Sexualobjektes markieren. Sonst wäre Assoun zufolge »die Frau dazu verdammt, auf eine Art und Weise zu funktionieren, die zugleich aus objektiver Sicht unzulänglich und im Hinblick auf den Anderen eine Überforderung ist«.[140] Man kann sich fragen, ob dies nicht einer Einladung zur Hysterie gleichkommt. Im Lichte dieser Überlegungen etabliert das System Frau unzweifelhaft einen funktionalen Antagonismus.

Doch selbst wenn dieses Triebarrangement in einem weiblichen Subjekt erfolgreich installiert ist, ist hiermit noch nicht das letzte Wort gesprochen. Die Ausdrücke, mit denen sich Freud auf die Sexualität der Frau bezieht, machen dies deutlich: »rätselhaft«, »unverständlich«, »unaufrichtig«. Das »Ohne« oder »Nichthaben«, das sie bereits von ihrer Anatomie her kennzeichnet, verschiebt sich hin zu einem Mangel an Worten, um ihre erogene Welt zu beschreiben, hin zu der

---
[138] Ebd.
[139] Ebd.
[140] Assoun 1983, S. 103.

Unmöglichkeit, einen exakten Ort anzugeben, an dem sich die Quelle ihrer Lust verorten ließe.

Man ist hier weit davon entfernt, sich eine weibliche Fähigkeit zur erogenen Metamorphose oder ein Potential zur Expansion ihres begehrenden Leibes vorzustellen, die vom bekannten Kanon abweichen würden. Genau dann, wenn eine Frau – wie wir in den folgenden Vignetten Freuds sehen werden – sich intensivem Genuss hingibt, wird sie durch Hysterie charakterisiert. Die Anästhesie sei im Vergleich zum weiblichen Verlust an Selbstkontrolle, den die psychoanalytische Wissenschaft nicht zu verstehen scheint, als das kleinere Übel zu betrachten.

In seinem Eifer, die weibliche Sexualität der männlichen anzugleichen, verwendet Freud Ausdrücke, die, auf den Körper einer Frau angewendet, heute aufmerken lassen: Erektion, Samenerguss. Nicht nur fehlt es ihm an angemessenen Ausdrücken, um die Geschehnisse der weiblichen Sinnlichkeit zu definieren, sondern er besteht zudem auf einer Parallele zwischen den Modi des sexuellen Funktionierens des Mannes und der Frau. Er nimmt die Unmenge an Abstufungen, Sprüngen und Unterbrechungen in der weiblichen Erotik schlicht nicht wahr.

Über den Gebrauch der Ausdrücke Erektion und Samenerguss hinaus beginnt er, dem Gefühl des Urinierens auf dem Gebiet der Erregbarkeit der Frau Bedeutung beizumessen. In seiner Arbeit »Die Abwehr-Neuropsychosen«[141] berichtet er von dem Fall eines jungen Mädchens, das unter der Angst litt, Attacken urinaler Inkontinenz zu erleiden, einer Phobie, die ihr ein soziales Leben verunmöglichte. Er fand heraus, dass dieser Drang zum ersten Mal in einem Konzertsaal aufgekommen war, in dem sie neben einem Mann saß, der ihr nicht gleichgültig war. Er fährt fort:

> Sie begann an ihn zu denken und sich auszumalen, wie sie als seine Frau neben ihm sitzen würde. In dieser erotischen Träumerei bekam sie jene

---

[141] Freud 1894a.

körperliche Empfindung, die man mit der Erektion des Mannes vergleichen muß, und die bei ihr – ich weiß nicht, ob allgemein – mit einem leichten Harndrang abschloss. [...] Der Harndrang hatte die Erektion jedes Mal begleitet, ohne ihr bis zu der Szene im Konzertsaal einen Eindruck zu machen. Die Behandlung führte zu einer fast vollkommenen Beherrschung der Phobie.[142]

Der Ausdruck »Erektion« wird in entschiedener Weise dem weiblichen Körper eingeschrieben. *Die Ausdrücke einer anderen Anatomie zwingen sich ihrer Anatomie auf.* Zu dieser Zeit war es noch zu revolutionär für das psychoanalytische Denken, erogenen Phänomenen, die unverständlich erschienen und Verwunderung, wenn nicht gar Irritation hervorriefen, eine spezifische Terminologie zu verleihen. Vielleicht – diesen Gedanken muss ich viele Male im Verlauf dieses Buches wiederholen – ist der Weiblichkeit ein Quantum an Geheimnis inhärent, und dieses Quantum bedingt ein gewisses Maß an Unerklärbarkeit, an Unwissen, als würde sich in diesem Nichtwissen etwas von der ursprünglichen Verunsicherung angesichts eines magischen Aspektes des Weiblichen wiederholen, der wiederum in einem anderen wesentlichen Nichtwissen verwurzelt ist, das etwas mit dem In-der-Welt-Sein zu tun hat – einem Nichtwissen, das die Religionen besänftigen, das aber in den geheimsten Winkeln der menschlichen Seele fortbesteht.

Um auf den beschriebenen Fall zurückzukommen: Das Neue an der Bedeutung, die Freud den Empfindungen des Urinierens in der Frau zuschreibt, besteht darin, dass es die erogene Kraft all dessen hervorhebt, was zwischen den Beinen der Frau liegt, und diese zugleich nicht auf die Klitoris als einzigen Erzeuger von Lustempfindungen beschränkt. Er fügt hinzu:

[Diese junge Frau] war im Leben so prüde, daß sie sich vor allem Sexuellen intensiv grauste, und den Gedanken, je zu heiraten, nicht fassen konnte; anderseits war sie sexuell so hyperästhetisch, daß bei jeder eroti-

---

[142] a. a. O., S. 70.

schen Träumerei, die sie sich gerne gestattete, jene wollüstige Empfindung auftrat.[143]

Dieser Fall half mir ebenfalls dabei, die Dissoziation des erotischen Lebens in der Frau zu verstehen. Freud hat dieses Thema in seinem Bezug auf die Sexualität des Mannes behandelt: Zärtlichkeit mit der Mutter-Ehefrau und Erotik mit der Prostituierten.[144] Bei Frauen findet die Dissoziation folgendermaßen statt: Achtung, Zärtlichkeit und Sittsamkeit gegenüber dem Mann und Erotik in den Phantasien. *Das Bordell der Frau war ihre Phantasie.* Dort, im Geheimen, konnte sie ihrer Libido freien Lauf lassen und grenzenlose Lustempfindungen spüren.

Noch 1895 bestätigt das »Manuskript J« die Richtung, in die sich Freuds Überlegungen zu dieser Zeit bewegten. Noch einmal wird der Unterleib als Sitz der Lustempfindungen erforscht. Frau P. J. war seit drei Monaten verheiratet. Ihr Ehemann hatte verreisen müssen, sie vermisst ihn und, um sich abzulenken, singt sie und spielt Klavier.

> … plötzlich [wurde] ihr übel vom Leib und Magen her, der Kopf wirbelig, Beklemmung, Angstgefühl, Herzparästhesien; sie meinte, jetzt würde sie verrückt. Einen Moment später fiel ihr ein, daß sie am Vormittag Eier und Schwämme gegessen; sie hielt sich also für vergiftet. Indes ging der Zustand bald vorüber.[145]

Mit dem Selbstvertrauen des Genies stellt Freud im Vorhinein fest:

> Sie bekam Sehnsucht nach ihrem Mann, d. h. nach sexuellem Umgang mit ihm, dabei stieß sie auf eine Idee, die Sexualaffekt und in weiterer Folge Abwehr erregte, erschrak und machte eine falsche Verknüpfung oder Substitution.[146]

---

[143] Ebd.
[144] Freud 1910a.
[145] Freud 1897-1904, Manuskript J, S. 161f.
[146] a. a. O., S. 162.

Er verwendet ein sehr graphisches Wort: »Liebeserguß.«[147] Konfrontiert mit der Gefahr, die Kontrolle zu verlieren, sich selbst gehen zu lassen und sich mit ihrer gesteigerten Erregbarkeit auf der anderen Seite der Frigidität wiederzufinden, habe Frau P. J. es mit der Angst zu tun bekommen. Dann interpretiert sie aus einer pathologischen Perspektive ihre Wahrnehmungen neu (durch Pilze vergiftet), worin Paranoia zum Ausdruck kommt.

Durch die urethrale Erogenisierung, die er in der Frau ermittelt hatte, und unter Ausübung von Druck auf die Stirn erreichte er ein doppeltes Geständnis seiner Patientin: zuerst einmal, dass sie ein Verlangen nach ehelichen sexuellen Zärtlichkeiten verspürt hatte, und zweitens, dass sie »ein Gefühl im Unterleib, ein Krampf und Drang zum Urinieren«[148] empfunden habe. Freud schlägt ihr urethrale erogene Empfindungen vor, die sie ihm bestätigt. Doch Freud gibt sich noch nicht zufrieden, auch wenn er bereits die Lustquelle lokalisiert hat. Das Unbenennbare bleibt bestehen und bringt ihn dazu zu sagen: »Die Unaufrichtigkeit der Frauen beginnt damit, daß sie von ihren Zuständen die bezeichnenden Sexualsymbole weglassen. Es war also wirklich eine *Pollution*.«[149] Noch einmal verwendet er einen der männlichen Sexualität entlehnten Ausdruck: Pollution.

Wie kann man es sich vorstellen, dass diese überbordende Empfindung bei Frau P. J., die plötzlich hereinbricht, dieses krampfhafte Verlangen zu urinieren, diese affektive Welle (Lust-Unlust) von einem Körper des Begehrens stammt? Ohne manifestes Objekt, ohne eine lokalisierbare Quelle, ohne einen quantifizierbaren und bekannten Ausgang? Es sind auf jeden Fall fremd erscheinende Äußerungen,

---

[147] Ich danke Dr. Juan Carlos Weissmann für die Bestätigung, dass der Ausdruck »Pollution« im Deutschen ausschließlich für die männliche Ejakulation verwendet wird. In gleicher Weise wies er mich auf den Reichtum an Bedeutungsnuancen des von Freud verwendeten Wortes »Liebeserguß« hin.
[148] a. a. O., S. 163.
[149] Ebd.; kursiv im Original.

wenn eine Frau beginnt, die Geheimnisse ihrer Sinnlichkeit zu enthüllen, in Unkenntnis des Nichtvermittelbaren, des Empfindens, über das nicht gesprochen wird, von dem wenig bekannt ist. Vielleicht ist der krampfhafte Wunsch zu urinieren, den Freud annimmt, nichts anderes als der Ausdruck einer Triebkraft, die zur Entladung tendiert, und hier stellt das Urinieren vielleicht auch einen Versuch dar, dem Orgasmus ein lokalisierbares organisches Etikett zu verleihen – ein drängendes Verlangen zu genießen, durch die Blase, durch den Unterleib, durch gleich welchen Ort.

Es scheint so, als würde das Fehlen von »bezeichnenden Sexualsymptome[n]« Freud irritieren, während es in Wirklichkeit ein intrinsisches Element des weiblichen Daseins darstellt. Das dranghafte Begehren von Frau P. J. hätte sich diverse erogene Zonen aussuchen können, um sich zu manifestieren.

Ich möchte ein letztes Mal Freud aus einem Text aus derselben Periode zitieren. Es handelt sich um den letzten Abschnitt des Briefes 189 an Fließ.[150] Er schreibt:

> Von einer dritten [Patientin] habe ich auf folgende interessante Art gehört: Ein hochstehender und hochvermögender Herr (Bankdirektor), etwa 60 Jahre alt, sucht mich auf und unterhält mich von den Eigentümlichkeiten eines jungen Mädchens, mit dem er ein Verhältnis hat. Ich werfe die Vermutung hin, sie sei wohl ganz anästhetisch. Im Gegenteil, sie hat 4-6 Entladungen während eines Koitus. Aber – sie gerät schon bei der Annäherung in Tremor, ist unmittelbar nachher in einem pathologischen Schlaf und spricht aus diesem wie aus einer Hypnose, führt auch posthypnotische Suggestionen aus, für den ganzen Zustand volle Amnesie. Er wird sie verheiraten, und für den Mann wird sie sicher anästhetisch sein. Der Alte wirkt offenbar durch die mögliche Identifizierung mit dem hochvermögenden Vater der Kinderjahre so, daß er die an Phantasien hängende Libido flüssig machen kann. Lehrreich![151]

---

[150] Freud 1897-1904, Brief 189 vom 16. Januar 1899, S. 373.
[151] Ebd.

Nun fluktuiert die weibliche Erogeneität zwischen Anästhesie und Hyperästhesie, und beides wird als pathologisch betrachtet.

Ein Hauch des »Seltsamen, Geheimnisvollen« entströmt diesen mit ihrer Sinnlichkeit angefüllten weiblichen Körpern. In letzterem Fall lässt mich auch die Tatsache aufmerken, dass sie, sobald sie verheiratet ist, Freud zufolge zur Frigidität verdammt sein soll, als würde ihm nicht entfernt in den Sinn kommen, dass zahlreiche Orgasmen zu haben eine Möglichkeit im erotischen Leben einer Frau darstellt. In seiner Vorstellung bleibt sie darauf beschränkt, ihren sinnlichen Träumen, wie er selbst es ausdrückt, in ihren Phantasien und in halbhypnotischen Trancen freien Lauf zu lassen, in denen sie ihre organischen Verdrängungen aufhebt.

In seinem gesamten Werk ist Freud daran gescheitert, die Parallele zwischen der weiblichen und der männlichen Sexualität aufzufinden. Daher stellte er sich die Frage: Was will oder was begehrt das Weib? Und er prägte das suggestive Bild des »*dark continent*«.[152]

An dieser Stelle verlasse ich die Überlegungen zu Freuds Vorstellungen zur Weiblichkeit. Ich möchte nicht unerwähnt lassen, dass er am Ende seines Lebens, während er an seinen letzten Werken zur weiblichen Sexualität arbeitete, in seiner Brillanz und in seinem Verlangen, dieses Thema grundlegender zu erforschen, den wunderschönen Satz schrieb, in dem er die Lebenserfahrung von jedermann, die Dichter und selbst die Frauen um Hilfe bat, um ihm den Schlüssel zu einer Sexualität zu geben, die ihn ratlos machte und deren Lösung er unvollendet zurückließ:

Wollen Sie mehr über die Weiblichkeit wissen, so befragen Sie Ihre eigenen Lebenserfahrungen, oder Sie wenden sich an die Dichter, oder Sie warten, bis die Wissenschaft Ihnen tiefere und besser zusammenhängende Auskünfte geben kann.[153]

---

[152] Freud 1926e, S. 241.
[153] Freud 1933a, S. 145.

Der primäre Orgasmus
und der Prozess der Orgasmisierung

Freud beschreibt die Effekte des wohligen Saugens im Säugling als eine »Art des Orgasmus«.[154] Wenig später schreibt er:

> Wer ein Kind gesättigt von der Brust zurücksinken sieht, mit geröteten Wangen und seligem Lächeln in Schlaf verfallen, der wird sich sagen müssen, daß dieses Bild auch für den Ausdruck der sexuellen Befriedigung im späteren Leben maßgebend bleibt.[155]

Diese Art des Orgasmus' entspannt den gesamten Körper und macht schläfrig. In einem früheren Werk habe ich ihn »primären Orgasmus« genannt,[156] da er einen Vorläufer der erogenen Höhepunkte darstellt, die sich im späteren Verlauf des erotischen Lebens des Subjektes ereignen werden. Dieser primäre Orgasmus ist etwas, das sich über die Körperoberfläche vor der Etablierung der sexuellen Differenz und vor jeglicher Vorstellung von Konflikt ausbreitet. Er unterstreicht die angeborene inzestuöse Verknüpfung, die später jeder erotischen Verbindung zugrunde liegen wird. In ähnlicher Weise erweckt die lustvolle Mund-Brust-Verbindung während des Saugens das erste erotische genitale Kribbeln. Ausgehend vom Stillen als Vorläufer des Orgasmus 'entstehen im je eigenen Liebesleben eines jeden Individuums spezifische psycho-somatische Bewegungen.

Der primäre Orgasmus betrifft Männer wie Frauen. Er findet auf dem Körper des Primärobjektes statt, auf dieser *bevorzugten Form*, konfiguriert durch den mütterlichen Körper, durch die warmen Rundungen eines Frauenkörpers, einer Form, die »gibt« und »ernährt«. Als Belohnung für die angenehme Arbeit des sich selbst Ernährens empfängt der Säugling die glückselige Befriedigung nach dem Stillen,

---

[154] Freud 1905d, S. 81.
[155] a. a. O., S. 82.
[156] Alizade 1989.

von der er eingehüllt und unterstützt wird. Die Selbsterhaltungs- und Sexualtriebe funktionieren im Gleichklang. Die Sinnlichkeit wird auf natürliche Weise stimuliert. Die geringe Körperoberfläche des Säuglings erlaubt, maximalen Kontakt zwischen seiner gesamten Haut, seiner gesamten Körperoberfläche und derjenigen der ihn ernährenden Mutter herzustellen. Die vorbereitende Lust spielt in diesem »erotischen Leben des Säuglings«, das voller Empfindungen, Wahrnehmungen und sinnlichen Entladungen ist, eine fundamentale Rolle.

Drei Komponenten kommen bei diesem primären Orgasmus während des Stillens ins Spiel, die auf die aufkommende erotische Verknüpfung Einfluss ausüben: die Komponente der Körperöffnungen, die epidermische oder Komponente der Oberfläche sowie die Komponente, an der das Körperinnere beteiligt ist. Die Komponente der Körperöffnungen beinhaltet die Brust mit der Brustwarze, durch die die Milch in den Mund des Säuglings fließt. Die epidermische und sinnliche Oberflächenkomponente umfasst die enorme Spannbreite an Stimuli, die die Haut des Säuglings und seine Sinneswelt umschließen (Blicke, Berührungen, Muskelreize, Hautreibungen, Gerüche etc.). Die dritte Komponente führt das Innere des Körpers sowie das Gefühl der Sättigung oder der Fülle ein. Wie Didier Anzieu schreibt:

> Der Mund ermöglicht als Ort des Durchgangs und der Einverleibung erste heftige und kurze Erfahrungen eines differenzierten Kontakts. Dagegen bringt das Gefühl der Sättigung die weniger differenzierte, jedoch länger anhaltende Erfahrung von Zentrum, Ausgefülltsein, eines Schwerpunkts mit sich.[157]

Der primäre Orgasmus, einschließlich dieser Erlebnisse der Fülle im affektiv-nährenden Austausch, kann als ein primitiver Organisator des Gleichgewichtsgefühls, der Konstitution des Haut-Ich oder des steinernen Kerns betrachtet werden, wie ich es weiter oben genannt habe. Der primäre Orgasmus stellt eine erste Hülle dar, eine unsichtbare,

---

[157] Anzieu, D. 1985, S. 55.

schützende Wand gegen die Unlust, die eine Rückkehr zu den ersten Lebensmomenten (im intrauterinen Leben) sowie eine Rückgewinnung der Sinne im Dienste des Nirvana-Prinzips erlauben dürfte.

Als ein unbewusstes physisches Gedächtnis spielt er eine bedeutende Rolle in der weiblichen Sinnlichkeit. Brustmahlzeit nach Brustmahlzeit, Sinnlichkeit nach Sinnlichkeit, Sättigung ist, kurz gesagt, zugleich ein Indikator für erogene Sättigung. Biologisches Nahrungsbedürfnis und Begehren tun sich zum Entstehen dieses ersten Genusses zusammen, in den beide Triebe (Selbsterhaltungs- und Sexualtrieb) eingehen. Dieser primäre Orgasmus konstituiert den ersten Entwurf einer Synthese der Sinne in einem integrierenden, perzeptiven, sinnlich-affektiven Höhepunkt.

Der primäre Orgasmus beruht auf einer Form vorsprachlicher Lust. Er stellt ein erogen-affektives Erlebnis dar, das die illusorischen unbewussten Vorhaben des Zurückgewinnens der ersten Dyade beeinflusst. Er hat den Status einer idyllischen Vorstellung vollständiger Glückseligkeit erreicht, die frei ist von jeglicher Anforderung im Dienste des primären Narzissmus' und des Lustprinzips. Es handelt sich um eine imaginäre Illusion, die am Realitätsprinzip zerbricht, doch im erotischen Leben jedes Individuums als Hintergrund bestehen bleibt.

Das oben erwähnte »Sexualschema«[158] ebenso wie einige Absätze aus dem »Entwurf einer Psychologie«[159] sind für die detaillierte Untersuchung der Sukzession sinnlicher Phänomene, die im triebhaften und begehrenden Körper interagieren, sehr nützlich: der somatischen wie der psychischen sexuellen Erregung, der sinnlichen Empfindungen, des Erlebens von Befriedigung, des Schmerzerlebens, der Lusterfahrungen. Die Betätigung dieser affektiv-erogenen psychischen Maschinerie konfiguriert in zunehmenden Maße die »primäre erogene Matrix«, in die sich die ersten Lust- und/oder Schmerzerfahrungen einschreiben, die sich im Austausch mit den ersten Liebesobjekten

---

[158] Freud 1887-1904, S. 571.
[159] Freud 1885.

vollziehen. Diese erogenen und affektiven Erlebnisse stellen alternierende Polaritäten dar: Liebe – Hass, Anziehung – Ablehnung, Schmerz – Befriedigung. Mit der Zeit finden aufeinander folgende Bedeutungsveränderungen statt, die durch die Einwirkungen der komplementären Reihen zustande kommen. Dies führt zur Etablierung einer einzigartigen *erogenen Landkarte*, die sich auf der äußeren und inneren Körperoberfläche abzeichnet. Im Verlauf unterschiedlicher Erlebnisse schreiben sich wechselnde Figuren in die primäre erogene Matrix ein. Rhythmen, Temperaturen, Bewegungen und innere Organe werden zu Quellen der Libido. Diese Landkarte wird sich aus erogenen Zonen zusammensetzen, von denen einige leicht zugänglich oder vielleicht leicht erregbar, andere stumm sein werden; wieder andere werden dazwischen liegen, jedenfalls spezifischer Stimuli bedürfen, um Erregung, Gefühl und Affekt auszulösen oder zu hemmen.

Die Worte der bedeutsamen Anderen hinterlassen ihre Spuren auf diesem Körper, der zunächst begehrt wird, um sich dann selbst in einen begehrenden Körper zu verwandeln. Auf diese Weise entwirft das Wort erogene Zonen und legt Räume fest, die bald narzisstisch aufgeladen, bald zurückgewiesen werden. Darüber hinaus bringen die Worte, wer auch immer sie spricht, das Gewicht der somatischen Unterstützung mit sich, sie sind Träger der Bedeutung der körperlichen Zuwendung, und in diesem Austausch agieren die Körper im Geheimen und sind doppelt markiert: im Register der Repräsentation und in demjenigen des Affekts.

Der »Prozess der Orgasmisierung« findet seinen ersten Knotenpunkt in der erogenen Matrix. Dieser orale Körper, der leckt, saugt, küsst, einsaugt und in sich aufnimmt, hinterlässt die ersten stammelnden Spuren eines Austausches gegenseitigen Begehrens in der Psyche. Es handelt sich um erste Flitterwochen, die die Wege der Libido zurücklassen.

Ich möchte die überaus große Bedeutung dieser erogenen Matrix und der Spuren, die die primären Orgasmen im unbewussten Gedächtnis hinterlassen, für die weibliche Sinnlichkeit hervorheben. Diese ersten Verknüpfungen installieren sich noch »vor den Worten«. Die Wiederholung dieser lustvollen Erlebnisse bildet die Grundlage, auf der sich in einem sukzessiven psychisch-körperlichen Lernprozess neue Gedächtnisspuren von erogenen Wahrnehmungen und Wellen der Lust formen. Auf dieser primitiven Sinnlichkeit bauen sich die unterschiedlichen libidinösen Phasen (oral, anal, phallisch) auf, und so bilden sich die wesentlichen erogenen Zonen heraus (Mund, Anus, Klitoris, Vagina).

Der primäre Orgasmus ist eine erste Form des Genießens unter Beteiligung des mit dem Lebenstrieb verschmolzenen Todestriebes. In dieser primären Matrix, in der der primäre Orgasmus beheimatet ist, wurzelt der Reichtum und die Vielfältigkeit des weiblichen Orgasmus'. Die weibliche Sinnlichkeit verdankt ihm viel.

Drei Bewegungen des Berührens

Ich möchte drei Konfigurationen des Berührens präzisieren, die sich in den verschiedenen Lebensphasen abwechseln. Ihre Abfolge ist einerseits chronologisch, andererseits alternieren sie mit den Erlebnissen und den Triebkonflikten. Ich nenne sie »ganzer Körper«, »Berühren verboten« und »erneutes Berühren«.

Ganzer Körper

»Ganzer Körper« gilt für die Lebensphase des Kleinkindes, in der es erlaubt, sogar empfehlenswert ist, alles mit dem Körper des Babys zu tun. Je mehr er berührt, liebkost, bewegt wird, desto besser. Die Hindus massieren ihre Babys auf wunderschöne Weise; die Eskimos tragen sie nackt auf dem Rücken der Mütter mit sich herum. Das Körper-zu-Körper versucht, das größtmögliche Maß an Kontakt herzustellen.

Didier Anzieu zufolge stellt dieser konstante, direkte Hautkontakt der Eskimos die ruhige Toleranz der Individuen gegenüber den Unbilden des Lebens sicher, das heißt, er sorgt für die Ruhe und Stärke ihres Stammes.[160] Während der Zeit, in der der Primärvorgang vorherrscht, und in der Zeit der psychischen Unreife stellt das Berühren der gesamten Körperoberfläche des Säuglings einen Akt der Vorsorge, der Gesunderhaltung dar. Das »Ganzer Körper«, dieser enge, nährend-affektive Austausch im vorsprachlichen Stadium stellt eine Phase der Interaktion zwischen Wesenheiten dar (Fleisch gegen Fleisch, Empfinden mit Empfinden, Archaik des Säuglings mit dem der Mutter). Dasein, empfinden, berühren, austauschen sind Verben, die diesen tief greifenden, intensiven Moment angemessen beschreiben, in dem die Stimulierung der Sinne und der Körperfunktionen ihren Anfang nimmt und in dem der Andere (die Mutter) das kindliche Subjekt durch die Unterstützung, die es durch den Körper der Mutter erfährt, dazu anleitet, seinen eigenen Körper in seiner materiellen Dimension sowie in seinen somato-psychischen Errungenschaften anzuerkennen. Wenn das Baby sich über den mütterlichen Körper bewegt, den ersten Körper, der seine Fürsorge über es ausströmt, um es einmal so auszudrücken, und es mit dem affektiven Austausch vertraut macht, organisiert das Baby Empfindungen, verzeichnet sowohl positive als auch negative Erlebnisse, die später mit einer neuen Bedeutung belegt werden, und bestückt sein Register eines spezifischen, einzigartigen *senti*.

Das »Ganzer Körper« wird durch die geringe Größe der Körperoberfläche des Neugeborenen im Vergleich mit derjenigen des erwachsenen Subjekts affiziert, was leicht zu einer beinahe vollständigen, die Hautoberfläche und Körperöffnungen umfassenden Berührung (Rektum, Mund, Ohren, Genitalien) führt. Ebenso findet ein unschuldiger und von Ekel befreiter Kontakt mit den Körpersekreten (Kot, Urin etc.) statt. Zwischen Mutter und Kind kommt die organische Verdrän-

---

[160] Anzieu, D. 1985.

gung nicht zum Tragen, und die friedliche Intimität findet größtmöglichen Ausdruck.

Der Körper des Säuglings wird von den bedeutsamen Anderen entkleidet, betrachtet, berochen und geküsst. Er wird bewegt, gewiegt und geschaukelt. In der Stillzeit richtet sich die Triebbefriedigung auf die Befriedigung des Selbsterhaltungstriebes, während die mütterlichen Liebkosungen den Sexualtrieb befriedigen. Auf der anderen Seite drücken sich in der Zärtlichkeit halb-gehemmte Triebe aus. Natürlich wirken auch der Todes- und der Machttrieb auf das Neugeborene ein.

Berühren verboten

Auf der Grundlage des strukturellen Verbots von Inzest und Elternmord[161] stößt das Berühren an Grenzen. Jetzt kommen Verführung und Kastration ins Spiel. Das trophische Berühren des »ganzen Körpers« stößt allmählich auf unterschiedliche Barrieren. Zärtlichkeit hat sich in Verführung verwandelt, und der Inzestwunsch muss in der metaphorischen und metonymischen Kette symbolisiert und verschoben werden. Die Körper lösen sich voneinander, und die erogenen Zonen werden unterschieden. Der »ganze Körper« macht einem Körper mit klar unterschiedenen Arealen Platz. Mit seinem Eintritt in die Welt der Kultur bleibt der Körper allein zurück. Die Kastrationsangst errichtet Verbotsbarrieren. Erogene Kontakte werden Gesetzen unterworfen, und das Gewährenlassen des Babys ist vorbei. Nun installieren sich tatsächlich die organischen Verdrängungen: Man berührt seine eigenen Fäkalien nicht; Ekel und Scham treten als sexuelle Grenzen auf, während sich eine Abfolge erogener, mit Phantasien verbundener Empfindungen im Rahmen all dessen, was verboten ist, abzeichnen. Dieses Verbot ist notwendig. Didier Anzieu hebt hervor, dass das Berührungsverbot die zwei grundlegenden Triebe, den Selbsterhaltungs- und den Sexualtrieb, in gleicher Weise betrifft:

---

[161] Freud 1912-13a.

> Berühre nicht die unbelebten Objekte, die du zerbrechen könntest oder an denen du dir wehtun könntest; übe keine zu starke Kraft auf den Körper anderer Personen aus [...]. Berühre nicht zu sehr die lustempfindlichen Zonen deines eigenen und fremder Körper, denn die Erregung, die du nicht verstehen und befriedigen kannst, würde dich überfordern (dieses Verbot dient dem Schutz des Kindes vor der eigenen und vor fremder Sexualität). In beiden Fällen warnt das Berührungsverbot vor der Maßlosigkeit der Erregung und der daraus folgenden Konsequenz, dem Auflodern des Triebes.[162]

Später spezifiziert er:

> Das Berührungsverbot trennt den Bereich des Vertrauten, einen geschützten und schützenden Bereich, von dem des beunruhigenden und gefährlichen Fremden.[163]

Das Kleinkind *wird* angezogen. Das Berührungsverbot betrifft sowohl Objekte (Steckdosen, das Feuer etc. nicht berühren) als auch den eigenen Körper in seinem erogenen Charakter (nicht die Genitalien berühren). Und auch der Körper der Eltern wird mit einem Schleier der Sittsamkeit bedeckt.[164]

Die primäre Unschuld ist verschwunden. Die Reife mit ihrem Quantum an Opfer und Leiden ist angekommen. Das Realitätsprinzip markiert die Straße der Frustration, und die Unzugänglichkeit des Begehrens verknotet sich mit den in der Psyche generierten Konflikten.

Im Verstoß gegen das Verbot kommen die Überwindung dieser Grenze und die Dimension der Entdeckung ins Spiel. Die Plastizität des Verbots erlaubt es, um einer erfolgreichen Sublimierung willen manchmal dagegen zu verstoßen; es kann aber wieder etabliert werden, ohne das innere Gleichgewicht zu beeinträchtigen. Die Autorität,

---

[162] Anzieu, D. 1985, S. 191.
[163] a. a. O., S. 192.
[164] Klein 1932; Klein verweist hier auf den psychischen Moment, in dem das Berührungsverbot, das sich auf die inneren Genitalien verschiebt, auf das Mädchen fällt; Anm. d. Herausgeberin.

die im Verbot wurzelt und durch das Über-Ich aufrechterhalten wird, wird ausreichend gut sein, um Grenzüberschreitungen Raum zu geben. In seinem Werk zu Leonardo da Vinci beschäftigt sich Freud mit diesem wichtigen Punkt und entwirft ein Konzept der Überschreitung in seiner Idee der Flucht vor der von der Vaterfigur ausgehenden Bedrohung. Diese Fluchtmöglichkeit befreit das Individuum von inneren Zwängen und eröffnet ihm das enge Feld des Neuen, des Kommenden. Freud schreibt:

> Während bei den meisten anderen Menschenkindern [außer Leonardo da Vinci] – auch noch heute wie in Urzeiten – das Bedürfnis nach dem Anhalt an irgend eine Autorität so gebieterisch ist, daß ihnen die Welt ins Wanken gerät, wenn diese Autorität bedroht wird, konnte Leonardo allein dieser Stütze entbehren; er hätte es nicht können, wenn er nicht in den ersten Lebensjahren gelernt hätte, auf den Vater zu verzichten. Die Kühnheit und Unabhängigkeit seiner späteren wissenschaftlichen Forschung setzt die vom Vater ungehemmte infantile Sexualforschung voraus und setzt sie unter Abwendung vom Sexuellen fort. Wenn jemand wie Leonardo in seiner ersten Kindheit der Einschüchterung durch den Vater entgangen ist und in seiner Forschung die Fesseln der Autorität abgeworfen hat, so wäre es der grellste Widerspruch gegen unsere Erwartung, wenn wir fänden, daß derselbe Mann ein Gläubiger geblieben ist und es nicht vermocht hat, sich der dogmatischen Religion zu entziehen.[165]

Ich beschäftige mich hier mit diesem Aspekt des Verbots, da es wichtig ist, festzuhalten, dass, obwohl sich die weibliche Sinnlichkeit auf einem von Sublimierung und Überschreitung weit entfernten Terrain zu bewegen scheint, diese Überschreitung sich im Wesentlichen im erotischen sowie im mystischen Erleben vollzieht, die ersterer ähnelt, und dass darüber hinaus jede liebende Verbindung die Dimension der Sublimierung ins Spiel bringt, in der selbst im großartigsten sinnlich-sexuellen Austausch ein Bereich für das Nichtsexuelle, für den entsexualisierten Trieb reserviert ist, der, externalisiert in den sublimen

---

[165] Freud 1910c, S. 194f.

Aspekt der Verbindung, sich in wechselseitiger Bewunderung, Achtung und im erhabenen Nachdenken äußert.

Die Berücksichtigung des Verbotes führt daher in den Bereich von Gehorsam und Ungehorsam. Auf das Berührungsverbot folgt die dritte Bewegung des Berührens, die ich nun beschreiben werde.

Erneutes Berühren

Dieser Abschnitt betrifft die Geschichte des gesamten Liebeslebens eines Subjektes und der Körper, die es mit seiner Erogenität, seiner Zärtlichkeit, seinem Affekt, seiner Vorstellungskraft berühren wird. Wenn aber in die Ordnung, die das Verbot etabliert hat, der Austausch gegenseitigen Begehrens einbricht, dann verursacht dies eine Rückkehr ins Chaos, in die primäre Triebhaftigkeit. Auf der Grundlage einer normalen Gehemmtheit, aber mit dem unbewussten Wissen um die primären Erlebnisse vor den Worten beeinflussen vielfältige Resonanzen die Richtungen, die die Erotik jedes Subjektes wird einschlagen müssen. Und so wie das Berührungsverbot das Subjekt in gewisser Weise isoliert und es dazu einlädt, einen Raum für sich selbst abzustecken, lädt das erneute Berühren dazu ein, noch einmal in einen anderen oder den eigenen Körper einzutauchen. Einander zu berühren führt zur Wiederentdeckung des körperlichen Austausches, die entweder mit den Umwandlungen in der Pubertät oder im Verlauf der Zeit stattgefunden hatte. Diese Anerkennung eines erogenen Körpers in einem selbst bringt die psychische Ökonomie des Individuums in dem Maße durcheinander, in dem sie es mit dem Drang zur Entladung, zur Suche nach dem Objekt und zum Aufblühen von Phantasien bei der Masturbation konfrontiert. Wenn die ersten Bewegungen des »ganzen Körpers« im Wesentlichen eine passive Zeit des Berührt-Werdens darstellen, dann löst diese dritte Phase die Veränderungen, die sich aus den Bewegungen »auf etwas zu« ergeben, und die Umsetzung der »spezifischen Aktion« aus, indem man entweder die Initiative ergreift oder wie ein Lockvogel funktioniert, der das Objekt des Begehrens auf magische Weise anzieht.

Die Erforschung des anderen Körpers rückt das bereits angesprochene Thema der Überschreitung in der dialektischen Beziehung, die von dem Verbot gestützt wird, in den Vordergrund. Erneut zu berühren, impliziert, die Welt zu erforschen, sie mit dem Körper und dem Geist zu berühren, sie mit dem Gefühl zu berühren; es impliziert, ins Licht zu treten.

Der erogene Körper ist wie ein anderer, auf der Lauer liegender Körper, der sich an jedem Kontakt, an jeder körperlichen Verbindung entzündet, dessen Hautzeichnungen uns die Spuren des Gestern in Gestalt von Erleichterungen und Behinderungen zu erkennen geben. Jede Begegnung wird eine Wiederholung und ein Neubeginn sein. Der Prozess des Identifizierens erlaubt es unterschiedlichen Figuren, sich in ein und demselben Körper zu verbergen und zu unterschiedlichen Zeitpunkten aufzutauchen.

Das erneute Berühren stellt zugleich eine Bewegung in Richtung des Neuen als auch in Richtung darauf dar, was man als erstes erfahren hat (den Körper der Mutter). Daher greifen auf den ausgewählten Körper immer der Inzest sowie der Elternmord zu und begrenzen die erotischen Ausstrahlungen und verursachen Explosionen und Überflutungen. Von hier aus kann man Mutmaßungen bald über die fundamentale Untreue des Fleisches (in ein und demselben Körper leben viele Wesen, die die Phantasie wachruft und um sich versammelt), bald über die unvermeidbare Treue gegenüber dem Primärobjekt anstellen.

Der Weg der Weiblichkeit und seine Beziehung zum Orgasmus

Für die weibliche Sinnlichkeit ist die primäre Erogenisierung, die mit dem ersten Austausch zwischen Mutter und Neugeborenem etabliert wird, fundamental. Aulagnier zufolge geschieht hier »ein doppeltes Zusammentreffen mit dem Körper und mit den Produktionen der mütterlichen Psyche«.[166] In dieser Dyade wird dem gerade aufkeimenden körperlichen Ich des Neugeborenen die vom Begehren der Mutter ausgeübte »primäre Gewalt« aufgezwungen. Sie bildet die erste Penetration, die das Fleisch erfährt, während es wirklich zum Menschen wird, das heißt zu einem sprechenden Wesen. Die Interaktion zweier sich wechselseitig begehrender Körper erzeugt ein Feld maximaler Intimität. Die Erogenisierung geht in den Liebkosungen, Blicken und Wortbädern, die das Neugeborene überfluten, über die erogenen Zonen hinaus. Der »primäre Orgasmus« findet statt; ein oraler Orgasmus in Übereinstimmung mit der Triebquelle oder ein Orgasmus des ganzen Körpers, wenn wir die Ausbreitung der Erogenität auf den gesamten Körper des Babys berücksichtigen. Noch einmal möchte ich auf dieses erste Körper-zu-Körper verweisen, in dem ein erster Entwurf der Dimension des »unter Frauen« zwischen der Mutter und dem kleinen Mädchen auftaucht. Der Frauenkörper nimmt insofern den Ort der »bevorzugten Form« ein, als er den primären Körper darstellt, auf dem sich die ersten grundlegenden Erlebnisse vollziehen. Der erste begehrende Austausch spielt sich für das gesamte weibliche Subjekt auf diesem »homosensuellen« Terrain ab, das den Ort für die erste strukturierende Spiegelung bereitstellt.

Der Gleichung Penis = Brust folgend wird die orale Erogenität bereits früh auf den Penis übertragen.[167] Auch Freud erwähnt diese Äquivalenz in seiner Arbeit über Leonardo da Vinci:

---

[166] Aulagnier 1975.
[167] Klein 1932; Jones 1927.

> Die Neigung, das Glied des Mannes in den Mund zu nehmen, um daran zu saugen, die in den bürgerlichen Gesellschaften zu den abscheulichen sexuellen Perversionen gerechnet wird, kommt doch bei den Frauen unserer Zeit [...] sehr häufig vor und scheint im Zustande der Verliebtheit ihren anstößigen Charakter völlig abzustreifen. [...] Diese von der Sitte so schwer geächtete Situation [läßt] die harmloseste Ableitung zu. Sie ist nichts anderes als die Umarbeitung einer anderen Situation, in welcher wir uns einst alle behaglich fühlten, als wir im Säuglingsalter [...] die Brustwarze der Mutter oder der Amme in den Mund nahmen, um an ihr zu saugen. Der organische Eindruck dieses unseres ersten Lebensgenusses ist wohl unzerstörbar eingeprägt geblieben.[168]

Dies bringt mich zu der Annahme, dass die erste Defloration des Säuglings durch das Stillen konstituiert wird (die Brust der Mutter penetriert den Mund des Säuglings). Wenn die Gleichung Penis = Brust geglückt ist, wird die Penetration in der Jugend einfacher sein, wenn die Phantasie die Ähnlichkeit zwischen dem damaligen Öffnen des Mundes, um die geschwollene Brust zu empfangen, aus der nahrhafte Milch fließt, und dem heutigen Öffnen der Beine, um den liebevollen, der Gewalt und Demütigung beraubten Penis zu empfangen, herstellt.

Die frühen erogenen Idyllen werden aufgrund des Konfliktes gestört, der im kleinen Mädchen durch die Geschlechterdifferenz ausgelöst wird. In ihrer libidinösen Entwicklung tritt der narzisstisch aufgeladene Penis auf den Plan. Und selbst wenn die Vagina, ein virtueller Raum, den Sitz früher Empfindungen darstellt, verhindert dies nicht, dass dem Penis der größere Wert beigemessen wird, dem Idealbild eines Organs, eines Geschlechtes. Ihr penisloses sexuelles Dasein scheint von einer Art »biologischer Tragödie« gekennzeichnet zu sein. Sie hat keinen, oder sie hat ihn verloren, oder »irgendwann wird er wachsen«, denkt sie, und dies alles sind kränkende Optionen. Als »Kastrierte« wird sie das idealisierte Objekt beneiden, dessen Besitz

---

[168] Freud 1910c, S. 154f.

ihre Ängste lindern würde. Der phallische Wert bleibt dem Penis und seinen metaphorisch-metonymischen Verschiebungen zugeschrieben. Aufgrund der Bindung an die anatomischen Ursprünge erscheint alles Männliche gewöhnlich als Fetisch, kontaminiert von der unmöglichen Macht, die dem Phallus zugeschrieben wird.

Die phallozentrische Kultur erschwert bis zu einem gewissen Grad den guten Verlauf des erogenen Pfades der Frau, indem sie den natürlichen Neid des kleinen Mädchens auf die Genitalien des Mannes intensiviert und ihre Entfremdung durch die Bildung eines Sexualitätsideals erleichtert, das sie von ihrer Weiblichkeit distanziert. In anderen Kulturen geschieht dies nicht in der gleichen Weise. Ich zitiere einen Auszug aus einem Werk von Margaret Mead, der dies auf eine schöne Weise zu illustrieren scheint:

> In Bali spazieren die kleinen Mädchen zwischen zwei und drei Jahren häufig mit absichtlich vorgeschobenen Bäuchen herum, und die älteren Frauen berühren sie spielerisch, wenn sie vorbeigehen. »Schwanger« scherzen sie. So lernt das kleine Mädchen – obgleich die Zeichen seiner Zugehörigkeit zum eigenen Geschlecht schwach sind, und seine Brüste nur kleine Knöpfe, nicht größer als die seines Bruders, und sein Genital eine einfache unmerkliche Falte –, daß es eines Tages schwanger sein, eines Tages ein Kind haben wird. Und ein Baby haben ist im ganzen eine der aufregendsten und deutlichsten Leistungen, die den Augen kleiner Kinder in dieser einfachen Welt gezeigt werden können. […] Das kleine Mädchen lernt weiterhin, daß es nicht deshalb ein Baby bekommt, weil es stark oder energisch oder unternehmungslustig ist, nicht weil es arbeitet, sich abmüht, versucht und am Ende Erfolg hat, sondern einfach weil es ein Mädchen ist und kein Knabe, und weil Mädchen zu Frauen werden und zum Schluß Kinder bekommen, wenn sie nur ihr Weibtum schützen.[169]

Ohne Zweifel muss ein gewisser trophischer Hass, eine gewisse Distanz aufkommen, wenn die Mutter als Liebesobjekt verlassen werden und der Vater ihren Platz einnehmen soll. Dieser Hass kann ein sehr

---

[169] Mead 1946, S. 71.

hohes Niveau erreichen, wenn die voródipale Bindung sehr intensiv und konfliktgeladen war. Im Hinblick auf diese Fälle schreibt Freud:

> Die weiblichen Personen mit starker Mutterbindung, an denen ich die präödipale Phase studieren konnte, haben übereinstimmend berichtet, daß sie den Klistieren und Darmeingießungen, die die Mutter bei ihnen vornahm, größten Widerstand entgegenzusetzen und mit Angst und Wutgeschrei darauf zu reagieren pflegten. [Man] möchte den Wutausbruch nach dem Klysma dem Orgasmus nach genitaler Reizung vergleichen.[170]

Mit dem Auftauchen eines orgasmischen Äquivalents (Wut) geht die Phantasie der phallischen Mutter einher. Der Einlauf, der den Anus des kleinen Mädchens penetriert, reaktiviert die Frustrationen und Befriedigungen, deren Träger das Mutterobjekt gewesen ist. In diesem Szenario spielt sich ein Drama des Mangels ab, und die tiefe Verletzung des kindlichen Narzissmus' macht sich schmerzlich bemerkbar.

Wenn sie eine Frau werden will, muss sie akzeptieren, dass sie eines Tages einen Penis in Form eines Kindes erhalten wird, und sie muss sich glücklich schätzen, die männliche Autorität zu akzeptieren. Dies sind Freuds Worte; andernfalls stehen dem Schicksal der Frau nach seiner Meinung nur drei Möglichkeiten offen: der Männlichkeitskomplex, der Verzicht auf jegliche Sexualität und die homosexuelle Objektwahl.

Ich möchte eine Passage von Dolto erwähnen, die für die Genitalisierung von Frauen von besonderer Relevanz ist. Sie schreibt:

> Damit sich an der weiblichen Genitalzone, die den Penis aufnehmen, also penetrierbar sein soll, überhaupt ein Begehren herausbildet, müssen die Eltern bei der Geburt des Kindes die Tatsache, daß es ein Mädchen ist, positiv aufnehmen. Zudem muß die orale Phase in der Kindheit zusammen mit der Entwöhnung gut verlaufen sein: War sie negativ oder wird immer noch nach dem mütterlichen phallischen Objekt (der Brust) verlangt, könnte beim Koitus durch die orale Besetzung ihrer Vagina der Penis in Gefahr geraten, zerstückelt zu werden. Auch muß die Vagina in der Trau-

---

[170] Freud 1931b, S. 531f.

erphase um das magisch-anale Kind – in der das Mädchen den Glauben aufgeben mußte, Frauen bekämen Babys auf diese Weise – aufgewertet worden sein, um die Gefahr einer Vergewaltigung abzuwehren, die mit der Besetzung ihrer Vagina gegeben ist. Die Vagina hätte dann aber durch die Besetzung – dem Anus vergleichbar – eine zentrifugale phallische Dynamik für das Partialobjekt. *Das Begehren der Frau muß daher zur Vagina eine indifferente Haltung einnehmen. Sie soll entweder ihre Vagina weder aktiv noch passiv besetzt haben*, sie also ganz einfach nicht kennen, oder die Vagina muß sich als eine attraktive Stelle für den Penis erweisen, der deshalb so wertvoll ist, weil er stärker ist als alle destruktiven Tendenzen, die sie möglicherweise in sich fühlt.[171]

Die Hervorhebungen in diesen Zeilen stammen von mir. Ich möchte diesen »neutralen« Zustand der Vagina unterstreichen, auf den Françoise Dolto verweist und der etwas mit dem »Minimum an Anforderung« zu tun hat, auf das ich mich später als die Bedingung beziehen werde, die den vaginalen Orgasmus erleichtert.

Anders als Freud mache ich einen Vorschlag zum Untergang des Ödipuskomplexes bei der Frau.[172] Über die Akzeptanz der Kastration hinaus öffnet sich ein anderer Raum, der Bereich des im eigentlichen Sinne Weiblichen. In der sinnlosen Nivellierung der Geschlechterdifferenz entfremdet wurde dieser Bereich ignoriert und ist nun im Übergang zur Weiblichkeit zu suchen. In der analytischen Übertragung findet ebenfalls diejenige Vermittlung statt, die den Zugang zur schrittweisen Enthüllung dieser schlafenden Virtualität begünstigt.

Goldstein schreibt:

Es ist ein tief sitzendes Vorurteil in der Psychoanalyse – mit Freud –, die psychosexuelle Entwicklung des Mädchens als unklar und kompliziert zu betrachten; das hat zu einer Ideologisierung des Weiblichen geführt.[173]

---

[171] Dolto 1982, S. 280.
[172] Siehe 5. Kapitel: Der Untergang des Ödipuskomplexes bei Frauen, S. 183.
[173] Goldstein 1983.

In der Kultur hat eine gewisse Unterdrückung der Weitergabe weiblicher Lust stattgefunden, eine Unterdrückung des Begegnungsortes zwischen Frauen, die einen Blick auf die Erogenität erhaschen.

Aus dieser Perspektive verliert die Verschiebung der erogenen Zone (von der Klitoris zur Vagina) ihre Überzeugungskraft und erscheint als ein neues künstliches Opfer, das von der Frau im Hinblick auf die Kanalisierung des vermeintlich normalen Pfades ihrer Sexualität verlangt würde. Meinem Verständnis nach gleicht diese Theoretisierung der klitoralen Anästhesie versus vaginalem Orgasmus die weibliche Erotik zu sehr der männlichen an. Sie schmälert das Verständnis der weiblichen Sexualität, und unter dem Anschein, sie zu erklären, versenkt sie sie noch einmal in dem »*dark continent*«, von dem Freud in *Die Frage der Laienanalyse*[174] schreibt.

Marie Bonaparte, eine Pionierin der Psychoanalyse, schreibt pointiert:

> Die Klitoris, der kleine Phallus der Frau, muss der Menge an zeitlich begrenzten Organen folgen, wie der Thymusdrüse, die, nachdem sie ihre Funktion für eine Übergangsphase erfüllt haben, der Involution unterliegt.[175]

Später fügt sie hinzu:

> Nichtsdestotrotz ist die bemerkenswerteste biologische Verwirklichung des weiblichen Organismus exakt die Macht, die klitorale Libido, die eine männliche Kraft darstellt sowie ihre höchste Ausdrucksform, den Orgasmus, auf die kloakale Vagina zu verschieben; und diese Verschiebung geschieht manchmal so vollständig, dass die Klitoris unempfindlich bleibt. Dann überholt die Frau mit orgastischen vaginalen Möglichkeiten oft den Mann, denn es scheint, als seien ultravaginale Frauen genau diejenigen, deren Orgasmus sich am leichtesten und mit größter Intensität einstellt.[176]

---

[174] Freud 1926e, S. 241.
[175] Bonaparte 1949.
[176] a. a. O.

Flem berichtet als eines ihrer eigenen Symptome und als einen Grund dafür, Freud 1925 zu konsultierten, Normalität in Bezug auf den Orgasmus zu erreichen. Im Zitat von Marie Bonaparte stellen »den Mann überholen« und »ultravaginal« Ausdrücke dar, in denen kompetitive Konnotationen anklingen, die der Sphäre einer um jeden Preis aufrechterhaltenen phallischen Phase entstammen, in der der Zusammenbruch der narzisstischen Schutzschilde, die dem Penis-Phallus zugeschrieben werden, noch nicht stattgefunden hat. Ohne ihre ursprünglichen theoretischen Positionen aufzugeben, nehmen spätere Werke von Marie Bonaparte eine andere Wendung. Sie weist den »diffusen Liebkosungen« einen bedeutsameren Ort für die Ausweitung der Weiblichkeit zu.

In ihrem Bezug auf den Orgasmus bei Frauen unterscheidet Françoise Dolto, einem präzisen neurophysiologischen Pfad folgend, vier unterschiedliche Orgasmen: klitoral, klitoral-vulvar, vulvar-vaginal und anal.[177] Sie ordnet jedem eine präzise Dynamik zu, wobei sie letzterem (dem analen) die beste und befriedigendste Dynamik zuweist. Der anale Orgasmus, so Dolto, werde fälschlicherweise mit den vorausgehenden Orgasmen verwechselt, insbesondere mit dem vulva-vaginalen, da er von der Frau nicht bewusst erlebt werde, weshalb sie ihn auch nie erwähne.[178]

Durch eine so starke Etikettierung der Stufen der Sexualität und Unterscheidung der erogenen Phänomene geht die Dimension des Triebreichtumes und der Verwobenheit der erogenen Zonen verloren, die für den weiblichen Zugang zur Lust charakteristisch sind. Schematisierungen versuchen, eine sinnlich-erogen-affektive Erfahrung zu beschreiben, deren Erfassung in einer exakten und einmaligen Formalisierung aber unmöglich ist.

---

[177] Dolto 1982, S. 184ff.
[178] a. a. O.

Übertragung:[179]
eine Art Regression und Verdrängung

Es ist interessant, die drei psychisch-körperlichen Bewegungen zu betrachten, die Freud beschreibt, um das in der Pubertät beginnende Aufblühen weiblicher Sexualität zu erfassen: eine »Art Rückbildung«, Verdrängung und Übertragung.[180] Der erogene Körper der Frau müsse seine Funktionsdynamik verändern, Formen des Lustgewinnes aufgeben, um auf andere zu stoßen und die Vagina zu entdecken. Auch wenn er nicht explizit macht, auf welchen Typ der Regression er sich bezieht, ist es möglich, auf die Idee einer Regression zu der im Vorangegangenen beschriebenen primären erogenen Matrix zurückzugreifen und an den thalassalen Regressionszug zu erinnern, den Ferenczi in seiner Studie zur Intensität der Hingabe in einem Liebesakt so feinsinnig untersucht.[181] Freud scheint diese Regression speziell der Frau zuzuschreiben. Er schreibt:

> Da das neue Sexualziel den beiden Geschlechtern sehr verschiedene Funktionen anweist, geht deren Sexualentwicklung nun weit auseinander. Die des Mannes ist die konsequentere, auch unserem Verständnis leichter zugänglichere, während beim Weibe sogar eine Art Rückbildung auftritt.[182]

Ein weiterer Mechanismus, der sich auf dem Körper abspielt, sei die Verdrängung der Erregung der Klitoris. Dieser Punkt ist recht diskussionsbedürftig. Obwohl Freud in seiner Behauptung kategorisch war, kann man ihm meiner Meinung nach lediglich die in ihr implizit enthaltene Idee eines radikalen Wechsels in der Wahrnehmung der erogenen Empfindungen zugute halten. Die Konzentration auf ein einziges

---

[179] »Übertragung« ist in diesem Zusammenhang auch als »Verschiebung« zu verstehen; Anm. d. Herausgeberin.
[180] Freud 1905d, S. 139 und S. 142.
[181] Ferenczi 1924, S. 363f.
[182] Freud 1905d, S. 108.

Organ (Klitoris) wird aufgegeben, um die Ausbreitung der Erotik zu ermöglichen. Die Klitoris wird zu einer lediglich weiteren Quelle der lustvollen Entladung und stellt nicht mehr die hauptsächliche oder einzige Quelle dar. Diese polemische Betrachtungsweise der weiblichen Sexualität stellt das Ergebnis einer einseitigen Theoretisierung dar, die proklamiert, dass die Erregbarkeit der Klitoris, dieser Teil oder dieses »Stück männlichen Sexuallebens« der Verdrängung anheim fällt.[183] Meiner Auffassung zufolge findet keinerlei Verdrängung männlicher Sexualität in der Frau statt, wie Freud behauptet, sondern vielmehr ein Verstummen des Männlichen (auf der Grundlage der Auflösung phallischer Kompetenz), das als nutzloses Überbleibsel beim Heraufziehen weiblicher Erotik an Bedeutung verliert. Die Klitoris, die ebenfalls *weiblich ist*, überträgt ihre Erogenität auf andere Zonen, die in der Lage sind, ihren Part in unabhängiger Weise zu übernehmen und die Erfahrung des Sich-einen-Körper-Schenkens in Bewegung zu setzen. Was die Übertragung betrifft, so stellt sie eine überaus wichtige erogene Bewegung dar. Übertragen bedeutet verschieben. Die Vagina »lernt«, in verschiedenen Weisen »zu empfinden«. Nimmt man die Theorie der Kloake als Ausgangspunkt, lässt sich leicht die Aussage wagen, dass alles, was »zwischen den Beinen« der Frau geschieht, die Quelle vielfältiger Lust darstellt. Dieser körperliche Bereich ist reich an erogenen Zonen und Sekreten: Ausfluss, Blut, Kot, Urin ... Von verschiedenen Zonen aus findet eine Übertragung statt, sowohl von der Klitoris als auch von anderen zuvor erotisierten Zonen wie dem Anus und den Brüsten. Freud verwendet ein schönes Bild, um sich auf diese Übermittlungsfunktion der Klitoris zu beziehen: »etwa wie ein Span Kienholz dazu benützt werden kann, das härtere Brennholz in Brand zu setzen«.[184] Luquet Parat schreibt:

---

[183] a. a. O., S. 122.
[184] Ebd.

> In bezug auf die Erogenität ist die anale Phase reichhaltig und komplex und hat erhebliche Auswirkungen auf die spätere weibliche Sexualität. In einem bestimmten Augenblick gesellt sich die passive anal-kloakale Erogeneität der oralen Erogeneität hinzu.[185]

Man sollte außerdem die wichtigen Überlegungen von Lou Andreas-Salomé zur »Abmietung« des Anus an die Vagina berücksichtigen.[186] All diese Positionen betonen die Vielfältigkeit der Pfade, die zusammenlaufen, um die Erregbarkeit der Vagina anzustoßen.

Zu diesen gewissermaßen »klassischen« Übertragungen, Mund-Penis-Klitoris-Vagina (Jones, Klein, Freud) und Anus-Vagina, lassen sich insofern viele Variationen hinzufügen, als der gesamte Körper mit seinen Öffnungen und seiner Haut, mit seinen Falten und Rundungen sowie der Kombination seiner sinnlichen Elemente daran teilnimmt. Das begehrende Fleisch stößt bald an Grenzen, bald geht es über sich hinaus. Möglicherweise findet eine gewisse Zunahme der sexuellen Verdrängung, der so genannten »organischen Verdrängung«[187] statt, und dies, wie Freud hervorgehoben hat,[188] insbesondere wegen der Intensität der sexuellen Hindernisse (Schamhaftigkeit, Ekel etc.) bei Mädchen und deren ohnehin größeren Tendenz zur sexuellen Verdrängung.

In den wechselvollen Zeiten der Pubertät erhält die Libido einen neuen Schub, und die Vagina macht sich mehr und mehr bemerkbar. Mit der Menstruation erfährt sie den Reiz des Durchflusses des Menstruationssekrets. Nicht nur die Vagina ist der Empfänger von »Übertragungen«. Neue Zonen werden erogenisiert, die Haut wird für Liebkosungen empfänglicher, die Aktivierung von Phantasien webt ein Netz von Vorstellungen und Affekten über die aktivierte erogene Matrix. All dies sind Späne, die das Feuer der noch bevorstehenden sinn-

---

[185] Luquet-Parat 1973, S. 129.
[186] Andreas-Salomé 1916, S. 259.
[187] Freud 1930a, S. 459, Fn.
[188] Freud 1905d.

lichen Abenteuer zum Lodern bringen, bis im Zustand des Genusses die größte Unterschiedslosigkeit und der höchste Punkt der Vernichtung der Vorstellungen erreicht ist. Die Übertragung wird sich in eine massive und totale Ausbreitung verwandelt haben.

Ein Feld der Begierden, der Phantasien, der Versprechen und der Täuschungen nimmt Gestalt an. Bewirkt durch bewusste und unbewusste Vorstellungen und das Aufleben von Affekten erlebt der Körper sinnlich-wollüstige Empfindungen *per se*. Eine Erinnerung, die heimliche Begegnung mit jemandem, der einen suggestiven Namen trägt, ein Antlitz, das durch Assoziation an das Primärobjekt erinnert und dem Pfad des verbotenen und ersehnten Inzests folgt, dies alles sind Funken, die das Feuer der Sinnlichkeit schüren und die Triebenergie gemäß der heterogenen Komplexität der Frau je individuell übertragen.

Auch wenn das Erwachen der Sinne zu triebhafter Zügellosigkeit animiert, wissen wir doch, dass das, was Lust hervorruft, als verboten betrachtet werden kann, und daher entstehen Mechanismen, die diesen aufkeimenden Überschwang zu bremsen versuchen, indem sie zum Schutz des schlummernden Körpers unterschiedliche Hemmungen hervorrufen und eine Mauer des Affekt-Entzugs[189] errichten.

Mit seiner originellen Arbeit »Versuch einer Genitaltheorie« liefert Ferenczi bedeutsame Beiträge zu diesem Thema.[190] Er behauptet eine Verschmelzung der erotischen Energie in einer höheren Einheit – ein Prozess, den er »Amphimixis« nennt. Ein erotisch aufgeladenes Organ verschiebt auf der Suche nach Entladung seine Energie auf ein anderes Organ (die Blase auf den Anus etc.), um eine Verschmelzung zu erreichen. Er beschreibt gleichzeitig stattfindende erotische Aufladungen und unterschiedliche Verschiebungen sowie die Verschränkung der Sinne (farbliches Hören, akustisches Sehen, riechendes Hören etc.). Die unterschiedlichen Übertragungen und Bündelungen erotischer Energie haben für ihn dabei keinerlei Entsprechung in irgendeinem

---

[189] McDougall 1986, Kap. 6 und 7.
[190] Ferenczi 1924, S. 321f.

physiologischen Substrat. Um den Wechselfällen des erotischen Lebens, deren Erscheinungsformen mannigfaltig und verblüffend sind, Rechnung zu tragen, postuliert er sogar die Möglichkeit einer Vielzahl von Energieformen und Mechanismen. Einen Beweis hierfür stellten die Coenästhesie sowie die Prozesse dar, in denen die Erregung eines Empfängerorgans die halluzinatorische Erregung eines anderen hervorruft. Einige Untersuchungen Daniel Sterns folgen dieser Linie. Er untersucht die Wahrnehmungsveränderungen im Leben des Säuglings und stellt dabei Korrespondenzen zwischen unterschiedlichen Sinnen (beispielsweise Berührungs- und Gesichtssinn) fest.[191] Diese transmodalen Äquivalenzen bilden die angeborene Grundlage des Wahrnehmungssystems, in dem Informationsübertragungen stattfinden, die abwechselnd aus verschiedenen Quellen stammende Wahrnehmungen unterschiedlicher Ordnungen miteinander verschmelzen oder unterscheiden. Ausgehend von diesen Entdeckungen lässt sich die Untersuchung der Sinnlichkeit durch die Berücksichtigung der Auswirkungen ergänzen, die durch die Veränderung unterschiedlicher sinnlicher und emotionaler Wahrnehmungen im Sinnesfluss hervorgerufen werden und dabei bald Juxtapositionen, bald Unterschiedslosigkeiten erzeugen. Auf diese Weise ist vielleicht leichter zu verstehen, dass die Verschmelzung bestimmter erotischer Energien die exakte Lokalisierung der erogenen Quelle verhindert, oder die Tatsache, dass jene sich miteinander zu einer höheren Einheit verbinden und dabei unerwartete, diffuse lustvolle Effekte oder wandernde Lokalisierungen produzieren. Die Welt der Sinne folgt keiner einfachen Linearität. In den erotischen Erfahrungen, die an Genusserlebnisse rühren, in denen das unmögliche Reale aufscheint, geraten, je größer ihre Intensität ist, die präzisen Kategorisierungen, die sexologische Exaktheit aus dem Blick und die Messbarkeit tritt in den Hintergrund.

Wir befinden uns hier im Bereich der Regression, jener »Art der

---

[191] Stern 1985.

Rückbildung«, die Freud 1905 speziell der Frau zuschreibt. Einige Zeit später ergänzte Ferenczi sie durch den »thalassalen Regressionszug«.[192] Diese Regression verweise auf eine Rückkehr zu den onto- und phylogenetischen Ursprüngen. Das Meer ist eine Metapher für das Körperinnere der Mutter, die die Ruhe vor der Entstehung des Lebens zum Ausdruck bringt.[193] Während dieser im Koitus unternommenen Reise, die an den Schlaf erinnert, findet ein Eintauchen ins Unbewusste sowie eine Rückkehr zu den individuellen und Gattungsvorfahren statt.

Ich möchte klarstellen, dass Freud den Ausdruck »Regression« nicht verwendet, um sich auf diese transformierende erogene Bewegung zu beziehen, wie er es in *Die Traumdeutung*[194] getan hat; stattdessen spricht er über »eine Art Rückbildung«. Bestehen bleiben der regressive Sinn des Rückwärtsgehens und die Betonung der Besonderheit dieser psychosexuellen Bewegung für die Frau ebenso wie das Fehlen der konzeptuellen Präzision.

Orgasmen können auf einen Ort begrenzt oder diffus sein, in ihrer Intensität, ihrer Qualität, ihrem Rhythmus etc. variieren. Das Diagramm 1 soll eine einfache Anordnung darstellen, die die Ausdehnung des Ausdrucks »Orgasmus« in seiner Anwendung auf das »Weibliche« verdeutlichen soll. Es liefert keine erschöpfende Darstellung dieses facettenreichen Themas und bleibt daher für neue Beiträge offen.

Der weibliche Orgasmus und der Mann

Wo die Frau keine Ahnung hat, weiß der Mann angeblich Bescheid. Im sexuellen Akt stellt der Penis ein sichtbares Zeichen der Erotik dar, und so erfüllt der Mann manchmal, indem er seine sexuellen Anstrengungen Schritt für Schritt kontrolliert, tatsächlich tadellos seine Füh-

---

[192] *Thalassa* bedeutet auf Griechisch »Meer«; Anm. d. Herausgeberin.
[193] Ferenczi 1924, S. S. 72ff.
[194] Freud 1900a.

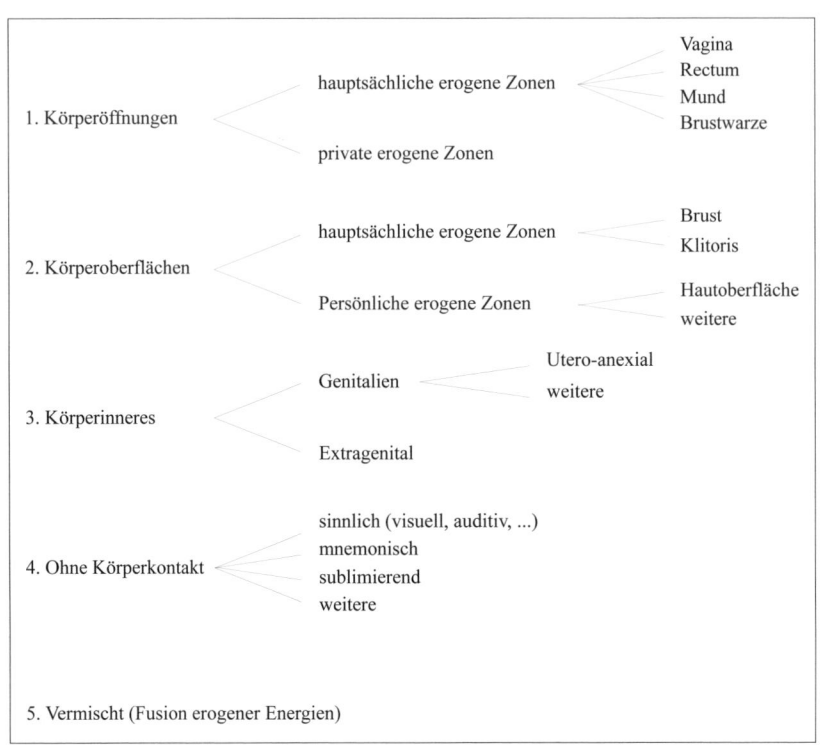

1. Körperöffnungen	hauptsächliche erogene Zonen		Vagina Rectum Mund Brustwarze
	private erogene Zonen		
2. Körperoberflächen	hauptsächliche erogene Zonen		Brust Klitoris
	Persönliche erogene Zonen		Hautoberfläche weitere
3. Körperinneres	Genitalien	Utero-anexial weitere	
	Extragenital		
4. Ohne Körperkontakt	sinnlich (visuell, auditiv, ...) mnemonisch sublimierend weitere		
5. Vermischt (Fusion erogener Energien)			

Diagramm 1: Die weiblichen Orgasmen

rungsrolle: Erektion, Stimulierung der Frau, bis sie ihren Orgasmus erreicht, Ejakulation.

Verbindet der Sexualpartner Elemente einer erotischen penetrierenden Stärke mit großer Zärtlichkeit, ist dies ein glückliches Zusammentreffen. Dies erlaubt es der Frau, in ihm einen Nachhall des primären Mutterobjektes, den Widerhall der »bevorzugten Form« zu finden (eine sanfte und machtvolle mütterliche Vollendung). Auf diese Weise kann sich die Bisexualität am leichtesten entfalten. Doch zärtlich zu sein, kann als Ausdruck von Weiblichkeit empfunden werden. Zu dieser Angst, weiblich zu werden, gesellt sich eine weitere: diejenige, dem erogenen Überborden einer Frau beizuwohnen. Daher wird er vielleicht eine extreme Kontrolle über die Sexualität seiner Partnerin oder eine gewisse Gewalt ausüben, durch die seine Männlichkeit sichergestellt bleibt. (Maria erzählt während einer Stunde, wie ihr frischgebackener Ehemann sie durch eine Ohrfeige plötzlich wieder zur Besinnung brachte, als sie kurz davor war, ihren ersten Orgasmus zu haben, und sie so von diesem Moment an frigide machte.) Die frigide Frau beruhigt die Kastrationsangst des Mannes, indem sie die Geschlechterunterschiede bestätigt und seine narzisstische Integrität garantiert.

Auf der anderen Seite braucht das kleine Mädchen mehr Zärtlichkeit. Dies führt uns zu dem, was A.-M. Vilaine-Montefiore vorschlägt:

> Wenn die Männer Liebe machten wie wir die Brust darreichen und uns mit dem Lebenssaft fütterten, uns zärtlich, mütterlich und tief penetrierten […]. Sein Begehren, seine Erektion wäre nicht wie eine Verletzung, eine Gewalt gegenüber der Natur, dem Leben, einem Angebot, sondern wäre wie ein Verlöbnis.[195]

Zärtliche Zuwendung wird von vielen Männern, für die Weiblichkeit Angst auslösend ist, unbewusst abgelehnt. Die Furcht vor den Genitalien ohne Penis, vor dieser für die Kastration offenen Wunde, bedeutet, dass »der Teufel die Flucht [ergreift], nachdem ihm das Weib ihre Vulva gezeigt hat«.[196] Denn in ihrem Genuss spricht sie zum Mann von seinem Tod – eine unerträgliche Evokation. Was macht ihren Genuss so maßlos? Was hat sie für ein Geheimnis? Wird sie sterben, wird sie verrückt werden? Man wird sie der Nymphomanie bezichtigen, man wird annehmen, sie habe uterines Fieber, *vade retro* … Noch einmal tritt das Finstere, das Dämonische, das Unnennbare in Erscheinung. Wenn er eine Frau auf ihrer sexuellen Reise begleiten will, wird dem Mann weder erspart bleiben, sich seine eigene Kastration vorzustellen, noch sich dem Risiko einer Begegnung mit dem Gespenst der Bisexualität auszusetzen.

---

[195] Vilaine-Montefiore o. J.
[196] Freud 1940c [1922], S. 48.

Indem die Zärtlichkeit, die vorbereitende »bisexuelle« Lust, Kraft und Süße, das Männliche und das Weibliche ins Spiel bringt, stellt sie das Vorzimmer zu tiefen Lustempfindungen und des Zuganges zum Genuss dar. Um diese aufregenden Erlebnisse zu vermeiden, wird häufig auf eine sexuelle Mechanik zurückgegriffen, in der es vorrangig darum geht, der Frau das Erreichen des Orgasmus' sowie dem Mann die Ejakulation zu ermöglichen. Die Frau, die ebenfalls ängstlich ist, stellt sich für dieses Spiel zur Verfügung und bietet ihre Genitalien an, damit die sexuelle Entladung und der notwendige Austausch von Körperflüssigkeiten als eine weitere physiologische Aktivität so schnell wie möglich vonstatten gehen kann. Die beliebte Formulierung, mit der verschiedene Frauen, mit denen ich bei einem Krankenhausdienst gesprochen habe, sich auf ihr Sexualleben bezogen: »Mein Mann macht so und so viele Male in der Woche *Gebrauch*...«, bringt deutlich ihre passive Haltung zum Ausdruck und wie sie sich selbst von ihrem erogenen Körper abgekoppelt haben, den sie als ein Anhängsel betrachten, das sich anschalten lässt, während sie – wie in einem Fall, den ich lebhaft in Erinnerung habe – beim Koitus im Geiste die Liste der Lebensmittel durchgeht, die sie am nächsten Morgen würde einkaufen müssen. Hier gibt es keine Reise zum dunklen Kontinent, keinen »thalassalen Regressionszug«, kein Auftauchen des Unheimlichen. Hier gibt es nur Lust und eine friedliche Erfüllung sexueller Pflichten.

Die andere Variante ist das Phantasma des »unendlichen Orgasmus«[197] der Frau und die Ängste, die dieser in den Männern hervorruft. Er verleiht den Frauen den Status von Dämoninnen und Hexen, wie zahlreiche Referenzen in der Literatur und in der Folklore belegen. Mit Furcht beobachtet der Mann den Durchzug des Genusses durch den Körper der Frau. »Erzähl mir, wie es dort gewesen ist, wo du warst, von wo ich schon dachte, dass du niemals zurückkehren

---

[197] Cournut 1977.

würdest«, ist eine mögliche Frage, die ein Mann riskieren könnte, der schon einmal seine eigene Weiblichkeit befragt hat.

Phantasien von erogenem Überborden, die Angst vor der ungehemmten Freiheit der Sinne wird häufig Frigidität sowie Ejakulationsprobleme und Impotenz hervorrufen, und »um ihres Friedens willen werden nicht wenige Frauen genießen wie die Männer, in kleinen Schlägen oder heftigen Stößen, vergleichbar dem männlichen Orgasmus«.[198]

Einen Punkt möchte ich allerdings noch einmal aufgreifen: Weiblichkeit ist nicht nur eine Sache der Frau; und ein Mann, angespornt durch den erogenen Reichtum der Frau, wird sie auf ihrem regressiven Weg begleiten müssen, indem er sich mit ihr in ihrer Orgasmusfähigkeit identifiziert und indem er sich auf seine eigene Bisexualität beruft. So wird er seinem phallischen Genuss weitere sinnliche Vergnügungen hinzufügen ... und, was noch wichtiger ist, er wird, indem er sich für einen Moment in Teiresias verwandelt, einen Blick auf das magische emotionale erogene Universum erhaschen, das die weibliche Welt darstellt.

So beschreibt Rodrigué in einem Roman ein erotisches Erlebnis, in dem in dem Moment, »nachdem der Orgasmus stattgefunden hatte, ein diffuses Genießen an seine Stelle trat«. Er nennt diesen »anderen Orgasmus« beim Mann »Frauen-Orgasmus« und trägt so der Wahrnehmung von Sinnlichkeiten einer anderen Ordnung Rechnung.[199]

Überschreitung (Bataille)

Der Begriff der »Überschreitung« nimmt eine herausgehobene Stellung im theoretischen Teil des Werkes von George Bataille ein.[200] Spätere Beiträge Michel Foucaults haben ihn bereichert, und noch später

---

[198] a. a. O.
[199] Rodrigué 1987.
[200] Bataille 1957, S. 63-69.

begannen Psychoanalytiker, den Begriff aufzunehmen und nach Verbindungen zwischen seinen ursprünglichen philosophischen Wurzeln und seinen möglichen Äquivalenten in der psychoanalytischen Wissenschaft zu suchen.

Die Überschreitung ist ein *weder positives noch ein negatives* Geschehen; sie stellt lediglich ein Phänomen dar, das sich in die Ordnung der Erfahrung einschreibt. Sie hat nichts Skandalöses oder Subversives an sich, und das bedeutet, dass sie, wie Foucault schreibt, nicht »von der Macht des Negativen beseelt ist«. Später fügt er hinzu: »Nichts ist in der Überschreitung negativ. Sie bejaht das begrenzte Sein, sie bejaht dieses Unbegrenzte, in das sie hineinspringt und so erstmals für die Existenz öffnet.«[201]

Die Überschreitung wird als eine innere Bewegung definiert, die auf reiner Erfahrung beruht, anhand derer es möglich ist, einen Blick auf das Reale, das Unmögliche, das Überbordende, das Grenzenlose zu erhaschen. Die wichtigsten Erfahrungen, in denen sie stattfindet, sind das erotische, das mystische und das künstlerische (kreative) Erleben. Sie taucht sowohl in der masochistischen Erfahrung als auch in Grenzerfahrungen auf: Leere, Tod, Lachen, Verlust – Erfahrungen der Katastrophe. Es handelt sich um ein inneres Erleben, das die mögliche Beziehung zwischen Endlichkeit und Sein enthüllt.

Als eine innere Bewegung tritt die Überschreitung plötzlich auf, um im nächsten Moment schon wieder zu verschwinden. Die Beziehung zwischen Verbot und Überschreitung lässt sich wie ein Geflecht vorstellen, in dem es unmöglich ist, irgendwelche Schnitte durchzuführen. In ihrer engen Verwobenheit weichen das Verbotene und das Überschreitende (Foucault würde »Grenze« sagen statt Verbot) jeglicher gegensätzlichen Struktur (ja und nein, weiß und schwarz etc.) aus. Das eine ist die Bedingung des anderen. Daher gilt:

---

[201] Foucault 1963, S. 326.

Die Beziehung, die die Überschreitung zum Verbotenen oder, genauer, zur Grenze unterhält, als die irreduzible Koexistenz einander entgegengesetzter Elemente ohne irgendeine Möglichkeit, sei es zur Transzendenz, sei es zur Synthese, verstanden werden muss.[202]

Die Überschreitungsbewegung, die der Überschreitungserfahrung ihren Einsatz gibt, erinnert an das, was im Witz geschieht:[203] Plötzlich wird die Verdrängung aufgehoben, nur um sofort wieder installiert zu werden. Man weiß nicht genau, worüber man lacht, doch in diesem Lachen materialisiert sich ein Effekt, der aus der Verzahnung einer aus aufeinanderfolgenden Dynamiken zusammengesetzten psychischen Bewegung resultiert. In der Überschreitung, so lehrt uns Bataille, wird das Verbot gelüftet, ohne abgeschafft zu werden. Wie Dorey betont, laufe ein Mechanismus ab, auf den sich hervorragend der deutsche Ausdruck »aufheben« (der abschaffen bzw. beenden und zugleich bewahren bedeuten kann) anwenden lasse.[204] Im Zusammenspiel Überschreitung – Grenze bewahrt die überschrittene Grenze potentiell die Rückkehr zum Ausgangszustand in sich, als würde es sich um eine Unordnung handeln, in der zwei Kräfte miteinander koexistieren und lediglich eine Operation durchführen, die die Verzahnung in die zwei Elemente zerlegt, die an ihr teilhaben.

Im kreativen Erleben zeigt die Überschreitung ihre Nähe zur Sublimierung – Tod der väterlichen Autorität, Trieb zum Mütterlichen (zur Mutternatur, wie Freud in seinem *Leonardo* sagt) auf der Suche nach der Geheimnisenthüllung. In der Kraft, die zur Grenze drängt, können wir etwas vom Ursprung des kreativen Aktes erhaschen. In dem gerade Beschriebenen gibt es Anklänge von Sinnlichkeit, denn jede Entfesselung der Sinne in einer erotischen Erfahrung rückt in der Entdeckung des eigenen Körpers wie ein Echo das Neue im Geliebten, die Kreativität in den Vordergrund. Die Erotik weist einerseits etwas

---
[202] Dorey 1983.
[203] Freud 1905c.
[204] Dorey 1983.

Erhabenes und andererseits die Möglichkeit auf, sich in etwas Unendliches, Unerschöpfliches zu verwandeln.

Indem die weibliche Sinnlichkeit ihre erotische Überfülle entfaltet, wirkt sie im Bereich der Überschreitung. Weibliche Sinnlichkeit öffnet sich dem in seinem exzessiven Überborden erschütterten Fleisch und der Erfahrung der Ekstase, die Erotik mit Mystizismus verbindet.

In eben dieser Sinnlichkeit kann die Grenze immer weiter verschoben werden, so dass die Überschreitung Orte erreicht, die immer weiter von den bekannten Bereichen entfernt und näher am Knoten des existentialistischen Problems des Menschen liegen: sein oder nicht sein, leben – sterben. Es geht hier nicht konkret um den Tod, sondern um die Vernichtung, die durch das Erleben der Depersonalisierung, der Hingabe, des repräsentational-affektiven Überbordens, der Überflutung durch den Exzess ans Licht gebracht wird. Das exzessiv, überbordend Weibliche löst sich auf im Nichtsein.

Auf dem Gipfel der Hingabe, in der Tiefe der Ekstase findet die Überwindung des Entsetzens statt, und man erlangt, aus dem sinnlichen Überschwang und dem vielfältigen Genuss heraus, Zugang zu den Grenzen des Realen. Inmitten der vom Gefühl des Nichts bevölkerten steinigen Pfade spricht die auf dem gefährlichen Akt der Überschreitung beruhende Ekstase vom trotzigen Mut des Subjektes im Zustand des Begehrens. Das Begehren zeigt seinen überschreitenden Charakter. Das Begehren des Anderen setzt Grenzen, die das Subjekt mit seiner Überschreitung verschiebt, um das Denken und die Sprache zu gebären.

Im Erleben der erotischen Überschreitung streift die Erotik den Mystizismus, wenn überbordender Genuss dem Subjekt Zugang zum inneren Erleben der ozeanischen Fusion gewährt, der Rückkehr zu den Ursprüngen, der Auflösung des Bewusstseins. Im heftigen und transitorischen Ergreifen des Unmöglichen, in der Beendigung des Einen bei der Durchquerung hin zum Namenlosen und Wahllosen sind jene Elemente enthalten, die das Gefühl des Heiligen aufkommen lassen.

Das Heilige leuchtet hervor, eingetaucht in das Unschickliche, in der Weite eines unbegrenzten Erlebens, Frucht des Pfades der Überschreitung zum Jenseits der Sinne, wenn die Kraft des Begehrens in ihrem genussvollen Aufblühen alles Bekannte überwältigt und nur das aufgewühlte Fleisch, das nichts weiß, das nichts ist, nackt zurücklässt. Dann zeichnet sich das Ernsthafte ab, in dieser Berührung mit dem Geheimnis, in der Intervention des Universums der Rätsel. Der Körper taucht unversehrt wieder auf. Die Überschreitung hat auf seinem Fleisch den Abdruck des Erlebens der engen Verschmelzung von Leben und Tod hinterlassen.

Einige beliebte Redewendungen, die sich auf das erotische Leben beziehen, verraten die Verbindung zwischen der erotischen und der religiösen Erfahrung: »Ich habe Gott gesehen«, »Ich bin in den Himmel gefahren« oder auf Französisch »*Tu me mets aux anges*« (Du bringst mich zu den Engeln).

Das Erleben selbst, das an das Unbeschreibbare und an das Unbegreifbare grenzt, macht es schwierig, die Überschreitung zu definieren. Dies veranlasst Dorey zu sagen, dass die psychoanalytische Konzeptualisierung des Ausdruckes noch nicht abgeschlossen sei, da die Überschreitung »von einem anderen Ort her und auf eine andere Weise spricht: Ich möchte sogar sagen, das sie uns eher in Bewegung setzt, als dass sie zu uns spricht, dass wir sie eher leben denn verstehen. Das ist vielleicht der Grund, warum sich ihr wahres Wesen aller konzeptuellen Erfassung zu entziehen scheint.«[205]

Die Bewegung Überschreitung – Grenze ist eine Erfahrung, in die Risiko und Herausforderung hineinspielen oder der Mut, in unbekanntes Terrain vorzudringen, um es zu befreien und dem Unerwarteten Raum zu geben. In der Gewalt, die ihr inhärent ist, manifestiert sich der Aufruhr, und die Herausforderung verwandelt sich in Angst. In diesen einzig möglichen Akten der Erforschung des Lebens, der Erfor-

---

[205] Dorey 1983.

schung des Todes, macht das Sein seinen unerwarteten und flüchtigen Charakter gegenwärtig. Die Abschaffung des Subjektes bildet einen Teil der Operationsweise der Überschreitung. In der Vielfalt der Erfahrungen zeichnet sich das »Sein ohne Aufschub« ab, der poetische und strahlende Ausdruck Batailles, mit dem er uns den erbaulichen Wert dieser Bewegung erahnen lässt, die die Entfremdung aufhebt und der Wahrheit Raum verschafft, der dieser Bewegung durch ihren Zustand der Ent-Entfremdung und durch den Raum der Wahrheit, den sie installiert, zukommt.

Wie Foucault schreibt:

> Nichts ist ihr fremder als der Geist, der »stets verneint«. Die Überschreitung öffnet sich einer schillernden und immer wieder bejahten Welt, einer Welt ohne Schatten, ohne Dämmerung, ohne dieses Gleiten des Nein, die die Früchte anbeißt und in ihr Herz den Widerspruch mit sich selbst einsenkt. Sie ist die sonnige Kehrseite der teuflischen Verneinung; sie hat Teil am Göttlichen, oder besser noch, sie eröffnet von jener Grenze her, die das Sakrale anzeigt, den Raum, in dem das Göttliche sich vollzieht.[206]

Für mich war es wichtig, den Begriff der Überschreitung einzuführen, bevor ich mich im Detail der Komplexität des weiblichen Orgasmus' und den Hindernissen zuwende, denen das weibliche erogene Fleisch ausweicht und die es überwindet, bis es den Paroxysmus der Sinne und sein endgültiges Verstummen und seine endgültige Vernichtung erreicht. Die Körpererlebnisse beschleunigen und kondensieren das Abenteuer von Leben und Tod, das an jeder wahrhaftigen erotischen Erfahrung beteiligt ist.

Seit Bataille ihn entwickelt hat, hat der Ausdruck »Überschreitung« einige Spezifizierungen erfahren. Es ist wichtig, sich diese in Erinnerung zu rufen, um die tatsächliche Bedeutung des Ausdruckes zu klären.

---

[206] Foucault 1963, S. 327.

Die weiblichen Orgasmen

Ich möchte die verschiedenen Linien darlegen, anhand derer sich diese Thematik vertiefen lässt. Damit beginne ich, indem ich einer jungen Analysandin das Wort erteile, deren Ausdrucksweisen uns in das Herz der Problematik führen. Sie sagt:

> Es geht ein Mann vorbei und ich schaue ihn an. Es geht eine Frau vorbei und ich schaue sie an ... Ich sehe eine nackte Frau, und es kann sein, dass es mich erregt und mich dazu bringt, meine Weiblichkeit anzuzweifeln ... Manchmal schien es mir, als hätte ich einen Penis, in der Mittelschule zog ich mir Schlüpfer an und der Beckenknochen ragte stark heraus ... Ich erinnere mich, dass es war, als hätte ich einen Penis.
>
> Mama sagte, dass ich einen Schwanz vorne und einen hinten hätte. Von der Vagina hatte ich keine Ahnung ... Das erste Mal, als ich mir einen Tampon einführte, wusste ich nicht genau, wo und wie man ihn einführen sollte, mir wurde heiß und ängstlich zumute, ich schämte mich, nicht zu wissen, wo die Vagina war ... Und die Angst, als meine Brüste zu wachsen begannen, eine früher als die andere, und wenn ich eine einzige Brust haben würde, ich wäre fast gestorben ... Es war, als wäre ich eine Missgeburt.

Später sagt sie:

> Das sehr intensive Gefühl auf meinem ganzen Körper, als gäbe es andere Orgasmen, aber es war wichtig, den großen zu erreichen, die anderen laugten einen halb aus, man verliert an Kraft, ich habe die weniger intensiven Orgasmen immer gering geschätzt, als wären sie im Vergleich zum großen Orgasmus armseliger ... Diese Sache macht mich traurig. ... Ich habe die Idee analysiert und bin zu dem Schluss gekommen, dass der Penis das Größte ist auf der Welt und dazu magisch, als würde ich spüren, dass sich dies niemals ändern wird, denn ich bin immer noch überzeugt, dass Männer überlegen sind.

Es zeichnen sich Penisneid, Unkenntnis der Vagina, das weibliche Körperschema und die Übertragung der Phantasie um den Penis auf den Orgasmus ab. Es lässt sich beobachten, wie die männliche Weise, einen Orgasmus zu erreichen (groß, sehr männlich) die Phantasien einer Frau prägt. Es handelt sich um Orgasmen, denen wichtige Schritte vorausgehen: Erektion, spasmische Bewegungen, ejakulierende Explosion, reizunempfindliche Phase nach dem Abschwellen des Penis', Samenabgabe. Darüber hinaus spricht man von Frauen, die während des Orgasmus' eine große Menge Sekret ausscheiden, »beinahe wie eine Ejakulation«, oder die, nachdem sie den Orgasmus erreicht haben, erschöpft und vollständig unempfindlich zurückbleiben, als affiziere sie das Abschwellen des Penis'. Sogar vom Schrei der Frau wird behauptet, er solle unterstützen oder garantieren, dass »es« geschehen sei. Der weibliche Orgasmus spiegelt sich so im Mythos der sexuellen Funktionsweise des Mannes. Und vielleicht träumt die Frau davon, einen Orgasmus zu bekommen, wie sie einst davon träumte, einen Penis zu besitzen. Sie sucht nach diesem handfesten, lokalisierbaren Orgasmus, indem sie ihre erotischen Wahrnehmungen unterdrückt und einen Teil ihres erotischen Vergnügens selbst abwertet.

In dem, was man während der Analyse hört (wie die soeben präsentierte Vignette zeigt), taucht gewissermaßen eine Beschwerde über eine Abwesenheit, eine Klage darüber auf, dass im Liebesakt etwas fehlt, oder man erfährt, was man nach einer anstrengenden »sexuellen Arbeit« bekommt. Darin manifestiert sich einerseits die Phantasie eines Mangels im Gegensatz zu jenen Frauen andererseits, die einer Gleichung Orgasmus = Phallus zufolge sehr wohl etwas bekommen.

Bei anderen Gelegenheiten hält die Frau in symptomatischem Schweigen alle mit den Veränderungen in ihrem begehrenden Körper verbundenen Assoziationen zurück. Einerseits handelt es sich um eine rein narzisstische Spiegelung, obwohl die Frau andererseits in Beschwerden über oder Fragen zum Orgasmus ebenfalls ihre Weiblichkeit infrage stellt, was dazu führen mag, dass sie den Orgasmus »vortäuscht« oder dass sie glaubt, dass das, was passiert, schon alles gewesen sei. Ihr Vortäuschen verrät die Komplexität der Suche nach ihrem erogenen Weg.

In der erotischen Intimität einer Frau drückt es sich auf unterschiedliche Weisen aus, wenn Penisneid ins Spiel kommt. Im Fall der frigiden Frau kann es sein, dass sie ihren phallischen Triumph im Angesicht eines Partners zurückgewinnt, der unfähig ist, ihr Genuss zu bereiten. Die Ergebnisse sind tragikomisch. Über den Körper als Phallus ist viel geschrieben worden, über die körperliche Steifheit, mit der eine Frau es »toleriert«, Liebe zu machen, wobei sie selbst den erigierten Penis symbolisiere. In anderen Fällen hält sie in einer unveränderbaren Jungfräulichkeit den vorgestellten Sieg über die Kastration aufrecht. Auch kommt es vor, dass der Orgasmus sich exakt nur in dem Moment ereignet, in dem der Mann ejakuliert, exakt im Moment der Reizunempfindlichkeit des Penis'. Die Bedingung für die Lust ist hier, Orgasmus für Orgasmus, dass der Penis schlaff wird.

Häufig sehen wir Frauen an ihrem Mangel an Lust »verzweifeln«, sie ziehen von einem Sexualobjekt zum nächsten in der Illusion, dass sie den Mann treffen werden, der sie über sie selbst belehrt, der sie in ihre Weiblichkeit einführen wird, der versuchen wird, sie von ihrer unbewussten Rivalität zu befreien, die den Zugang zur Weiblichkeit wie ein Schutzpanzer versperrt.

Im Falle meiner Patientin kann man sehen, wie sich – jenseits des »großen Orgasmus« – ein defensiv abgewerteter Raum öffnet. Im vermeintlich »kleinen Orgasmus«, der verausgabt, zeichnet sich die Alternative ab, sich einer anderen libidinösen Bewegung hinzugeben.

Sieht man vom Penis als Quelle des Genusses ab, was bleibt für das weibliche Wesen übrig? Ein neuer Bereich, der sich selbst Leere unterstellt, ein Raum, der einen Sprung erfordert, um in einer Art Regression, in einer an Depersonalisierung grenzenden Erfahrung, in die zufällige und unvorhersehbare Elemente hineinspielen, sich selbst zeigen, dem Abgrund der Kastration entkommen und den eigenen Körper in ein namenloses Abenteuer stürzen zu können. Es ist ein Bereich, der eine andere Fähigkeit eröffnet, den Körper zu genießen.

Ich halte es für angemessen, an dieser Stelle die Unterscheidung zwischen Lust und Genuss und ihre Verbindung zu unterschiedlichen Triebordnungen einzuführen. Freud sagte, der Mensch sei ein »unermüdlicher Lustsucher«[207], dessen psychischer Apparat gewissermaßen wie ein Magnet die möglichen Befriedigungsobjekte anziehe. Um zwischen Lust und Genuss zu unterscheiden, müssen wir berücksichtigen, dass Lust immer der Effekt des Partialtriebes ist,[208] auch wenn ihre Quelle das Genitalorgan ist, das vorrangig eine sexuelle Funktion erfüllt.

Genuss dagegen verdankt sich dem Todestrieb und impliziert einen Trieb, der den ganzen Körper erfasst »und der einen negativen Charakter hat, was Endlichkeit und Begrenzung impliziert, so dass dort vielleicht etwas wie die Antizipation von Tod zum Ausdruck kommt«.[209] Der Genuss trachtet auf einer imaginären Ebene nach einer Fülle, die zur Absolutheit tendiert.

Die den Sinnen aufsitzenden Triebe drängen auf Befriedigung. Die Verflechtungen der Triebe entscheiden über das Schicksal der Entladung, über deren Qualität, und die diversen Kombinationen zeigen die Vorherrschaft oder die relative Abwesenheit eines Triebes an.

Im erotischen Leben der Menschen tritt der Genuss in enger Verbindung mit einer Art natürlichem Todeserlebnis auf, einem kleinen oder schönen Tod im Versinken in lustvollen Wellen, in denen man für einen mehr oder weniger kurzen Moment seine Identität verliert, aber aus denen man jubelnd wieder aufersteht. Die Vorstellungen werden gelöscht, und die Sprache nimmt einen primären Charakter an.

Die vorbereitende Lust konstituiert insofern zugleich die Quelle der Entladung der Partialtriebe und den Vorraum des Genusses, als sie eine Eingangstür zur Harmonie der Sinne darstellt, die sich, verbunden mit den (Lebens- und Todes-) Trieben, in Übereinstimmung mit

---

[207] Freud 1905c, S. 142.
[208] Sciarreta 1986.
[209] a. a. O.

dem erogenen Rhythmus jedes Subjektes und den speziellen Umständen jeder Situation bis zu den Regionen größerer Lust bewegen.

Das menschliche Subjekt fürchtet sich vor der Entfaltung des Genusses, da dieser es näher an Erlebnisse der Depersonalisierung heranführt. Daher fehlt, sowohl bei Männern als auch bei Frauen, häufig der Genuss, und es findet sich eine klare Präferenz für das Erleben einfacher und kontrollierter Lust, die im Übrigen auch überaus wohltuend ist.

Aber die Macht über die Kontrolle ist eine reine Utopie. Die Leidenschaft kann überraschen und einen in größerem oder geringerem Grad mitreißen. Und darüber hinaus konfrontiert das Begehren das Subjekt mit dem unmöglichen *Objekt a*, über das Lacan so viel zu sagen hat.

Um die Wechselfälle des Erlebens der Frau bezüglich ihrer Erogenität wieder aufzugreifen, möchte ich wiederholen (die Bisexualität der Frau wurde von Freud sehr stark hervorgehoben), dass die Frau auf zwei Weisen genießt. Auf der einen Seite nimmt sie mit ihrer Klitoris, ihrer Vagina, ihrer erotischen Konzentration auf die Besetzung eines einzigen Organs, ihrer phallischen Illusion, sogar mit der Identifikation mit dem Mann an der männlichen Art des Genusses teil. Auf der anderen Seite genießt sie auf weibliche Weise mit dem Verborgenen, dem Undefinierbaren, der Phantasie der Ursprünge, des thalassalen Regressionszuges und der Ausbreitung der erotischen Energie die körperliche Illegalität. Schon Melanie Klein hob die Art und Weise hervor, in der die Frau dazu tendiert, aufgrund ihrer unterschiedlichen körperlichen Funktionen und Ausscheidungsprozesse ihren Narzissmus auf den Körper als Ganzes zu beziehen, während der Mann seinen Narzissmus auf seine Genitalien konzentriert.[210]

Der zielgenaue Genuss ist der Frau nicht versperrt. Sie kann einen klar lokalisierten, sogar sexologisch messbaren Orgasmus mit reich-

---
[210] Klein 1932.

lich an Samen erinnernden Sekreten haben. Die weibliche Lust auf diese Form zu beschränken, impliziert jedoch, eine breite Palette wesentlicher erogen-affektiver Phänomene in der Entfaltung des Reichtums ihres erotischen Potentials beiseitezulassen.

Die Frau kann von topologischer Diskriminierung unabhängige erogene Wonnen kennenlernen. Die erogenen Zonen verschieben sich und überlassen eine der anderen ihre erogene Energie, indem sie eine Art vollständiges »Bad der Erogenität« bilden. Darüber hinaus generieren Geschichten, Legenden, Erinnerungen, affektive Erlebnisse, vermittelnde Gedächtnisspuren (auf der Vorstellungs- wie auf der Affektebene) libidinöse Besetzungen oder einzigartige und besondere *persönliche erogene Zonen* für ein bestimmtes Subjekt zu einem gegebenen Zeitpunkt ihres Lebens.

Annie Anzieu hat die Konfusion von Zonen als ein Merkmal der Hysterie hervorgehoben, in der die orale Erregung sich auf andere Körperzonen wie die Hautoberfläche oder die sinnlichen Öffnungen verschiebt; sie betont, dass die Persistenz der Verwechslung Mund – Geschlecht weibliche sexuelle Perversionen und Unfähigkeiten determiniert. Ich beziehe diesen Beitrag mit ein, um zu verdeutlichen, dass das, was in der Hysterie eine bestimmte zonale Verschiebung im Dienste der erotischen Empfindungslosigkeit zum Ausdruck bringt, in der nichthysterischen Frau durch Plastizität und Mobilität sowie durch die Schaffung neuer spezifischer erogener Zonen überrascht. In Bezug auf die weibliche Sinnlichkeit zeichnet sich eine doppelte Konfiguration ab: In der ersten kommt die präzise Anerkennung sowohl der hauptsächlichen als auch der weniger bedeutsamen erogenen Zonen ins Spiel.[211]

Hier streifen wir das Terrain der individuellen Sinnlichkeiten jeder Frau, ihre bevorzugten Liebkosungen, Bewegungen und Umweltkontexte für die Stimulierung ihrer Erotik. Die zweite Konfiguration

---

[211] Freud 1905d.

ist auf dem entgegengesetzten Pfad zu finden: Präzise Empfindungen werden gelöscht und die erotischen Energien vermischen und vermengen sich. In diesem Konzert der Lust findet der Genuss einen Ort, um sich auszubreiten. Es kommt zur Koexistenz zielgenauer Lustempfindungen mit Bewegungen der Regression und der Depersonalisierung, in denen Exaktheit und exakte Lokalisierung verschwinden. Die Tatsache, dass der Frau der Penis im Sinne des Besitzes eines führenden Organs, das die präzisen physiologischen Anforderungen im sexuellen Akt erfüllen muss, fehlt und dass das Phantasma der handfesten Impotenz bei ihr nicht vorkommt (sie weiß, dass sie Frigidität verbergen kann), macht den Mann so verwundbar in seinem Narzissmus, wenn es um die sexuelle Leistungsfähigkeit geht, die Frau aber diese Form des unpräzisen Genusses durchscheinen lassen kann, die aus der Addition perzeptiver und sinnlicher erotischer Energie resultiert. Ferenczis Begriff der Amphimixis erotischer Energien, der die Verschmelzung zweier oder mehr erotischer Energien in einer höheren Einheit entwirft, könnte hier unter dem Vorbehalt Anwendung finden, dass alle erotischen Energien nicht nur in das Genitalorgan (in diesem Fall die Vagina) fließen, sondern sich miteinander in vielfältigen Kombinationen entladen würden.

Die Frau wird sich aus den Imperativen des Über-Ichs und den ödipalen Rivalitäten lösen müssen, um ihr begehrendes Fleisch die sinnlich-affektiven-erogenen Variablen entfalten zu lassen, derer sie fähig ist. Indem sie alle ordnenden Modelle in Bezug auf das verliert, was sie empfinden soll, bleibt offenkundig ein Mangel an Wissen zurück, und die Tür öffnet sich zu einer Dimension unbekannter Sinnlichkeiten, die eben aufgrund ihrer Unvorhersehbarkeit und der Tatsache verstören, dass sie nicht dem traditionellen Kanon oder demjenigen entsprechen, was vielleicht in Übereinstimmung mit den kulturellen Richtlinien von ihrer Sinnlichkeit erwartet wird.

Wenn der Körper der Frau sich aus seinen Fesseln löst und sich dem Genuss überlässt, wird ihre Erscheinung erschreckend, ihr Überborden zeichnet Unendlichkeit auf ihrem Fleisch. Es scheint, die Hexe, die Orgie, der Hexensabbat der Sinne, die triebhafte Unordnung und die Ekstase durch. Die Orgasmen können weder gemessen noch gezählt werden, ihre Zahl ist unwichtig, das Maß lacht über die Exaktheit allen Messens, das Fleisch ist aufgewühlt, in Unordnung, in sein Bad des Unbewussten und des Traumes eingetaucht. Die nicht messbare Zügellosigkeit erschafft den mythischen Zustand des »vor der Geburt« jenseits des Universums der Sprache neu. Die Sinnlichkeit kann einen Punkt erreichen, an dem sie sich in die Auflösung der Sinnlichkeit verwandelt, den Fall des Körpers, das Loslassen des Selbsts. Der Glaube an die Wahrnehmung geht verloren,[212] die Empfindungen täuschen, aber nichts davon ist von Bedeutung. Es ist die Stunde der Ekstase und der Selbstaufgabe.

Lacan hat den weiblichen Genuss, den er »Genuss im Exzess« oder ein »Plus an Genuss«, Genuss »jenseits des Phallus« nennt, begrifflich zu erfassen versucht. Es handelt sich um einen Genuss, der sich nicht aus dem Phallus ableitet. Ich möchte einen Paragraphen aus seinem Seminar Buch XX zitieren. Er sagt:

> Es gibt ein Genießen für sie, für diese *sie*, die nicht existiert und nichts bedeutet. Es gibt ein Genießen für sie, von dem vielleicht sie selbst nichts weiß, außer daß sie es empfindet – das, das weiß sie. Sie weiß es, sicher, wenn es geschieht. Es geschieht ihnen nicht allen.[213]

Lacan betont die Unaussprechlichkeit des weiblichen Genusses, der in einen Bereich gehört, in dem er mit dem Geheimnis, dem Nichtübertragbaren und dem Unsagbaren gemeinsam existiert. Er zeigt auch, dass dieser Genuss über die Zugehörigkeit zum weiblichen Geschlecht hinausgeht, da seine Ankunft von zufälligen Gegebenheiten abhängt. Frauen können künstlich in jene unterteilt werden, die Zugang zum Genuss im Exzess haben, und in andere, denen er versperrt

---

[212] Merleau-Ponty 1945.
[213] Lacan 1972-1973, S. 81.

bleibt. Die ersteren, Frau-Frauen, wie üblicherweise gesagt wird, um die Weiblichkeit einer Frau zu betonen, wären jene, die die Hexe und die Mystik streifen, die mit Gott und dem Teufel im Bunde stehen, die auf ihrem Körper zu unbekannten Regionen aufbrechen, die das Reale[214] verkörpern. Es ist nicht zu kühn zu behaupten, dass, wenn es um Genuss geht – das heißt um Erfahrungen, die die Ebene der Worte transzendieren, hinter denen sich affektiv-phantasmatische Archaismen abzeichnen –, die Logik des Wissens außer Kraft gesetzt wird und jede *nachträgliche* Konstruktion des Erlebten immer unzureichend sein wird, um den Reichtum und die Fülle der sinnlichen und erogenen Nuancen des Stattgefundenen auszudrücken. Wie beim Traum liegt das Wesentliche, der berühmte Kern, jenseits der Präzision der Worte. Dies geschieht mit jedem Genuss, nicht nur dem weiblichen, angesichts der Tatsache, dass die Teilhabe des Todestriebes die Besetzung abzieht, die Objekte zum Verschwinden bringt,[215] zur Rückkehr zum Anorganischen drängt und so das, was mit ihrer Hilfe erlebbar war, von den höheren Funktionen des Bewusstseins und des Gedächtnisses abzieht.

In der regressiven Erfahrung des Genusses werden Erlebnisse der ersten Zeit noch einmal erlebt, der Raum des primären Orgasmus' wird noch einmal geschaffen. Die Hingabe bringt, indem sie das Nirvanaprinzip einführt, eine totale Lust ins Spiel, die den gesamten Körper erfasst.

Es können Ängste vor Kontrollverlust und Wahnsinn auftreten. Patientin M. sagt: »Wenn es lange anhält, glaube ich, dass man verrückt werden könnte.« Eine andere Patientin sagt: »Alles zitterte, bis hin zur Haut«, als sie einen Liebeserguss beschreibt. Es ist unnütz zu versuchen, einen Körperteil zu spezifizieren. Der gesamte Körper wurde angesichts der begehrenden Berührung mit dem Körper eines Mannes erschüttert.

---

[214] Im Sinne Lacans; Anm. d. Herausgeberin.
[215] Green 1986.

Für eine Frau ist der gesamte Körper dafür empfänglich, zu erogenen Zonen zu werden, in denen sich wie von multiplen Epizentren ausgehend sinnlich-perzeptive Fluten und wollüstige Wellen entfalten. Zum mythischen geräuschvollen Orgasmus männlichen Stiles (der andererseits auch dem Körper einer Frau widerfährt) gesellt sich die genießende Oberfläche eines erogenen, affektiven Körpers, der sich permanent selbst wiederentdeckt und die Quelle von kleinen, mittleren und großen Orgasmen ist. Es gibt keine Vorschrift, die besagt, wie man Zugang zu Lust und Genuss erlangt. Und darüber hinaus gibt es einen Punkt beim Orgasmus, der sich nicht festlegen lässt. Jede Frau geht mit ihrem Körper so weit, wie sie kann.

Auch wenn die Dimension des Genusses tiefer geht und regressiver sein mag als diejenige der Lust, so trifft es auch zu, dass sie dem Leiden näher steht. Ich möchte so die einfache Herrschaft der Lust retten, die befriedigende, wiederbelebende Erleichterung, die lustvolle Erfahrung, die die aktuelle Neurose zum Verschwinden bringt.

Der Orgasmus kann oral, anal, visuell, taktil, auditiv, klitoral, vulvar, vaginal sein. Im Fluss expandieren die Orgasmen kapriziös durch den Körper und entwerfen dabei eine zufällige Landkarte von sich verändernden und unerwarteten erogenen Zonen.[216]

---

[216] Kurz nachdem ich meine Arbeiten über den weiblichen Orgasmus (1988b und 1989) geschrieben hatte, stieß ich auf eine Arbeit von Judd Marmor von 1952, die einige den meinen nahestehende Vorstellungen darlegt. Ich möchte speziell den Abschnitt erwähnen, der sich auf den extragenitalen Orgasmus der Frau bezieht, wo sie auf eine von Dickenson und Beam mit 1000 Ehepaaren durchgeführte Studie verweist. Aus dieser Studie zitiere ich folgende Passage: »Die Materialsammlung enthält Fälle, in denen der Orgasmus erreicht wurde durch das Saugen an den Brustwarzen, durch Seite an Seite miteinander liegen, durch das Stillen des Säuglings, durch heftiges sich Aneinanderdrücken bei voller Bekleidung, durchs Haarewaschen vom Friseur, durch einen Blick, einen Kuss, durchs Berühren des Auges oder des Ohrs, durch Händeschütteln oder durch die Betrachtung eines Bildes oder einer Blume, die in keiner Weise mit einer Person oder irgendeiner Ähnlichkeit mit einer Person zu tun hatte.« (S. 253)
Der Begriff des weiblichen Orgasmus' ist weit von der Physiologie entfernt und berührt eine quasi spirituelle Erogenität und zeugt von der Fähigkeit einer Frau,

Es lassen sich Orgasmen der Öffnungen (ausgehend von den hauptsächlichen inneren empfindsamen Zonen wie der Vagina, dem Rektum und dem Mund) von Orgasmen der Oberfläche (äußere empfindsame Zonen) unterscheiden, in denen die Kombination sinnlicher Reize und vor allem die Hautkontakte eine wesentliche Rolle spielen.

Durch die weibliche sexuelle Expansion kann jede erogene Zone in einen Bereich der Entladung umgewandelt werden und jene »Art von Orgasmus«[217] hervorrufen, denen Sinnlichkeit, tiefe Befriedung und eine wachsende Empfänglichkeit für Lust folgen.

Die Frau, die sich hingegeben hat, kennt weder sich selbst noch hinterfragt sie sich. Ihr haben sich Räume eröffnet, und sie ihrerseits penetriert diese selbst (weibliche Penetration) ohne Forderungen oder Erwartungen, ohne dass sie exakt die Orte lokalisieren müsste, von wo aus sie Lust oder Genuss bezieht, ohne Maß, ohne nachweisbares sexuelles Produkt, ohne einen einzigen Entladungsmechanismus. Das »Ohne« ist wesentlich weiblich. Es ist ein »Ohne«, das sich auf eine Vollständigkeit anderer Ordnung bezieht als die narzisstische phallische Vollständigkeit, ein »Ohne«, das den Narzissmus transzendiert und die Überwindung der Kastration vollzieht.

Während der Mann mit Begehren auf dem Körper der Frau spielt, lässt die weibliche Frau sich passiv penetrieren und penetriert ihrerseits mit aktiver Passivität einen stets sich verändernden Raum, der sie bis zum Aussetzen ihres Vorstellungsvermögens führt.

Weiblicher Narzissmus, Penisneid, die Konflikte, die gewöhnlich die weibliche Seele erschüttern, sind in dieser Versenkung ins Unbewusste, in dieser Traumreise zeitweise ausgesetzt. Das, was unter der

---

den Reflexakt des Orgasmus angesichts gleichermaßen lustvoller Situationen erneut zu erleben jenseits der Stimulation der hauptsächlichen erogenen Zonen. Während ich lese »Betrachtung eines Bildes oder einer Blume«, denke ich noch einmal an die »Ich-Orgasmen«, die Winnicott (1958) beschrieben hat und die mit der Sublimierung und der »Fähigkeit zum Alleinsein« verbunden sind.

[217] Freud 1905d, S. 81.

Herrschaft des Penisneides Anästhesie oder ein Hindernis ausdrücken würde, kommt nun in den Genuss eines Körpers, der in einer Art Reise ins Unbewusste in eine Fülle von Begehren versunken ist wie eine Erfahrung des Verschwindens und der Wiederauferstehung.

Der erogene Masochismus ist Teil der Bewegung der Enteignung, der imaginären Akzeptanz des Beherrschtwerdens und der Invasion. Es sind Wogen von erogenem Masochismus, die die Libido fügsam und introvertiert werden lassen. Er stützt sich auf das Phantasma der primären sado-analen Szene, und die Identifikation mit der Mutter spielt in den sexuellen Akt hinein. Zur gleichen Zeit beruhigt er, Janine Chasseguet-Smirgel zufolge, mit dieser köstlichen imaginären Bestrafung das Schuldgefühl für unbewusste Todeswünsche.[218] Dennoch treten der Sadismus und die Ausübung von Herrschaft auch in der Gefangennahme des Penis' in den Vaginalkrämpfen auf den Plan. Melanie Klein betont in *Die Psychoanalyse des Kindes* die Gratifikation, die die Frau aus den destruktiven Komponenten während des sexuellen Aktes bezieht.[219]

Wenn es um weibliche Orgasmen geht, lässt sich beobachten, dass die Vorlust der finalen Lust sehr nahe kommt. Ich bezeichne mit »Orgasmen auf einem weiblichen Körper« die lustvollen Entladungen, die der Penetration vorausgehen. Diese Oberflächenorgasmen machen den Weg frei für den Penetrationsorgasmus. Wir finden also unterschiedliche Typen der orgasmischen Expansion vor. Es ist möglich, dass eine solche Anwendung des Wortes »Orgasmus« verwirrend ist, wenn man automatisch nach einem Äquivalent des Orgasmus' des Mannes bei der Frau sucht. Multiple erogene Entladungen, Wellen der Wollust dienen als Synonyme weiblicher Orgasmen.

In seinen Vorlesungen zur Regression stellte Freud fest, dass »die sexuellen Triebregungen […] [sich] zueinander verhalten wie ein Netz von kommunizierenden, mit Flüssigkeit gefüllten Kanälen, und dies

---

[218] Chasseguet-Smirgel 1964.
[219] Klein 1932.

trotz ihrer Unterwerfung unter den Genitalprimat, was gar nicht so bequem in einer Vorstellung zu vereinen ist«.[220] Mit diesen Worten riss er die starre Unterscheidungslinie ein, die er in den »Drei Abhandlungen« zwischen der vorbereitenden und der finalen oder genitalen Lust gezogen hatte.[221]

Voreilige Etikettierungen der Frigidität sind in vielen Fällen der Unkenntnis der Vielfältigkeit weiblicher Erogenität geschuldet. Es ist daher angebracht, bestimmte Untersuchungen infrage zu stellen,[222] die statistisch einen hohen Prozentsatz an Frigidität bei Frauen belegen. Bedeuten sie nicht in Wirklichkeit, dass all diese Frauen in Bezug auf eine Form des Genusses frigide sind, die von ihnen erwartet wird, eine männliche Art? Und ist es nicht so, dass, sie auf diese Weise zu etikettieren, nicht berücksichtigt, dass es Formen der Lust und des Genusses gibt, die dem männlichen Klischee nicht entsprechen und die die Frauen selbst, wenn sie befragt werden, herabwürdigen, da sie davon ausgehen, dass diese Lustmöglichkeiten es nicht wert sind, in ihren erotischen Besitz aufgenommen zu werden? Frauen, die in der idealisierten Wertschätzung des männlichen Lusterlebens gefangen sind, entwerten einen wesentlichen Teil ihrer Erogenität und behindern ihre eigenen libidinösen Bewegungen.

Um die unvermeidbaren Hemmnisse und Distanzen zu überwinden, mit denen das Liebesspiel beginnt, um sich schließlich hingeben zu können, dürften ein *Minimum an Anforderung* und ein *Maximum an Begehren* wohl die beiden wichtigsten Voraussetzungen sein. Es ist überdies bekannt, dass diese Lust- und/oder Genussreisen sich schrittweise vollziehen können, in Stufen, in für jede Frau völlig idiosynkratischen Formen. Die Potentialität des Unvorhergesehenen wird gegenwärtig sein und neue, überraschende Empfindungen mit sich bringen. Der Zustand des »Sich-gehen-Lassens« setzt diese Offenheit voraus.

---

[220] Freud 1916-17a, S. 357f.
[221] Freud 1905d.
[222] Hite 1987.

Der affektiv-erogene Körper vibriert, während der psychische Apparat noch einmal seinen Erinnerungsspuren folgt, Vorstellungen suspendiert, um auf den sinnlichen Wahrnehmungspol zu stoßen, auf die Welt der Bilder, der Klänge, der Gerüche, der Rhythmen, des Drängens etc., indem er dem Weg des Traumes folgt, den Freud im 7. Kapitel der *Traumdeutung* entwirft.

Nicht nur der Mann fürchtet sich vor dem maßlosen Genuss der Frau – jenem Genuss, der die totalisierende Dimension des Todestriebes in seiner depersonalisierenden Rolle auslöst, wie ich weiter oben dargelegt habe –, vielmehr fürchtet sich auch die Frau vor der Entfaltung dieser begehrenden Kraft, die sie aus sich heraustreibt und eine Art der Regression entfesselt, deren Ausgang sie nicht voraussehen kann. So wird sie oft ihre erogenen Zonen zu kontrollieren versuchen, indem sie die Neurose wählt, den Männlichkeitskomplex, ihr gesamtes erotisches Leben ablehnt, indem sie sich in die Jungfräulichkeit zurückzieht oder indem sie sich einen Partner aussucht, der zu ihrer Abwehr passt.

Die weibliche erogene Übertragungsfähigkeit löst insofern Angst aus, als sie biologische Unordnung, Triebanarchie, den oft unvorhersehbaren Übergang von einem Ort der Erregung zu einem anderen sowie Überraschungseffekte impliziert, wenn eine Zone des Körpers beginnt, Lust auszustrahlen. Annie Anzieu stellt dazu eine interessante Vignette vor. Sie lautet folgendermaßen:

> Wenn Frau G. über die Freuden der Liebe spricht, beschwört sie die Angst herauf, die in ihrer Idee gründet, sie könne einen Orgasmus bekommen, und das hindert sie daran, ihn zuzulassen. Sie erlebt dies wie einen Verlust ihrer selbst, nicht einfach wie einen Bewusstseinsverlust; es entsetzt sie wie der Tod. Die Realität existiert für sie nicht, es sei denn als eine Art Traum, wie Freud bereits bei anderen Patientinnen festgestellt hat. Die Quelle dieser Verwechslung von Traum und Wirklichkeit scheint die Nicht-Integration der qualitativen Unterschiede der erogenen Zonen, des Mundes und des Geschlechts im Ich zu sein bei gleichzeitiger Nichtunter-

scheidung zwischen Innerem-Oberfläche, Behältnis-Inhalt. Die Regression, die die Vorstellung der Penetration, die Frau G. immer als intrusive erlebt, in ihr auslöst, entfesselt in ihr frühe paranoide Ängste, von innen zerstört zu werden. Lust wird mit dem Tod gleichgesetzt.[223]

Ich muss außerdem auf das Schweigen rund um ihre unerhörten körperlichen Abenteuer hinweisen, in das sich Frauen hüllen, wenn sie die Schwelle ihrer Weiblichkeit erreichen. Die Maßlosigkeit, dieses »Im Exzess«, das sich im Zustand des Genusses zeitweise auf dem Fleisch installiert, verkörpert magische Geheimnisse, die an archaische Erlebnisse erinnern, die jenseits des Möglichen und des Vorstellbaren liegen.

Die bekannte Frage, »Was will das Weib?«, wird unbeantwortet bleiben. Eine Frau zu fragen, was sie weiß, was sie definieren kann, hieße, sie aus dem Ort ihrer Weiblichkeit zu entfernen. Auf jeden Fall wird sie die lähmenden, ödipalen Geister verscheuchen wollen, um so den Weg der Regression zu finden und sich willig, widerstandslos in die Arme des Mannes sinken zu lassen, der sie an den von ihr halluzinierten Ort der Selbstaufgabe versetzen wird, eine amouröse Ekstase, in der die Symbole entfallen und das Untertauchen in eine Geschichte heraufzieht, über die nur das Unbewusste zu berichten wüsste. Die offene, narzisstische Wunde in der vermeintlich schamerfüllten Kastration eines Körpers, der »entstellt« oder verkrüppelt ist, macht den Weg für eine neue Begegnung mit den Wirkungen des Unbewussten frei.

Aus Lacans Blickwinkel betrachtet kann dies als die Verknüpfung der drei Register[224] gedacht werden, die jeweils unterschiedliche Möglichkeiten bieten. Im Hinblick auf das *Imaginäre* handeln die Phantasmen wie ein Traum, indem sie Bilder annehmen und den Körper für unbewusste Ausstrahlungen sensibilisieren. Es tauchen visuelle Bilder auf, unartikulierte Stimmen, Geräusche, die sich auf eine an-

---

[223] Anzieu, A. 1987, S. 135.
[224] Lacan 1953-54.

dere unbewusste »Szene« beziehen. Die *symbolische* Ebene kommt in der Wahl des Sexualobjektes zum Ausdruck, in der sichergestellt ist, dass der Mann die Kastration anerkennt als Voraussetzung dafür, mit ihm sexuellen Verkehr zu haben. Das *Reale* wiederum zeigt sich in der Unmöglichkeit, über den Körper hinauszugehen; es definiert das Maximum an erreichbarem Genuss, durch den das Unsymbolisierte realisiert werden kann. Es grenzt an das, was hinter der primären Verdrängung liegt. Die Begegnung mit dem Realen würde die Furcht vor der Verrücktheit oder vor der Begegnung mit einem verstümmelten Teil des Körpers erklären. Die Orgasmusfähigkeit wird dann mit Grauen aufgegeben, um so einem zu finsteren Erleben zu entkommen. Zu anderen Gelegenheiten kann die Lust des Körpers einen gewissen Punkt erreichen, um dann auf das unumschränkte narzisstische Phantasma zu stoßen, das sich der Unvollständigkeit widersetzt und es vorzieht, sich nicht hinzugeben, wie um zugunsten des vollständigen und phallischen Mannes an anderer Stelle Lust zu suchen.

Der Reichtum der weiblichen Orgasmen verkörpert ein Problem des Lebens und des Todes, das allen narzisstischen Vorstellungen über die Unsterblichkeit des Ichs widerspricht. Die Auflösung des Ichs wird durch den thalassalen Regressionszug[225] erleichtert, der Vernichtungs- und Auflösungserlebnisse zur Folge hat.

Bataille schreibt, »[d]ie Erotik kann man bestimmen als das Jasagen zum Leben bis in den Tod«[226], und betont dabei die elementare Gewalt, die der Erotik innewohnt, indem sie die Verschmelzung der Liebenden und ihre Auflösung in einer Art Abgrund vorbereitet. »In gewissem Sinn ist dieser Abgrund der Tod, und der Tod ist schwindelerregend, er ist faszinierend.«[227] Er unterscheidet männlich von weiblich, wenn er schreibt:

---

[225] Ferenczi 1924.
[226] Bataille 1957, S. 13.
[227] a. a. O., S. 15.

Im allgemeinen ist es der passive, weibliche Teil, der als konstituiertes Wesen aufgelöst wird. Doch für einen männlichen Partner hat die Auflösung der passiven Seite nur einen Sinn: sie bereitet die Verschmelzung vor, in der sich zwei Wesen mischen, die zum Schluß gemeinsam denselben Grad der Auflösung erreichen.[228]

Wir sehen hier das Abenteuer der Sinnlichkeit, die die Tür zur Traumreise der Erotik öffnet. Insofern wir isolierte und diskontinuierliche Wesen sind, ein jedes dazu bestimmt, seinen eigenen, einzigartigen Tod zu sterben, stellt die Erfahrung des Genusses einen der Wege dar, der uns zur Kontinuität zurückführt, der es uns möglich macht, uns in die Tiefen des Unbewussten zu versenken, die Pein der Einsamkeit zu erleichtern und zum mythischen Paradies der Ursprünge zurückzukehren, in den Mutterleib, an einen warmen und sicheren psychischen und physischen Raum. Die Individualität wird zugunsten dieses Subjektes verwischt, das es schafft, in die Grenzen seiner Materialität einzudringen. *Der Todestrieb führt einen in das Nirvana ein und dieses steht im Dienste des Lebens.* An diesem Punkt trennt der Todestrieb sich entschieden von der Zerstörung. Er erleichtert im Gegenteil die Regression in einen Zustand, der dem anorganischen Zustand am nächsten kommt, in dem man, unterstützt durch das Bild des Primärobjektes, nicht mehr der eine ist und vom Ganzen untrennbar wird. Daher ist der »kleine Tod« des Orgasmus »ein guter Tod«;[229] denn er bezieht sich auf einen Tod, aus dem man wiederaufersteht, das heißt auf eine Antithese zum Tod. Ist der Orgasmus allerdings exakt und begrenzt, besteht eine größere Chance, dass die Gleichung Orgasmus = Tod nicht aufgeht. Der Genuss kommt nicht ins Spiel, und die Körper bringen ihren vergänglichen Charakter nicht zum Ausdruck. Dies erklärt auch die Bevorzugung junger Körper: Zur Ästhetik gesellt sich die Phantasie ewiger Jugend, die die Vorstellung des Todes in die Ferne rückt.

---

[228] a. a. O., S. 20.
[229] Chambon 1977, S. 634.

Die Grenze, die das Tier vom Menschen trennt, zeichnet sich hier in maximaler Schärfe ab. Es geht hier nicht mehr um einen primitiven sexuellen Austausch ohne Sprache, ohne Konflikt und ohne Hindernisse wie Sittsamkeit, Ekel und Scham. Vielmehr handelt es sich um sprechende Subjekte, die fähig sind, sich nach dem Sinn des Lebens zu fragen, der in einem Universum der Ideale und Werte verwurzelt ist.

Dies veranlasste Bataille auf meisterliche Weise zwischen drei Typen der Erotik zu unterscheiden: derjenigen der Körper, derjenigen der Herzen sowie derjenigen des Heiligen. Die Erotik der Körper war nicht Objekt seines größten Interesses. Er empfand sie als irgendwie aufgeblasen und egoistisch. Die Erotik der Herzen andererseits »ist freier«.[230] Sie beinhaltet das wechselseitige Gefühl der Liebenden als eine heilige Erotik, die das Sexuelle als eine Symbolisierung einer höheren Vereinigung versteht.

Die Obszönität interveniert im Dienste der für die intensive Penetration des anderen notwendigen Gewalt auf der Suche nach dem Fleisch in seiner abstoßendsten Materialität (hinter dem nackten Körper schimmert der verweste Kadaver durch). Sie stößt an eine verheerende Realität, dem Tod im Körper wiederbegegnend. Die Kontinuität (Vereinigung) wird durch das Verbrechen der Individualität erreicht. In jedem Fall gibt es eine Grenze für das Erlebbare. Der Mangel, der Schatten des verlorenen Objektes und das Gespenst des Todes prägen die sinnliche Erfahrung.

Die an sich unbefriedigende Natur jedes Befriedigungserlebnisses tritt in einer Anmerkung Freuds in »Ergebnisse, Ideen, Probleme«, in der er sich auf gewisse Äquivalente zum Orgasmus wie Lachanfälle oder Weinkrämpfe bezieht, deutlich hervor. Er stellt hier fest, dass zur vollständigen Entladung und Befriedigung immer etwas fehlt: »*en attendant toujours quelque chose qui ne venait point*«.[231] Selbst im erfülltesten erogenen Erleben zeichnet sich der Schatten der Unvoll-

---

[230] Bataille 1957, S. 21f.
[231] Freud 1941f [1938], S. 152, franz. im Original.

ständigkeit ab, und das Begehren drängt das Subjekt noch einmal zur Suche nach dem Unmöglichen, nach diesem unendlichen und unerschöpflichen »Immer-noch-Mehr«, das die Wiederholung und unerfüllbare Sehnsucht nach einer undefinierbaren, archaischen Lust beinhaltet.

Der Orgasmus kompensiert nicht das, was fehlt. Der Triebanspruch erlischt niemals. Im Gegenteil:

> Nostalgische Anmutung in den Vorgang des Orgasmus ins Spiel zu bringen hält an der Möglichkeit einer Rückkehr zum Mangel fest. Aus dieser Sicht ist der Todestrieb, der Komplize der Libido im psychischen Erleben des Orgasmus die »fundamentale« Absicherung gegen den psychischen Tod.[232]

Ein Geheimnis bleibt neben so vielen ungelöst: dasjenige der berühmten »Bändigung« der Triebe, für dessen Lösung Freud an Hexerei und sogar an die »Hexe Metapsychologie« appelliert.[233] Die Frage, die sich hier stellt, lautet, wie die exquisitesten sinnlichen Intensitäten im Dienst der sublimsten Aspekte des Subjektes stehen können. Die Antwort ist nicht einfach. Es geht nicht nur darum, ein für die Befriedigung der Triebansprüche adäquates Objekt zu finden. In der Dimension von Altruismus und Respekt taucht das Menschliche auf. Das Gesetz ist Fleisch geworden. Die Sinnlichkeit dringt in die hohen Werte ein, und die Berücksichtigung des Anderen gewinnt an Relevanz – dieser Andere, den Freud im »Entwurf einer Psychologie« (1895) als »Nebenmensch« bezeichnet, was wörtlich genommen so viel heißt wie »das menschliche Wesen an meiner Seite«.

---

[232] Bérouti 1977, S. 616.
[233] Freud 1937c, S. 69.

4. Kapitel

Weibliche Jungfräulichkeiten

> Ja, ist denn das Einhorn eine Lüge? Es ist doch ein äußerst graziles Tier von hohem Symbolwert! Ein Sinnbild Christi sowie der Keuschheit! Man kann es nur fangen, indem man eine Jungfrau in den Wald schickt, deren keuscher Geruch es anlockt, so daß es kommt und seinen Kopf in ihren Schoß legt und sich willig den Netzen der Jäger darbietet.
> (Umberto Eco, *Der Name der Rose*[234])

Für das, was ich über die weibliche Sinnlichkeit zu sagen habe, muss man »Jungfrau« im Plural schreiben. Der Begriff des Jungfräulichen umfasst ein breites Gebiet; es beinhaltet den *Zustand der Jungfrau*, den Bereich des Verschlossenen und Geschützten, die *Bewegungen der Entjungferung*, die schichtweise in die Intimität des Selbst eindringen, sowie den erstaunlichen, komplexen, aber nicht weniger realen *Prozess der Wiederherstellung der Jungfräulichkeit*.

Das Wort »Jungfrau« scheint ein weibliches Kulturgut zu sein. Im Altgriechischen ist das Wort *parthénos* weiblich und wird lediglich männlich in analoger Weise im Neuen Testament verwendet, und auch im Lateinischen ist das Wort *virgo* weiblich. Für die Kirche ist die Jungfräulichkeit tief in die ewige Natur der Frau eingeschrieben – und zwar in eine zugleich biologische und psychologische Natur. Und das Evangelium, das die Jungfräulichkeit Marias begründet, erwähnt nicht ein einziges Mal die Jungfräulichkeit Josephs oder diejenige Jesus'.[235]

---

[234] Eco 1980, S. 403.
[235] Hourcade 1989.

Der Psychoanalyse zufolge sprechen Körper und Psyche wechselseitig übereinander. Manchmal unterscheiden sich ihre Diskurse voneinander, manchmal legen sie sich übereinander. Die Jungfräulichkeit des Körpers ist mit der des Geistes verknüpft. Eine Frau kann entjungfert worden sein und dennoch den Status der Jungfrau im verborgensten Teil ihres Seins bewahren oder – besser gesagt und um einen Ausdruck zu verwenden, der Freud am Herzen lag, wenn er sich auf die Psyche bezog – sich in ihrer *Seele* als Jungfrau empfinden.

Ein Lob der Jungfrau

Im Wörterbuch *Larousse* findet sich zum Wort Jungfrau folgender Eintrag: »Person, die in vollständiger Keuschheit lebt. Die Jungfrau Maria. Figurativ: das, was weder befleckt noch vermischt ist. Jungfräulicher Wald: derjenige, der noch nie ausgebeutet wurde. Jungfräulicher Boden: dasjenige, das noch nie bewirtschaftet wurde.«

Zunächst einmal ist sie die große Erzeugerin. Sie ist die Mutter der Götter, eine beherrschte Figur, Herrin ihrer selbst, Fleisch eines Engels, Trägerin eines ethischen Wappens, mit ihrem eines erogenen Körpers beraubten Körper, voll des Wohlbefindens, des Friedens und des vollkommenen Gleichgewichtes. Sie wird von einem jungfräulich geborenen Kind begleitet, immer ein göttliches Kind, ein Erlöser, der aus einem wunderbaren Körper hervorgeht, Vermittler der Pläne einer höheren Macht, die die Ordnung des Universums bestimmt. Alle Religionen wiederholen diese konstante Eigenschaft: Gott wird einer Jungfrau geboren. »Den Mythos vom jungfräulich geborenen Gott findet man überall auf der Welt, beginnend mit Indien, wo Krishna von einer keuschen Jungfrau mit dem Namen Degald geboren wurde.«[236]

---

[236] Monestier 1963.

Die Einwohner des antiken Mexiko verehrten einen Erlöser der Welt, der Quetzalcoatl genannt und von einer Jungfrau empfangen wurde. Die Chinesen verehrten Kwan-Yin; die Kelten die Jungfrau, die empfangen würde; die Christen Maria; die Hindus Maha Shakti, die »Göttliche Mutter«; die Gnostiker Sophia; die Juden Miriam. Horus und Re in Ägypten stammen ebenfalls von einer Jungfrau ab. Zarathustra in Persien war der erste Erlöser der Welt, dessen Geburt als Ergebnis der unbefleckten Empfängnis einer Jungfrau anerkannt wurde.

Eine höhere Macht benutzt den Körper einer reinen Frau, damit ein Gott oder der Sohn eines Gottes aus ihrem Inneren hervorgehen kann. Der sinnliche Austausch zwischen dem Kind und seiner jungfräulichen Mutter gehört dem Bereich des Makellosen, des Guten an. Es gibt weder Schmutz noch Makel. Die intime Vereinigung von Mutter und Kind ist ein Austausch, in dem alles erlaubt ist, ein Raum mit immenser, von Begehren gekennzeichneter Interaktion, in dem die Körperflüssigkeiten keine Flecken hinterlassen und Wochenfluss, Kindspech, Blut, Urin, Milch, Fäkalien, Speichel im Rahmen der würdevollen Bindung verbleiben. Es hat keine Entjungferung, keine Wollust stattgefunden, es gibt keine unreine Spur der Kopulation der Körper. Der Mann hat sie nicht berührt. Stattgefunden hat dagegen eine Intervention des Erhabenen, von Gottes Wort, einem großartigen Raum für die Entfaltung von Idealen, für das entlastende Gebot einer höchsten Autorität. Die Götter, die über dem Menschlichen stehen, verkörpern die Unsterblichkeit, das Für-Immer, das Allwissen, das die ungewisse Mühsal des Lebens besänftigt. In der Jungfrau finden sich der Auftrag und der Gehorsam, die Ankündigung und das Wunder. Diese Vorstellung von Jungfräulichkeit, die uns die Religionen schenken, ist ergreifend und reicht von Naivität bis hin zu Weisheit. Jungfräulichkeit beinhaltet das Konzept der Parthenogenese. Der Sohn ist die Frucht einer Gleichheit, eine Frucht der intimen Vereinigung des Subjektes mit sich selbst, einer intraspychischen Erotik, einer aus sich selbst heraus gezeugten Kraft.

Erleuchtet vom Narzissmus stellt die Jungfrau keine Fragen, sie empfängt, macht, trägt und erschafft ein Kind auf dem Altar des Eros'. Sie ist eine FRAU in Großbuchstaben, in hohem Maße geachtet, ihr Fleisch ist vor jeglicher Demütigung geschützt. Sie gehört sich selbst und ist zugleich das Werkzeug eines Wortes, dem sie glücklich gehorcht. Ich-Ideal und Ideal-Ich verschmelzen miteinander, und »sie« hat Zugang zu einem Genuss, der im Namen des Genusses der Transzendenz, einer göttlichen Ordnung, die Sinnlichkeit des Fleisches transzendiert, um nur den Sohn und seine Aufnahme zu genießen. Dies ist der Entwurf eines trophischen Begriffes der Jungfräulichkeit, die nach einer Körper-Geist-Seele-Verbindung verlangt, die sich selbst in ihrer vollen Potentialität intakt erhält. Das Hymen verknotet sozusagen das Subjekt und sichert dessen imaginäre Integrität.

Die Jungfrau »ist in sich selbst«. Sie hängt weder von einem anderen Sterblichen ab, noch verzettelt sie sich in weltliche Kümmernisse. Sie steckt den Raum innerer Integrität ab, die Fähigkeit, alleine fruchtbar zu sein, die ruhige, kreative Potenz, die selig sprechende Befriedigung, einer anderen Ordnung zu gehorchen. Hier verknotet sich das Symbolische. Der jungfräuliche Zustand steht auf der symbolischen Ebene in enger Verbindung mit der »Bändigung« der Triebe und der Vermittlung des Begehrens.

Die Jungfräulichkeit strukturiert den erogenen Körper. Sie ist das fleischgewordene Gesetz, und nun ist im begehrenden Austausch nicht mehr alles erlaubt, denn ein *Nein* kann den Regeln des Lust- und Liebesspieles Grenzen setzen. Dies ist der kämpferische Aspekt der Jungfräulichkeit, der einen Imperativ konstituiert.

Die Jungfräulichkeit ist umso wertvoller, als sie zu den schwierigen Errungenschaften gehört: Man gibt sich selbst ein psychisches Hymen, man gehört sich selbst, gibt sich selbst hin. Das Intersubjektive wird intrasubjektiv, und in der Jungfräulichkeit agieren die psychischen Instanzen synchron. Der Zustand der Jungfräulichkeit impliziert eine angeeignete Selbstumhüllung, die aus einem beinahe chirurgischen psychischen Akt hervorgeht, der sich im Moment der Trennung von der gemeinsamen Haut mit der Mutter vollzieht.

Indem ich die Jungfrau aus der Perspektive der Psychoanalyse lobpreise, rühme ich die Ankunft eines Haut-Ichs, das umhüllt und schützt, das biegsam ist und stark und das das Subjekt durch die Unbilden des Daseins hindurch begleitet. Diese Hülle, ein grundlegender imaginärer psychischer Raum, umhüllt den gesamten Körper und schützt ihn vor Verletzungen und Gewalttätigkeiten. Es handelt sich um ein epidermisches Haut-Ich ohne Risse, das zwar eingerissen werden kann, aber auch die Fähigkeit zur psychischen Regeneration der beschädigten Fragmente besitzt. Die analytische Praxis zeigt die Schwierigkeiten, diese gute Hülle für sich zu erreichen, und auf wie viele muskuläre Panzer[237] oder der Abwehr dienende Jungfräulichkeiten man stößt, denen ein beschädigtes Haut-Ich zugrunde liegt (filterndes Haut-Ich). Ich höre jungen Frauen zu, die übereilt nach einem erogenen Körper suchen und dabei – unter dem Anschein des Verlangens nach einer Objektbeziehung – ein verletztes Haut-Ich zeigen, die (unfähig, sich dem adäquaten Objekt anzuvertrauen oder auf es zu warten) verzweifelt nach der Haut eines Anderen suchen, mit der sich noch einmal eine gemeinsame Haut schaffen und die schmerzhafte Angst lindern ließe, die mit der Erfahrung von Verletzungen des Haut-Ichs verbunden ist, jener »Seelenwunden«, die nicht vernarben wollen.[238]

Durch das Fehlen eines angemessenen Haut-Ichs wird die Sinnlichkeit kontaminiert, zerstreut, sie verarmt. Das Selbstgefühl, dieser Ort aus purem Stein,[239] würde eine Art Neutrum darstellen, das die Achse des sinnlichen Geschehens stützt. Die Frau, die sich selbst verloren gegangen ist, wird von der Sinnlichkeit das verlangen, was sie ihr nicht geben kann. Es wird eine erzwungene Sinnlichkeit sein, die manchmal vielleicht zerstörerisch, aber dennoch eine bittere Sinnlichkeit ist, als

---

[237] Bick 1968.
[238] Siehe 2. Kapitel: Der Körper in der Psychoanalyse: der steinerne Kern, S. 51.
[239] Siehe a. a. O.

sei *die Lust an sich selbst* eine überaus wichtige Komponente für die Integration der Sinnlichkeit mit den Objektbeziehungen des Lebens. Die Jungfräulichkeit führt das Heilige, das Erhabene in die Erotik ein.

Die von mir gepriesene Jungfräulichkeit ist die Integrität des Selbst. Es ist eine weibliche Figur, die nicht herabgewürdigt werden kann. Sie kennt nur das Wohlergehen und übt eine Art der Autoerotik des Selbst aus, eine fleischlose Sinnlichkeit, eine Erotik ohne Körper.

In der Unversehrtheit der Jungfrau materialisiert sich das Unmögliche: das Gute für den Mitmenschen, das auf das Kind Übertragene, das nach außen getragene Gute. Wir stehen hier vor »der Jungfrau bar jeglichen Zeichens von Macht und Wissen um das Mächtige«.[240] Auf dem jungfräulichen Felsen des Subjektes, am Ort aus purem Stein erhebt sich das ethische Gerüst des Subjektes. Die demütige, göttliche Lebensspenderin lässt einen Strahl des Mangels durch ihr Bild durchscheinen. Julia Kristeva denkt in dieser Richtung, wenn sie schreibt: »Doch neben dieser idealen Ganzheit, die keine einzelne Frau je verkörpern kann, wird die Jungfrau auch zum Ansatzpunkt für die Humanisierung des Abendlandes, nicht zuletzt auch die Humanisierung der Liebe.«[241]

Schließlich füge ich hinzu, dass der jungfräuliche Teil des Subjektes den intimen, geheimen Teil darstellt, das im eigentlichen Sinne unbewusste Territorium, den Ort, den der berühmte undurchdringliche Nabel des Traumes[242] der Freud'schen Theorie einnimmt. Und es ist ebenfalls das, was darauf wartet, erobert zu werden, der jungfräuliche Wald unserer Gedanken und unserer Begierden, jener Bereich, der durch Erforschung und Entdeckung entjungfert wird. Noch einmal macht sich die Sublimierung bemerkbar. Der Dichter T. S. Eliot schreibt, alte Männer sollten Forscher sein.[243] Ist dies nicht etwa eine

---

[240] Nobecourt-Granier 1981.
[241] Kristeva 1987, S. 238.
[242] Freud 1900a, S. 530.
[243] Eliot 1944, S. 303.

Ermahnung, mit dem Eindringen in das Neue, in das Verborgene fortzufahren? Es ist dieses »Licht, mehr Licht«, das ein anderer Dichter, Goethe, angeblich als Abschied im Moment seines Todes geäußert haben soll. Unendliche, jungfräuliche Weiten erwarten still die Ankunft eines Subjektes, das sie zu enthüllen wagt.

Jungfräulichkeit als phallischer Panzer

> Doch jetzt wußte er, daß Keuschheit eine Art Gier ist
> und daß der Körper wieder aufersteht, um ohne Gier
> zu geben und zu nehmen und zu nehmen und zu geben.
> Jetzt wußte er, daß er für die Frau oder die Frauen auferstanden war,
> die das größere Leben des Körpers kannten:
> nicht gierig um zu geben, nicht gierig um zu nehmen,
> und mit denen er seinen Körper vereinen könnte.
> (D. H. Lawrence, *Der Mann, der gestorben war*[244])

Es lässt sich beobachten, dass eine Frau, deren körperliche Integrität nie von einem Mann penetriert wurde, eine Art »unbesiegbare Jungfräulichkeit« trägt. Sie konstituiert in gewisser Weise ein anomales Schicksal der Libido, da sie sich nicht auf die Suche nach einem anderen Körper begeben kann, dem sie ihre Erogenität schenken könnte. Die Jungfräulichkeit erlangt eine phallische Macht, die der Jungfrau ein spezielles Charisma verleiht. Sie symbolisiert »Selbstgenuss«, indem sie den Genuss als Grund in sich selbst zeigt,[245] und es manifestiert sich in ihr eine attraktive absolute Autorität. Manchmal verbirgt diese Jungfräulichkeit, dieses Ultrazölibat, eine unbewusste Treue zu einem bedeutsamen Anderen, mit dem sie eine geheime Ehe eingegangen ist.

So kam Sara in meine Sprechstunde, 55 Jahre alt, Jungfrau, schön und elegant. Ihre Eltern waren verstorben, und es war die durch die-

---
[244] Lawrence 1933, S. 151.
[245] Assoun 1983.

sen Schmerz hervorgerufene Depression, die sie veranlasste, zu mir zu kommen. Alles andere war in Ordnung. Sie war ein Einzelkind und zahlte als religiöse Frau jeden Monat die Gruft auf dem Friedhof, wo sie nach ihrem Tod ruhen wollte, genau zwischen dem Vater und der Mutter. Sie hielt ihren Körper keusch, indem sie sich ihr Leben lang unbewusst den Lieben ihres Lebens (Vater und Mutter) hingab, zwischen denen sie in ihrer Phantasie lebte und mit denen sie sich im jenseitigen Leben eng verbunden fühlte. Bei der leisesten Andeutung einer Annäherung an ihren erogenen Körper, der, wie sie sagte, gar nicht existierte, lachte dieses »kleine Mädchen« auf und errötete. Niemals hatte sie erotische Empfindungen verspürt und niemals masturbiert. Körperlich unversehrt, psychisch durch ewige Schwüre zu ihren Primärobjekten durchdrungen, empfand Sara Stolz auf ihre Jungfräulichkeit. Sie genoss die Vorstellung, sich selbst von sexuellen Kontakten, die sie als abstoßend empfand, rein zu wissen. Eines Tages, als sie von den Genitalien eines Mannes sprach, den sie kennengelernt hatte, lächelte sie verschmitzt, in die Hysterie umkippend, und stellte sich die aufgrund seines Alters schlaff herunterhängenden Hoden des Mannes vor. Sara machte sich über eine imaginäre Kastration lustig, die sie auf den Mann projizierte. Ihre Jungfräulichkeit hüllte sie in eine Aura der Unsterblichkeit. Ihre Erogenität fand höchstens in der Tatsache einen Ausdruck, dass sie im selben Bett schlief wie ihr toter Vater: Inzest auf Distanz, ohne Schuld noch Strafe und ohne Sex kein Tod, wie Kristeva über die Jungfrau schreibt.[246] Sara muss nicht sterben: Sie schlüpft lediglich aus dem Bett des Vaters in das Beisammensein in der Grabnische. Sie wird für immer in ewiger guter Gesellschaft sein, sowohl auf der Erde als auch im Jenseits.

Der erogene Körper ist kaum angedeutet. San Juan Crisótomo schreibt: »Denn wo der Tod ist, da ist auch die geschlechtliche Begattung«;[247] für Sara hat die Jungfräulichkeit die Funktion eines

---
[246] Kristeva 1987.
[247] Zitiert nach Kristeva 1987, S. 231.

Fetischs und eines schützenden, phallischen Emblems. Das Hymen erlangt eine defensive Qualität. In der Mythologie ist das Hymen der Schutzschild von Pallas Athene, der kämpfenden Jungfrau, zu deren Ehre sich die weiblichen Kämpfe vollziehen. Die weiblichen Sauromaten ziehen – Hippokrates zufolge – »in den Krieg, solange sie noch Jungfrauen sind; sie heiraten nicht, bevor sie nicht drei Feinde getötet haben, und sie leben nicht mit ihren Ehemännern, bevor sie nicht die vom Gesetz vorgeschriebenen Opfer erbracht haben«. Auch die Amazonen sind Waffen tragende Frauen, eher jungfräuliche Kämpferinnen als Frauen, wilde Jungfrauen, die sich der Schwäche des Fleisches nicht unterworfen haben und die ihre Kraft durch eine intakte Vagina erhalten, die ihren Körpern Macht garantiert. Im Zustand der Jungfräulichkeit löst sich das angestammte Recht der Männer auf den Besitz an der Frau auf; der Mann kann eine Frau nicht »sein eigen« nennen – sie fordert, dass sie sich selbst gehört. Die entsprechenden Gleichungen lauten: Hymen = privater psychischer Raum = geschützte Intimität = kämpferische Macht.

Von der Angst vor der Entjungferung und der nichtendenden Entjungferung

Das Hymen markiert die Grenze zwischen einem unbekannten Inneren und dem wahrnehmbaren Äußeren. Es ist die Eingangstür zu einem anderen körperlichen Territorium, das unsichtbar, aber spürbar ist, reich an erogenen Resonanzen und zugleich gefährlich. Dieses Hymen zu zerreißen, ist Teil des ersten Sexualverkehres,[248] der zugleich gefürchtet und begehrt wird.

Freuds Text *Das Tabu der Virginität* noch einmal zu lesen, ist immer anregend und gibt Anlass zu vielen Überlegungen. Er spricht hier von

---
[248] Freud 1918a [1917], S. 171ff.

»eine[r] prinzipielle[n] Scheu vor dem Weibe«,[249] als wäre die Frau oder »das Frauliche« etwas, das innerhalb des Körpers auf der Lauer liegt. Bei der Penetration ihres Körpers stellen die größten Gefahren der Schmerz und das Blut dar. Diese zwei Elemente, werden sie mit dem Begehren vermischt, reichen aus, um die Empfindung des Unheilvollen hervorzurufen. Vielleicht ist das der Grund, warum Freud sagt:

> Das Weib [ist] anders als der Mann, ewig unverständlich und geheimnisvoll, fremdartig und darum feindselig erscheint. Der Mann fürchtet, vom Weibe geschwächt, mit dessen Weiblichkeit angesteckt zu werden und sich dann untüchtig zu zeigen.[250]

Im Inneren der Frau lauert ein Geheimnis, das den Mann schwächen kann. Hier kommen nicht nur der Geschlechterkampf, sondern auch die Geschlechterdifferenz und ihre psychischen Konsequenzen ins Spiel. Die Gleichungen Blut = Schmerz = Kastration = Tod drängen sich auf, und von ihnen will der Mensch wenig wissen. Die Frau beginnt häufig, gegen sich selbst anzukämpfen, weil sie fürchtet, von ihrer eigenen Weiblichkeit angesteckt zu werden und die affektiven, sinnlichen Pfade ihrer wachsenden Erogenisierung zu betreten. Zu den Phantasien des »Schwächens« und »sich selbst jemandes Gnade auszuliefern« tritt die rachsüchtige Wut auf den vermeintlich mächtigen und unterwerfenden Mann (siehe vorheriges Kapitel).

Freud ist fast amüsiert, wenn er berichtet, wie eine Frau ihren Ehemann nach jedem befriedigenden Koitus beleidigte und schlug.[251] In der Feindseligkeit nach der Hingabe zeigen sich ihre Ambivalenz und das Bedürfnis, sich noch einmal zu versichern, dass ihre Identität nicht beschädigt wurde. Der Kampf und die Beleidigung repräsentieren einen Akt der Selbstaffirmation, der Neuorganisation ihrer Grenzen und

---

[249] Freud 1918a [1917], S. 168.
[250] Ebd.
[251] a. a. O., S. 172.

der Wiederherstellung ihrer Individualität. Man muss vor allem die Auswirkung der frühen Ängste um ihren Körper in Rechnung stellen, die wieder aktiviert werden können, wenn dieser Körper im erogenen Kontakt beraubt, zerstört, vergewaltigt wird. Melanie Klein hat wichtige Beiträge zu diesem Thema geliefert.[252]

Das häufige Auftreten von Frigidität nach dem ersten Koitus legt einen wesentlichen Zustand nahe, der der weiblichen Sinnlichkeit eigen ist: Es ist die Kategorie des Graduellen, des immer »Mehr« im Universum der Empfindungen, die in ihr erwachen. Biologisch entjungfert kann die erogen-affektiv-sinnliche Potentialität einer Frau dennoch weiter schlummern. Dann bewahrt sie eine latente Jungfräulichkeit.

Deshalb beziehe ich mich auf »Jungfräulichkeiten« (und hebe den Plural hervor) und möchte damit darauf hinweisen, dass ich von einem Körper spreche, der anatomische und physiologische Grenzen transzendiert, in den die Geschichte der elterlichen Begierden und Phantasien eingeschrieben ist und der wiederum das Feld darstellt, auf dem sich eine unbewusste Sprache in enger Beziehung zum Nichtrepräsentierbaren, Nichtformulierbaren entfaltet.

Die Vielfalt an Qualität und Quantität der Wogen der Lust, die eine weibliche Frau fähig ist zu entfalten, erfordert sukzessive körperliche Erkundungen und Abenteuer, dank derer sie »ihr Fleisch öffnet«, die Unterdrückung ihres Affektkörpers aufhebt, sich ihren Sinnen ausliefert und das Niveau ihrer Orgasmusfähigkeit erhöht.

Die Entjungferung hat keinen Endpunkt. Die Jungfräulichkeit des Nebenmenschen umgibt diesen mit Interesse und lädt dazu ein, seine Intimität zu erkunden. Die unbegrenzte Jungfräulichkeit kann ein Subjekt für ein anderes unendlich liebenswert und attraktiv machen. In einer interessanten Arbeit zeigt Marie Langer anhand der Analyse eines Romans von Jules Verne, wie in dieser Geschichte Vorkommnisse der inneren Welt auf die Entjungferung projiziert werden. Der Ro-

---

[252] Klein 1932.

man bezieht sich auf die Entjungferung von Mutter Erde sowie auf die Ängste, die durch die Überwindung des Widerstandes des Hymens und durch das Erreichen des Bodens des Vulkantunnels erweckt werden. Dort wartet die Enthüllung des Geheimnisses von Leben und Tod.[253] Langer behauptet, dass der Mann im Moment der Entjungferung das Hymen mit einem illusionären Penis vergleicht.[254] Ich denke, es geht um die Vermeidung des Bewusstseins von der Leere, der schmerzhaften Anerkennung, dass es »nichts gibt«, des »Nichts-Habens«; es geht noch einmal um das Nichts.

Die Jungfräulichkeit kann ebenfalls teilweise sein (ein Teil des Körpers muss unberührbar bleiben, eine Öffnung darf nie penetriert werden). Vielfältige Tabus begleiten die vielfältigen Jungfräulichkeiten, die nun nicht mehr im Hymen und in der vaginalen Höhle lokalisiert werden. Der Begriff der Jungfräulichkeit weitet sich auf jedes sinnliche Vermeiden aus: einmal wird eine Liebkosung der Brust vermieden, einmal ist es eine bestimmte Berührung, einmal wird die Dauer des Liebemachens festgelegt, einmal die Position, in der die Körper sich miteinander verschlingen etc.

Die Wiederherstellung der Jungfräulichkeit

Die Entjungferung und die Wiederherstellung der Jungfräulichkeit sind alternierende Begriffe. Die Jungfräulichkeit wiederzugewinnen, bedeutet, nach einem Bruch, der sich in der eigenen Umhüllung vollzogen hat, in sich selbst den Zustand der Intaktheit wiederzugewinnen. Auf der psychischen Ebene wieder zum jungfräulichen Zustand zurückzukehren, impliziert, die in den sukzessiven Penetrationen und Abenteuern des Lebens verlorene Integrität zurückzuerlangen. In ei-

---
[253] Langer 1949.
[254] Langer 1951.

ner Art psychischer Wiedergeburt schafft die Frau, auf wundersame Weise wieder zur Jungfrau geworden, psychisch-körperliche Hüllen neu. Leben bedeutet penetrieren, vergewaltigen, nötigen, wofür einmal die Wissbegierde in den Sublimierungen ins Spiel gebracht werden kann, einmal der »Kontrektationstrieb« in der Bewegung hin zu neuen Objektbeziehungen, einmal der Sexualtrieb in den Liebesbeziehungen etc. Man betritt das Neue, man entdeckt das Andere, ein Zustand des Offenseins ergibt sich. Später, mit der Wiedergewinnung des geschlossenen Zustandes wird die Jungfräulichkeit wiederhergestellt.

Witwenschaft, das Hinscheiden einer geliebten Person oder erzwungene oder freiwillige Abstinenz schaffen im Liebesleben Situationen, die die Jungfräulichkeit wiederherstellen. Das »erste Mal« wird noch einmal möglich. Aus der Anthropologie berichtet Freud von Witwen, die wieder entjungfert werden mussten und die die Gefährlichkeit der Jungfrau wiedererlangten. Er bezieht sich dabei auf die Novelle *Das Schicksal des Freiherrn v. Heisenbogh* von Arthur Schnitzler, in der »der durch einen Unfall verunglückte Liebhaber einer in der Liebe vielerfahrenen Schauspielerin [...] ihr gleichsam eine *neue Virginität* geschaffen [hat], indem er den Todesfluch über den Mann ausspricht, der sie zuerst nach ihm besitzen wird«.[255]

Ein Hymen aus mehreren Schichten: Evas Traum

Der Traum einer jungen Analysandin, kurz vor ihrer Hochzeit, kann vielleicht als Illustration dessen dienen, was ich gerade erklärt habe. Es handelt sich um einen Traum zwischen zwei aufeinanderfolgenden Sitzungen. In der ersten Sitzung war Eva gereizt und litt an einem neuen Symptom, das kurz zuvor aufgetreten war: Herzrasen. Der Arzt

---

[255] Freud 1918a [1917], S. 178 Fn.; kursiv von A. M. A.

hatte sie untersucht und für gesund befunden. Ihre Krankheit war daher sicherlich psychosomatisch und Teil der aktuellen Neurose. Was ihr Liebesleben betrifft, so war ihr Verlobter immer »rücksichtsvoll, er denkt immer an mich, er denkt nicht einfach nur an seine Lust«. Doch das Herzrasen hielt an, und gemeinsam mit dem Verschwinden des Symptoms lieferte der Traum einen wichtigen Schlüssel:

Ich ging zum Arzt, um ihn wegen des Herzrasens zu konsultieren, und was er zu mir sagte, war, dass das, was mit mir geschehe, etwas damit zu tun habe, dass ich eine Jungfrau sei. »Trotz allem bist du organisch immer noch Jungfrau.« Wie kann das sein?, fragte ich ihn. Ich verstand die Verbindung nicht ... plötzlich war er nicht mein Arzt, er war eine junge Frau, zwei oder drei Jahre älter als ich, sie wartete auf mich im Badezimmer meiner Mutter, sie saß in der Badewanne. »Ja«, sagte sie, »und weil du heiraten wirst.« Als hätte das Hymen mehrere Schichten und als wären sie nicht alle zerrissen. ... Im nächsten Moment war ich mit Esteban [ihrem Verlobten] zusammen, und ich konnte mich nicht neben ihn setzen ... wie konnte es sein, dass ich immer noch Jungfrau war? Wütend dachte ich, wie kompliziert die Sexualität ist.

In den Assoziationen sagte sie, dass sie beim Sprechen über diese Dinge Scham empfinde, »weil ich nicht so gut bin im Bett, ich bin mir meiner Hemmungen bewusst ... Ich lasse ihn glauben, es sei so, und ich weiß, dass es nicht so ist.«

Der unbewusste Wunsch des Traumes kann manifest auf den Wunsch verweisen, als Jungfrau zu heiraten, wie es religiöser Brauch ist. Auf der anderen Seite assoziiert sie Jungfräulichkeit mit Erregung und dem Hautausschlag, unter dem sie in gewissen Situationen leidet. Sie assoziiert das Hymen mit dem Diaphragma und ihren Schwierigkeiten und ihrem Ekel, wenn sie es einsetzt und wieder herausnimmt. Es irritiert sie, ihre Genitalien zu berühren. In der gleichen Weise versetzt sie die Untersuchung durch ihre Gynäkologin in Panik. Dieses »Öffnen der Beine« für eine Frau eröffnet die Dimension des Zwischen-

Frauen. Sie ist eine Jungfrau der Frau, eine Jungfrau ihrer selbst, als würden die Schichten ihres Körpers Metaphern für die Schichten ihrer Psyche darstellen. Sie assoziiert Schichten mit Stoff und mit einer Dokumentation über die Bräuche gewisser Eingeborener, die sie zufällig im Fernsehen gesehen hatte. Sie sagt:

> Während der ersten Menstruation machten sie Zeichnungen auf dem jungen Mädchen mit Dornen, es ekelte mich dermaßen an, dass ich mir die Augen zuhalten musste ... dann führten sie einen Tanz auf, um einen Krieger auszusuchen, um sie zu entjungfern ... die Jungfrauen mussten das aushalten ... es hat mich so beeindruckt ... wie sie sich manchmal infizierten ... den Körper zu verletzen war eine Ehre ... ihnen blieben ihr Leben lang Narben ... es ekelte mich an, es zu sehen, mit all dem Blut ... blauen Flecken ... Ergüssen.

In dieser Analysandin sind Blut, Jungfräulichkeit, Schmerz, Ekel und die demütigende Unterwerfung unter den Mann mit daraus folgender Feindseligkeit eng verbunden. Sie ist verwirrt, dass sie bald das »Bett mit jemand teilen« wird, dieses »Bett für zwei«, in dem sie sich bald einrichten wird. Sie, die sich darum bemüht hat, ihren zukünftigen Ehemann in seinen leidenschaftlichen Strömungen angemessen zu leiten, fürchtet die Nähe, die sie zu neuen Entjungferungen führen wird. Anhand dieses Traumes erfuhr ich, dass für den Verlobten bestimmte Liebkosungen verboten sind und dass es verbotene Zonen und Liebesspiele gibt (Teiljungfräulichkeiten). Manchmal zieht sie ihre Hand vom warmen Kontakt mit der Hand ihres Partners zurück. Sie macht sie steif (Hand = imaginierter Phallus), und auf diese Weise vermeidet sie die Wogen der Lust und die Verwirrung der sinnlichen Stimulierung.

Das Herzrasen ist eine somatische Manifestation des angstvollen Wartens auf »etwas« Neues, das in ihrem erogenen Körper geschehen wird. Dieses »Etwas« wird mit analen homosexuellen Inhalten mit der Mutter assoziiert, dem ersten Liebeskörper (Szene im Bad).

Ein weiterer Traum, mit bedrohlicheren Untertönen, folgte dem ersten wenig später:

Ein Mann verfolgt sie, sie rennt in ein Haus. Es gibt viele Türen. Der Mann reißt sie eine nach der anderen auf der Suche nach seiner Beute nieder. Er wird sie vergewaltigen. Erschrocken rennt sie vor ihm davon. Plötzlich verändert sich die Stimmung: Der böse Mann ist jetzt ihr Verlobter, der sie beschützt.

Das Haus symbolisiert ihren Körper. Die Türen symbolisieren ihre Jungfräulichkeiten. Eva fürchtet die virile männliche Kraft, die sie heftig beneidet. Indem er das Innere ihres Körpers zerstört und ein ums andere Mal ihre Abwehrtüren einreißt, bringt der Mann ihren unbewussten Wunsch nach »mehr, immer mehr« zum Ausdruck, den Wunsch, intensiv, »Tür um Tür«, entjungfert zu werden. Der Traum bringt außerdem den Wunsch zum Ausdruck, einen starken und liebevoll beschützenden Mann an ihrer Seite zu haben, eine glückliche Kombination, die ihr dabei helfen soll, die Hindernisse ihres phallischen Wesens zu überwinden und ihre weibliche sinnliche Lust zu erreichen.

Jungfräulichkeit des Genusses, der Lust und der sinnlichen Freiheiten

Die folgende klinische Vignette stellt eine gute Illustration meiner Idee dar.

Virginia

Virginia war seit mehreren Jahren verheiratet. Die erotischen Übungen mit ihrem Mann waren begrenzt und kontrolliert. Sie erlaubt ihm nicht, in ihrer Vagina zu ejakulieren (sie hatten diese Verhütungsmethode gewählt), und sie geizte mit Zärtlichkeiten und Liebkosungen. Einige Zeit später nahm sie sich einen Liebhaber, einen Freund ihres Vaters. Als sie in einer Stunde von dem Streit mit ihrem Mann erzählte, bei dem sie ihm ihre eheliche Untreue gestand, äußerte sie folgende Worte: »Ich sagte ihm, dass ich ein neues Leben anfangen wolle. Ich sagte ihm, dass ich herausgefunden hätte, dass ich eine Frau sei und dass ich an seiner Seite als Jungfrau gestorben wäre.«

Virginia war von zwei Männern entjungfert worden. Der erste war ihr Ehemann, der den ersten Akt der Perforation ihres Hymens durchgeführt hatte. So wurde er Adressat sowohl der präödipalen Feindseligkeit gegen die Mutter[256] als auch des Hasses auf denjenigen, der es wagte, ihr weibliches Fleisch zu penetrieren, es zu schwächen, es bluten zu lassen und ihm Schmerzen zuzufügen. Sie bestrafte ihn ständig mit Zurückweisung, dem Fehlen jeglicher sinnlicher Lust und dem Zurschaustellen von Missfallen und Ekel, den Früchten der Zensurschranken. Ihr zweiter Entjungferer war der Liebhaber-Vater. Gestützt durch die Überschreitung auf dem Pfad der Inzestphantasie gelang es Virginia, die Unterdrückung der Libido zu lösen und Lüste kennenzulernen, die sich aus den Freiheiten der Sinne ableiten.

Simone de Beauvoir erzählt, dass die Römer Messalina als »unbesiegt« bezeichneten, weil noch keiner ihrer Liebhaber ihr Lust bereitet hatte.[257] Wir können sehen, dass das Konzept der »Jungfrau der Lust« bereits in der Antike gegenwärtig war.

---

[256] Freud 1914c, 1931b.
[257] De Beauvoir 1949.

5. Kapitel

Der Untergang des Ödipuskomplexes bei Frauen

Einleitung

Bevor ich näher auf das Thema eingehe, möchte ich den deutschen Ausdruck »Untergang« eingehender betrachten, den Freud verwendet, um das auszudrücken, was im Spanischen als »Ende« (*final*) oder »Beerdigung« (*sepultamiento*) bezeichnet wird. Im Französischen findet sich der Ausdruck »Niedergang« (*déclin*). Das deutsche Wort wird im Zusammenhang mit einem Boot, einem Schiff oder einer Person benutzt, das oder die sinkt. Wörtlich bedeutet es »heruntergehen«. Es wird außerdem im Kontext des Sonnenuntergangs verwendet. Die Bedeutung, die ich hervorheben möchte, ist die des langsamen Versinkens, die mit dem Wort »Niedergang« harmoniert. Die Verbindung dieser Wörter bei dem Versuch einer Übersetzung des Endes des Ödipuskomplexes bringt uns der tatsächlichen Bedeutung des Ausdruckes »Untergang« näher.

Der Ödipuskomplex stellte von Beginn an ein zentrales Konzept in der Architektur der Psychoanalyse dar, einen psychischen Raum, in dem Phantasien, Identifikationen und libidinöse Sehnsüchte zusammentreffen. Er verweist auf eine psychische Phase mit regulierendem Charakter. Im Untergang des Ödipuskomplexes lagert sich ein Sediment der Resultate der bislang erbrachten psychischen Arbeit ab.

Freud zufolge entfällt »beim Mädchen [...] das Motiv für die Zertrümmerung des Ödipuskomplexes«.[258] In diesem Zusammenhang besteht er wiederholt darauf, dass »unsere Einsichten in diese Entwicklungsvorgänge beim Mädchen unbefriedigend, lücken- und schattenhaft sind«.[259]

An diesem Punkt weiche ich von der Freud'schen Theorie ab und behaupte, dass der Ödipuskomplex der Frau zu einem Ende kommt. Das lässt sich bei vielen Frauen spontan beobachten. Bei anderen wird er anhand der Verdrängung aufgelöst. Die Fülle der Psychopathologien lehrt uns viel über falsche Auflösungen und Verzerrungen des Ödipuskomplexes.

Um dies weiter zu klären, werde ich nun vier Phasen im Leben der Frau beschreiben. Ich werde mich hauptsächlich mit der letzten befassen, in der meine Überprüfung des »Untergangs« ins Spiel kommt. Und ich werde die Korrelate auf der Ebene der Erogenisierung des Körpers verdeutlichen, die mit den Veränderungen in den psychischen Prozessen einhergehen.

Die ersten Phasen

In sehr klarer Weise beschreibt Piera Aulagnier eine erste Lebensphase, die den Säugling zum ersten Mal mit der penetrierenden Gewalt des mütterlichen Begehrens konfrontiert und auf seinem Fleisch die ersten bedeutsamen Spuren hinterlässt.[260] In dieser Phase der anfänglichen Passivität werde das Baby genossen. Dieser erste eindringende, fragmentierende Genuss geht vom Anderen aus, mit dem erste Erlebnisse von Befriedigung und Schmerz einhergehen. Das kleine, neue Wesen ist dem Anderen ausgeliefert, der ihm das Gesetz bringt und es

---

[258] Freud 1925j, S. 29.
[259] Freud 1924d, S. 401.
[260] Aulagnier 1975.

in seiner primordialen Schutzlosigkeit stützt. Mit diesem ersten Kontakt interagiert es mit dem Körper der Mutter und den Äußerungen der mütterlichen Psyche. In den ersten körperlichen Austauschvorgängen zwischen Mutter und Kind ereignet sich das, was Freud als eine »Art von Orgasmus«[261] bezeichnet hat, indem er sich auf den Zustand nach dem Stillen bezog, der von Hingabe und Glückseligkeit gekennzeichnet ist.

Dieser Moment kann als einer der *primordialen Weiblichkeit* kategorisiert werden. Jungen und Mädchen erleben diesen ersten Genuss, wie er ihnen entgegengebracht wird: geliebt werden, umsorgt werden, gestützt werden. Es ist eine weibliche, passive Position, reich an Erogenität, in der sich die ersten intersubjektiven Verflechtungen vollziehen. Verwundbarkeit, Schutzlosigkeit, dieser Angst einflößende Beginn des Daseins in der Welt und die extreme Abhängigkeit sind alles Faktoren, die die allgemeine »Ablehnung der Weiblichkeit«[262] sowohl bei Frauen als auch bei Männern verstehen helfen. Freud verortet diese Ablehnung im »gewachsenen Felsen«[263] der Kastration.

Die zweite Phase mildert den Zustand der Fragilität der ersten Zeit ab. Es ist nach Lacan das Stadium des phallischen Genusses. Das Mädchen und der Junge statten die Mutter mit einer doppelten Vollständigkeit aus. Indem der Körper einen imaginären Phallus repräsentiert, schließt er über dem mütterlichen Körper den Riss des Mangels. Es ist eine Phase der Aktivität, des Besitzens. Man spielt, Phallus zu sein, und die Geschlechterdifferenz stört nicht dabei, den ganzen Körper zu erogenisieren. Die Kastration wird umgangen. Dieser primäre imaginäre phallische Wert bleibt mit dem hoch besetzten Körper der Frau-Mutter verbunden. Er inauguriert auf der körperlichen Ebene das, was ich »die bevorzugte Form« nenne, und bringt auf diese Weise zum Ausdruck, dass die primäre erotische Matrix im begehrenden

---

[261] Freud 1905d, S. 81.
[262] Freud 1937c, S. 97.
[263] a. a. O., S. 99.

Austausch mit dem weichen Körper der Mutter stattfindet. Der Körper wird narzisstisch besetzt und geliebt, noch bevor die Geschlechterdifferenz in den Komplex von Konflikten Einzug hält.

In der dritten Phase – die der Entdeckung der Geschlechterdifferenz – trennen sich die Wege von Jungen und Mädchen. Es ist die Zeit des Penisneides und der Traurigkeit darüber, als Frau geboren worden zu sein. Der phallische Wert wird dem Penis-Phallus zugeschrieben: Warum habe ich keinen Penis? Wo kommen die Babys her? – das sind fundamentale Fragen.[264] Beide, Jungen wie Mädchen, sind nun neugierig, wie sich die Anatomie weiterentwickeln wird und was sich aus dem Geschlechtsunterschied ergibt.

Der Mechanismus der Verleugnung gehört zu dieser Phase. Das »Alle haben einen Penis« hilft dem Mädchen, die Beklemmung im Angesicht der traumatischen Wahrnehmung ihres imaginären Mangels zu ertragen. In ihrem Versuch, der wertgeschätzten Klasse anzugehören, weist das Mädchen ihrer Klitoris die Kategorie Penis-Phallus zu. Die in ihrem Wunsch gründende Illusion, bald an der Stelle der Genitalien einen Penis wachsen zu sehen, macht Schritt für Schritt der Einsicht in den trügerischen Charakter der Verleugnung Platz. Es ist nicht nur so, dass sie keinen Penis besitzt, sondern ihr wird auch niemals einer wachsen, oder er wurde ihr als irgendeine imaginäre Strafe abgeschnitten. Auf ihrem Körper zeichnet sich ein Zeichen weniger ab. Die gute anatomische Form, dieses ausgeprägte, so stark wertgeschätzte und besetzte Organ ist ihr aufgrund von anatomischen, libidinösen und phantasmatischen Faktoren[265] versperrt: ein anatomisches Unglück, die offensichtliche biologische Tragödie des als Frau geborenen Menschen.

An dieser Stelle lösen sich die erotischen Idyllen auf. Die imaginäre Vorstellung, es sei etwas abwesend, tritt in den Vordergrund. Freud

---

[264] Freud 1908c, 1925j.
[265] Nasio 1989.

hat diese Phase detailliert beschrieben,[266] wo er die Desillusionierung über die Mutter, den verletzten Narzissmus und den Eintritt in den Ödipuskomplex mit der imaginären Vorstellung des Mädchens, es sei kastriert, anführt. Es ist die Phase des Objektwechsels (von der Mutter zum Vater), und Hass und narzisstische Wut sind insofern nützlich, als sie diesen notwendigen Schritt erleichtern. Es ist eine Phase sowohl der Rivalität als auch der Resignation und des Wartens (irgendwann wird sie ein Kind vom Vater, ein Kind von einem Mann als Entschädigung für ihren Mangel bekommen). Es wird sowohl eine depressive Gleichung: ich habe keinen Penis = ich habe keinen Phallus, als auch eine rechtfertigende Gleichung: Phallus = Penis aufgestellt, mit der das junge Mädchen einen imaginären Phallus hochhält und damit jeden Penis = Phallus zerstört, der sich ihr in den Weg stellt. Es ist die Gleichung des Männlichkeitskomplexes. Das »Unter uns Frauen«, dieser intersubjektive Raum, der sich im Austausch zwischen Frauen öffnet, ist von neidischer Rivalität und miteinander geteilter Traurigkeit gezeichnet. Sie vergleichen sich eifersüchtig untereinander, um herauszufinden, wer von ihnen von der Mutter oder vom Vater doch damit ausgestattet ist.

Joan Rivière hat diese Problematik um die Beschreibung angereichert, wie die Frau die Maske der Weiblichkeit aufsetzen kann, um die Rachephantasien dafür zu verscheuchen, dass sie es gewagt hat, den Besitz eines Phallus' in Anspruch genommen zu haben.[267]

Der erogene Körper leidet. Freud weist darauf hin, dass Mädchen häufig aufhören zu masturbieren, da sie den Kontakt mit einer imaginär verstümmelten Anatomie nicht ertragen. Ihr Genuss ist exakt, nämlich männlichen Stils, und materialisiert sich – konzentriert auf ein einziges Organ – in der Klitoris-Penis. Die Ausbreitung der Erotik, die für das Weibliche charakteristisch ist, geht verloren. Im Griff des phallischen Konfliktes kann es passieren, dass der Körper sich selbst

---

[266] Freud 1931b, 1933a.
[267] Rivière 1927.

betäubt, und in diesem Fall stürmen »Wellen der Unterdrückung« auf ihn ein. Einige Mädchen können frigide werden, das heißt gefrieren (frigide = gefrieren). Andere, die mehr Glück haben, resignieren und bleiben im Ödipuskomplex gefangen, wie Freud behauptet.

Der Untergang des Ödipuskomplexes bei Frauen

Was den Untergang des Ödipuskomplexes bei Frauen betrifft, so weiche ich hier, wie bereits gesagt, von Freud ab. Meiner Vorstellung nach erfahren Frauen eine Zerstörung des Ödipuskomplexes zu einer Zeit, die als eine Zeit der Selbstvergewisserung betrachtet werden muss.

Wenn diese Veränderung beginnt – wie ich an klinischem Material zu zeigen versuchen werde –, findet ein neues somato-psychisches Kapitel statt. Es kommt nicht nur der Anspruch auf einen Penis-Phallus zu einem Ende, vielmehr wird die positive Besetzung des »Nichthabens« zu einer neuen Kategorie. Auf die phallische Ordnung, die den Mangel verdeckt, legt sich nun eine nichtphallische, weibliche Ordnung, die sich im Mangel einrichtet und die Akzeptanz der Kastration, des Geheimnisses des Unbekannten, des Vergänglichen übermittelt. Diese Bewegung besteht aus zwei Phasen: Zum ersten impliziert sie, die Kastration und die narzisstische Wunde des »Nichthabens« zu akzeptieren, und zum zweiten, jenseits des Phallus-Penis, die Ebene des »Nichthabens« zu erreichen und, sich dort einrichtend, einfach eine Frau zu »sein«. Diese Bewegung modifiziert die Struktur des Ichs der weiblichen Frau. Auch wenn es den Rahmen dieses Buches überschreitet, so ist es doch wichtig, die Modifikationen im Ich zu bedenken, wo eine wahrscheinliche Transformation des essentiellen Narzissmus' es dem Körper ermöglicht, sich von den Vorstellungen über Penis und Phallus zu distanzieren und die Kastration bis zu einem gewissen Grad durchzuarbeiten.

Die Negation hat keine direkten Auswirkungen auf das auserwählte Objekt, das heißt, dass »Keinen-Penis-Haben« nichts darüber sagt, was die Frau stattdessen hat. Die Phase der Selbstvergewisserung eröffnet neue Gleichungen des Habens. Die Signifikanten fließen: vollkommene LEERE, potentielles Leben, Virtualität, Geheimnis … Leere in Großbuchstaben erlangt »vollständige Qualität, Konsistenz, Wahrheit«.[268] Diese neuen Gleichungen oder kommutativen Reihen markieren ein »mehr noch« in der Ausübung von Weiblichkeit.

In dieser Phase vollzieht sich kein Objektwechsel. Es entsteht ein Innehalten in Bezug auf sich selbst, das heißt, sich selbst zum Objekt zu nehmen in einer Art intrapsychischer Verdoppelung, die einen narzisstischen Rückfluss auf das Ich hervorruft.

Die Veränderungen im Ich bringen eine Modifikation in den Objektbeziehungen mit sich: geringere Abhängigkeit, größere Selbstsicherheit und die Fähigkeit, allein zu sein. Die Selbstachtung der Frau gewinnt an Stärke. In diesem Stadium beginnt das Abenteuer, den eigenen psychischen Raum zu bewohnen, sich in der eigenen Haut wohl zu fühlen. Es ist die Zeit des Abschiedes von entfremdenden Identifikationen mit den primären Objekten und den vorübergehenden Hemmungen in der Objektwahl. Wenn die Ent-Identifizierung mit den primären Objekten geglückt ist, werden spätere Objektwahlen innerhalb eines größeren Außenbereiches möglich.

Die Phase der Affirmation enthält ein Moment trophischer Einsamkeit. Die Frau richtet sich im ruhigen Warten ein, was die Verinnerlichung eines grundlegenden Gefühls des Vertrauens voraussetzt.

In dieser Phase und im sie begleitenden Zögern in der Objektwahl entspringt die intrapsychische Entfaltung der »intrapsychischen Maternisierung«, wie ich es genannt habe. Hierbei handelt es sich um eine intrapsychische Bewegung, anhand derer das Subjekt sich selbst zum Objekt nimmt, das es stützt, umsorgt und liebt. Dieses Element

---

[268] Laporte 1975.

der Maternisierung rührt nicht von der Gleichung Penis-Kind und dem Penisneid her, sondern entstammt der Liebe zu sich selbst, die in einer zweiten Phase auf die Objekte der Außenwelt projiziert wird: Partner, Kind etc. Der intrapsychischen Maternisierung sollte der Wunsch folgen, dem geliebten Menschen eine Mutter zu sein. (Sagt Freud nicht in etwa, dass es für den Erfolg einer Ehe von fundamentaler Bedeutung sei, dass die Frau ihren Partner teilweise als ihren Sohn betrachten kann?) Die narzisstische Besetzung des Ichs in der Phase der Affirmation ermöglicht es dem Ich, diese Besetzung später auf Objekte der Außenwelt zu projizieren.

Löst sich der Ödipuskomplex ohne große Konflikte auf, dann geht diese Phase beinahe unbemerkt vonstatten. Dasselbe gilt jedoch nicht für das klinische Material der Neurosen, wo sie einen fundamentalen, entscheidenden strukturellen Raum einnimmt, der dem Niedergang des Ödipuskomplexes vorausgeht.

Die positive Intrasubjektivität, gut mit sich allein sein zu können, weitet sich im Austausch mit anderen Frauen in eine sublimierte homosexuelle Bindung aus, die frei von phallischer Rivalität ist. Es öffnet sich so ein fruchtbares »Unter-Frauen«, in dem sie, Xavière Gauthier zufolge, »tanzen, leben, genießen«.[269] Dieses »Unter-Frauen« ist selbst ein gutes Vorspiel für die körperliche Erogenisierung. Wenn sie »unter sich« sind, geben sie die geheime Alchemie des weiblichen Genusses weiter, die sich später auf den begehrenden Austausch mit dem Mann ausweiten muss.

Mit der Distanzierung vom Penis-Phallus entsteht eine strukturierende Potentialität. Der Phallus ist nicht mehr alleiniges Attribut des Mannes. Anhand von metaphorisch-metonymischen Verschiebungen ist die Frau frei, sich mit den phallischen Werten zu verknüpfen, die für ihren auf Exogamie ausgerichteten Werdegang unerlässlich sind. Die Bisexualität präsentiert sich ihr in all ihrem Reichtum. Auf der

---

[269] Gauthier o. J.

einen Seite weiß sie jetzt, dass der Phallizismus ihr nicht versperrt ist, und auf der anderen Seite gewinnt sie, jenseits des Phallus, ihre primordiale Weiblichkeit zurück, überspringt die Abwehrmauer des Penisneides und gibt sich in köstlicher Selbstgewissheit ihres Selbstwertgefühls einer »aktiven Passivität« hin. Diese Affirmationsbewegung erlaubt es ihr, sich aus ihrer Weiblichkeit heraus vom Penis als einem phallischen Attribut zu lösen und sich in ein intrapsychisches Abenteuer in ihrer inneren Welt und ihrem erogenen Körper zu stürzen. An die Stelle von Traurigkeit und Rivalität treten Ruhe und Glückseligkeit.

Grunberger und Chasseguet-Smirgel[270] haben, wie andere Autoren auch, die Bedeutsamkeit der intersubjektiven Abhängigkeit im Leben der Frau, ihr Bedürfnis nach narzisstischer Bestätigung sowie ihre Unsicherheit, ein ausreichendes Selbstwertgefühl zu gewinnen, betont. Mit dem Niedergang des Ödipuskomplexes und der damit einhergehenden Transformation ihres Narzissmus'[271] hat die Frau nun Zugang zu einer größeren inneren Freiheit. Der weibliche Genuss, dieser von Lacan beschriebene exzessive Genuss, bedeutet das »Mehr« in ihrem erogenen Körper, die Glückseligkeit, auf die sie in der Begegnung trifft, er bedeutet das »Mehr« in ihrem psychischen Leben.

Der erogene Reichtum, den ich bei vorherigen Gelegenheiten beschrieben habe,[272] kommt nun zur Entfaltung. Die Vagina, die Klitoris, der Anus, die Brüste, der Mund und der Körper in seiner Gesamtheit verbinden sich mit der Ausbreitung der weiblichen Erogenität, die die Frau in die Frühzeiten des erogenen Genusses zurückversetzt.

Die unterschiedlichen Phasen und Bewegungen, die ich auf diesen Seiten beschrieben habe, vermischen sich und legen sich wie »Lavafluten« übereinander. Es ist wünschenswert, dass »etwas« von jeder Frau zu dieser Bewegung der Selbstvergewisserung gelangt. So könn-

---

[270] Grunberger 1973; Chasseguet-Smirgel 1964.
[271] Alizade 1987b.
[272] Alizade 1988b; 1989.

te sie zu einer wirklichen Partnerin des Mannes werden, beide anerkannt in der Wahrheit der symbolischen Kastration, die die Unterschiede zwischen den Geschlechtern verwischt und uns unerbittlich zwingt, uns den Grenzen unserer Bedürfnisse zu stellen und imaginäre Trugbilder zu überwinden.

Klinisches Material

Nora

Nora ist eine schöne, junge Frau. Sie wurde nach mehreren Brüdern geboren und ist die Tochter eines erfolgreichen Vaters, der immer »den Ton angibt«. Sie ist oft traurig und reizbar und konkurriert und streitet häufig mit ihrem Verlobten.

Sie kam als Ersatz für einen Sohn auf die Welt, der nur wenige Tage nach seiner Geburt gestorben war. Während der Schwangerschaft mit Nora verlor die Mutter ihre eigene Mutter. Ihrer Erzählung nach hielt ihre Mutter sie als Neugeborenes auf den Fotos im Familienalbum, in tiefes Schwarz gekleidet, mit distanziertem Blick in den Armen. Jahre später erzählte ihr die Mutter, sie habe sie in ihrer großen Trauer »nicht spüren können«.

Diese frühen Störungen in der intersubjektiven Beziehung hinterließen ihre Spuren. Zum gestörten Prozess der narzisstischen Besetzung, der die Fülle des phallischen Genusses in der Eroberung der Liebe der Mutter verhinderte (Nora konnte sie nie wirklich erreichen), gesellt sich eine zerstörerische, übertriebene Angst, die sie wohl zu einem frühen Phallizismus und einer gewissen Ablehnung der Weiblichkeit Zuflucht nehmen ließ.

So erzählt sie von ihrer begrenzten, kontrollierten Erogenität, von ihrer Furcht, sich einem liebenden Austausch hingeben zu können, von ihrer eigenen Schwierigkeit, »zu spüren«.

Bei ihrer Rückkehr von einem Skiausflug sagt sie: »Ich habe mich immer in diese Position gebracht, gegen den Mann zu gewinnen, und am Ende streite ich … Ich war eine der Besten beim Skilaufen, ich strenge mich an, um die Beste zu sein, ich hatte Angst davor, mich wichtig zu machen (*hacerme la capa*), aber ich konnte nicht hinter den anderen zurückbleiben.« »*Capa*« war ein Signifikant, der sich von wichtig zu »*capada*« = kastriert, ohne, unbedeutend, unwichtig verschob.

Anhand einer Reihe von Träumen, nach einigen Jahren der analytischen Arbeit, begann sich eine strukturelle Kristallisierung bemerkbar zu machen. Diese Träume kündigten den Wechsel von der Phase des Penis-Phallus-Neides zur Affirmation der Weiblichkeit an, wie ich sie weiter oben ausgeführt habe.

Erster Traum: Frauenkörper

Ich träumte von Wasserfluten, schmutzigem Wasser; ich klammerte mich an ein Gitter in einer Ecke, ich hatte einen Ball in meiner Hand, ich musste gegen die Strömung anschwimmen, das Wasser ekelte mich an, vielleicht gab es Ratten darin, ich versuchte zu kraulen und schaffte es nicht, ich musste brustschwimmen, ich musste mich noch einmal an das Gitter klammern, mein Verlobter kam und hielt mich am Arm fest, ich erhob mich mit Ekel, all der Dreck, der durch meinen Schritt durchfließen konnte, was mir alles passieren könnte, bereitete mir Übelkeit, mein Verlobter beschützte mich.

Durch die Assoziationen verschoben sich die Ratten und der Ekel zu Scheiße-Schmutz-Nutte-Dreck. Die Verschiebung, die stattfand, war die von Ratte-Penis-Ekel, einem Ekel, den sie mit schäbigen Hotels assoziiert, in denen die Paare absteigen. Der Schritt verweist noch einmal auf Scheiße-Blut-Sekret-Ekel.

Das »Gegen-den-Strom-Schwimmen« könnte auf die Installierung der erogenen Bewegung der Regression und den Versuch hindeuten, sich unterdrückten körperlichen Assoziationen anzunähern.

Das Männliche (der Verlobte als der Pfosten, an den sie sich klammert) verweist auf einen sicheren Penis-Phallus. Das Weibliche erscheint als ein Ort der Zurückweisung, als ein flüssiger und sich stetig verändernder Ort im Körper, ein Raum mit einer starken Strömung (über gefährliche Skipisten rasen, sich vom Pfosten losmachen, die Strömung wahrnehmen, etwas im Schritt spüren). Der Traum spricht auch von einem Stilwechsel (Brustschwimmen).

Zweiter Traum: Von der Leiter für einen einzelnen Fuß, dem langen Rock und dem Fall

> *Ich träumte, dass ich mit meiner Cousine und meiner Tante in ein altes Gebäude hineinging und dass es dort eine Leiter gab, auf die ich nur einen einzelnen Fuß setzen konnte. So konnte ich nicht nach oben gelangen. Ich trug einen langen Rock, in dem ich mich verfing und stürzte, und ich ärgerte mich. Ich schaffte es, nach oben zu gelangen, aber ich konnte mein Bein nicht über die Brüstung heben und sah mich selbst an einer Kette im Leeren hängen, und ich sah, dass andere Leute normal über die Leiter nach oben stiegen und an denselben Ort gelangten. Ich ließ mich in die Leere fallen, um die Leiter zu erreichen und war wütend. Ich ging durch die Straße, ich trug einen beigen Rock, eine graue Jacke und ein schwarzes Sweatshirt, die alle groß waren. Ich dachte: Wie bin ich nur angezogen! Ich muss schnell nach Hause gehen und anfangen zu lernen.*

Aus ihren Assoziationen sticht »langer Rock« heraus, den sie mit einer Episode in Verbindung bringt: »Neulich stand ich an der Ecke des Gebäudes mit einem neuen Rock; eine junge Frau ging vorbei und sagte: ›Was für ein schöner Rock!‹ Die junge Frau war schwanger.« Später assoziiert sie ihn mit einem Hochzeitskleid.[273] Im Traum macht sich Nora von der Kette los und stürzt sich in ein neues Abenteuer. Die zwanghaften Abwehrmechanismen (anfangen zu lernen) tauchen gemeinsam mit einer gewissen Selbstentfremdung (neue, große Klei-

---

[273] Diese Assoziationen unterstützen die Beobachtungen von Garma (1949) zum Symbolismus von Kleidung im Traum. Anm. von A. M. A.

dung) auf. »Anfangen zu lernen« wird mit einem Wissen anderer Ordnung, »groß« mit einem Körper assoziiert, der in der Schwangerschaft und auch vor Bedeutsamkeit anschwillt.

Dritter Traum: Von den Frauen, die fröhlich kopfüber spielen

Letzte Nacht träumte ich, dass wir uns in einer Theaterloge befänden. Sie drehte sich auf den Kopf, und wir blieben kopfüber sitzen, und eine große Dame drehte sich nicht um. Ich wollte meine Beine in eine Röhre stecken, um nicht zu fallen, ich ertrug das Gefühl nicht, ich sah Lucia und andere Freundinnen, sie lachten, »du wirst sehen, wie schön es ist«. Sie hingen sehr frei, und ich klammerte mich an das Rohr und rührte mich nicht.

Lucia ist eine Freundin »mit einer guten Mutter, immer gut gelaunt, fröhlich, zu allem bereit«. Sie scheint ein weibliches Ideal zu repräsentieren, in dem die Bisexualität harmonisch integriert ist. Sie bewundert sie, sie arbeitet, spricht andere Sprachen, tanzt. Nora findet sich selbst in einer glücklichen Szene wieder, in der die Frauen lachen und sich vergnügen.

Diese Szene kontrastiert mit einer anderen, die sie zwei Jahre zuvor in der Wirklichkeit erlebt hatte: »Im Garten spielen mehrere Freundinnen, sie wälzen sich im Gras eine über die andere, die Sonne scheint und es wird gelacht. Ich entferne mich und gehe in die Küche. Dort sehe ich ihnen hinter der Fensterscheibe beim Spielen zu.«

Einige Sitzungen zuvor hatte Nora die Veränderungen angekündigt, die sie erlebte: »Ich fühle mich mehr von den Dingen befreit ... als wäre ich in eine andere Zone eingetreten.«

Die Durcharbeitung dieser Träume und des später beschriebenen Materials erlaubte es mir, im Detail an den Besonderheiten dieser Patientin die Entwicklung der Affirmationsphase und die schrittweise Auflösung ihres Ödipuskomplexes zu untersuchen.

Synthese und Schlussfolgerungen

Ich schreibe diese Zeilen mit dem Gefühl, eine bedeutsame Bewegung im Ödipuskomplex bei Frauen skizziert zu haben. Spätere Untersuchungen werden das hier entworfene Bild berichtigen und vervollständigen und es möglich machen, diese Überlegungen mit anderen Elementen des theoretischen und klinischen Gebäudes der Psychoanalyse zu verbinden.

Zusammengefasst konstituiert der Niedergang des Ödipuskomplexes bei der Frau einen »neuen somato-psychischen Akt«, der mit der Distanzierung zwischen der Repräsentation des Penis' und derjenigen des Phallus' (Penis $\neq$ Phallus), der Annahme der Bisexualität, der Überwindung des Schreckmomentes der imaginären Kastration, der Installierung einer nichtphallischen symbolischen oder weiblichen Ordnung, die mit der Arbeit der weiblichen Symbolisierung verbunden ist, der Intensivierung des Affektes der Freude, der Zurückgewinnung der ursprünglichen Weiblichkeit und der Transformation des Narzissmus' sowie der Akzeptanz der Endlichkeit korreliert.

6. KAPITEL

Treue – Untreue

> Wir beide leben nur um treu zu sein
> Dem Leben.
> (Paul Eluard, *Immerwährende Dichtung*[274])

Die Schaffung von Treuestrukturen formt wertvolle Identitäts- und Zugehörigkeitsgefühle zu einer Familie, zu einem Land, zu einer Geschichte. Diese Strukturen führen zu psychischer Entlastung, indem sie stabile Wegweiser etablieren, die in Traditionen wurzeln, die von Generation zu Generation weitergegeben werden.

Es ist schwierig, diese multidisziplinären Termini in der Sprache der Psychoanalyse zu definieren. »Treue zu einem Objekt« kann zugleich die grundlegende Untreue gegenüber sich selbst bedeuten und umgekehrt. Es ist daher sowohl eine objektive als auch eine subjektive Lesart möglich. Da »Treue« und »Untreue« miteinander verwoben sind, werden sie in Grenzbereichen relativ. Anderseits gibt es eine breite Palette an Objekten, auf die sie sich richten. Zu dem bereits erwähnten Objekt der erotischen Liebe oder der Leidenschaft gesellen sich unbelebte Objekte auf einem höheren oder geringeren Abstraktionsniveau: Es gibt die Treue zu einer Religion, zu einer Idee, zu einem Land, zu einer Aktivität etc.

Der Prototyp für eine Bindung, die ein Ideal der Treue darstellt, ist die Dyade Mutter-Kind. Die Permanenz, die Konstanz des unersetzlichen Mutterobjektes stellt einen wesentlichen Aspekt dessen dar,

---
[274] Eluard 1963, S. 473.

was der Säugling zum Überleben braucht. Es entsteht ein geschlossener, sicherer, objektgebundener Ort der Verschmelzung. Die Mutter verspricht stillschweigend, das Kind zu umsorgen und zu lieben und vor allem es in seiner natürlichen Hilflosigkeit nicht zu verlassen. *Natürlich wird sie ihm untreu werden.*

Es genügt, an die Schicksale des Ödipuskomplexes und an das Phantasma der Urszene zu denken, und die essentielle Untreue des Primärobjektes wird offenkundig. *Denn ausgeschlossen zu sein, Untreue zu erleiden, ist Teil des menschlichen Lebens.* Jeder bedeutsame Andere wird in irgendeinem Moment seine Unfähigkeit erweisen, die Befriedigungserwartungen eines bestimmten Subjektes zu erfüllen, das während seiner prä- und postödipalen Reisen nach und nach narzisstische Verletzungen und Angriffe auf sein Selbstwertgefühl erleiden muss. Die Kategorie des Ausgeschlossenseins kommt immer dann ins Spiel, wenn man sich mit Treue oder Untreue beschäftigt. Es ist eine Bewegung, die strukturierende *Gestalten* des psychischen Apparates hervorbringt. *Untreue ist eine notwenige Bedingung des Ausgeschlossenseins.* Die Triangulierung öffnet das Spiel für zwei, die einen ausschließen, oder für zwei, die einen dritten einschließen, und zerstört so immer wieder die Vorstellung eines unumkehrbaren Eingeschlossenseins. Aber die Psychoanalyse sorgt für neue Sichtweisen dieser delikaten Situation, indem sie sich der unwiderlegbaren Logik des Unbewussten bedient.

Der wertvollen Objektkonstanz stellt sich die Komplexität einer Metapsychologie sinnlich-sexueller Begegnungen gegenüber, die sowohl einen manifesten (dieser gegebene erogene Körper in genau dieser Verbindung) als auch einen latenten Inhalt präsentiert, der den Gesetzen des Unbewussten untergeordnet ist, in dem sich die Welt der Phantasien, der inneren Objekte, der grundlegenden Szenen, der identifikatorischen Spiele öffnet. Dieser facettenreiche konzeptuelle Reichtum macht unvermeidlich die Vorurteile und Ideologien des »Gut-Machens« in Bezug auf das sexuelle Leben zunichte.

In der analytischen Praxis lassen sich gewöhnlich szenische Muster beobachten (wie ich anhand der Beobachtungen am Ende dieses Kapitels zeigen werde), die für ein bestimmtes Subjekt eine Bedingung für die Erotik darstellen. Ich verstehe unter szenischen Mustern affektiv-repräsentionale Modelle in einer gegebenen Form, die sich in gleichzeitigen oder aufeinanderfolgenden Phasen entwickeln können und einem bestimmten Individuum das erotische Leben erst ermöglichen. Sie beinhalten Fixierungen auf Modelle und innere Aufträge, wie ich sie am Fall von Nadine schildern werde.

Die Konsolidierung eines Selbstgefühles, eines umhüllenden Haut-Ichs ohne Risse oder die Sedimentierung eines Ortes aus reinem Stein, wie ich ihn im 2. Kapitel konzeptualisiert habe, stellen allesamt Theoretisierungen dar, die zeigen, wie ein Individuum aus der Dyade und dem Ödipuskomplex hervorgehen kann und dabei ein Stück Haut für sich zugeschnitten, das heißt eine gewisse Individuation und Autonomie erreicht hat. In seinem affektiv-erotischen Leben wird es nicht die dringende Notwendigkeit verspüren, mit dem Anspruch auf eine archaische und gar nicht mögliche (totale, entfremdende, funktionale und endogamisierende) Treue zu kämpfen, die Treue wird sich vielmehr als ein Gesetz und Kodex in der Ordnung und Regulierung des affektiv-erotischen Austausches einschreiben.

Die Treue impliziert eine Ethik, die das Subjekt innerhalb der Grenzen seiner Freiheit zu seinen und zugunsten der bedeutsamen Anderen zu gestalten vermag, die an den das Subjekt selbst betreffenden Handlungen beteiligt sind.

Ich möchte die Unterscheidung zwischen zwei Formen der Treue hervorheben: Die erste ist dringlich, zwingend, beunruhigend und ausschließend. Sie bezieht sich auf den Anspruch des Primärobjektes (archaische Treue). In ihrer zweiten Form wird Treue in einer Bindung gehalten, in der die Teilnehmer in Übereinstimmung mit einem ethisch vermittelten Wunsch handeln. Diese Form der Treue ist immer unvollständig. Das Subjekt ist zugleich sich selbst, seinen exogamen Impulsen als auch seinem Liebesobjekt gegenüber treu. Da es vorkommen kann, dass diese beiden Arten der Treue einander ausschließen, muss das Individuum wählen und wird dabei immer wieder abwechselnd treu oder untreu sein; denn immer wird der Dritte, das Andere, das Verführerische, das Ereignis und das Gedächtnis mit den in ihm gespeicherten Erinnerungen und Erlebnissen zugegen sein. An diesem Punkt erhalten Treue und Untreue einen erweiterten Sinn und breiten sich metonymisch auf die Gesamtheit der Objekte aus und entfernen sich so von der reinen Treue des Körpers zu einem Objekt des Begehrens oder der Liebe.

Jedes Paar braucht ein Minimum an Vertrauen in einen mehr oder weniger expliziten Vertrag wechselseitigen Schutzes und wechselseitiger Hilfe. Dies beinhaltet die Idee der Treue. Die Treue des Anderen ist nicht nur ein Beweis dafür, geliebt zu werden, sondern und vor allem dafür, vom Narzissmus des bedeutsamen Anderen nicht im innersten Selbst verletzt zu werden. In der Treue erleichtert der Affekt des Vertrauens die privilegierte Besetzung der geliebten Person. Das zwischen zwei Menschen etablierte Vertrauen bietet die Möglichkeit, sich vom Partner in dem Wissen zu entfernen, dass man in der Repräsentanzenwelt des Anderen einen wichtigen Platz einnimmt. Deshalb wird er während seiner Abwesenheit weiterhin seine Funktion behalten, »für den Anderen zu sein«. Eine imaginäre Hülle wechselseitiger nährender Unterstützung schafft einen inneren Bereich wechselseitigen Einbeziehens des Einen in die innere Welt des Anderen.

Das Vertrauen, der Wunsch, »mit dem Anderen und für den Anderen« zu sein, geht häufig über den bedingungslosen Anspruch auf die Exklusivität des erogenen Körpers hinaus. Das »Treue« artikuliert sich mit dem »Untreuen«, und in dieser scheinbar widersprüchlichen Beziehung können wir die Unmöglichkeit der Aneignung eines Subjektes durch ein anderes erkennen. Im besten Falle mögen Menschen, die ihrem Begehren treu sind, sich wünschen, treu zu sein und dank einer konstanten schützenden Verführung für die Köstlichkeiten einer bereichernden Bindung zu sorgen. Es ist interessant, dass in der *Odyssee* in Bezug auf Penelope das Wort Treue nicht einmal auftaucht,[275] während sich die Synonyme für das Wort Vertrauen häufen.

Es ist bekannt, dass das Verbot das Begehren auslösen kann und die Überschreitungsbewegungen begünstigt. Welche Alchemie kommt zum Ausdruck, wenn zwei Subjekte, obwohl sie zusammenleben und die Zeit gemeinsam verbracht haben, einander immer noch begehren? Man kann vermuten, dass sie eine dauerhafte Formel für Verbote und Überschreitungen gefunden haben. »Sich verlieben« und »echte Liebe« (wie Freud schrieb) haben sich unvermeidlich mit Treue verknüpft. Dieser mysteriöse Affekt erlaubt es uns, zu akzeptieren, vorübergehend ausgeschlossen zu sein, wenn dies dem Glück der geliebten Person dient.

Der Begriff des »multiplen Objekts«[276] deckt die Dynamik auf, die dabei am Werke ist. Das Paarobjekt inszeniert die Beziehungen und Personen, die zu den prä- und postödipalen Konstellationen jedes einzelnen ihrer Mitglieder gehören: Vater, Mutter, Freund, Kindermädchen etc. Im Anderen verdichten sich zahlreiche Projektionen, und man begegnet verschiedenen Rollen, wenn man die Phantasien der Kindheitsgeschichte des Anderen erbt. Wenn sich diese Überkreuzung von Projektionen in einer vorherrschend erotischen Konstellation ergibt, im Rahmen der Übereinkunft über ein in Treue geteiltes Leben, dann wird die Magie des unendlichen, unerschöpflichen Unbewussten beide Subjekte aufstrahlen lassen.

Anders sieht es mit einer beanspruchten, erzwungenen, beinahe perversen Treue aus, die fast unerbittlich ist in ihren Anforderungen und in der erstickenden Atmosphäre, die sie dem gewählten Objekt durch ständige Eifersucht zumutet. Es dauert nicht lange, bis der Sadomasochismus in der einen oder anderen Variante auf den Plan tritt. Dies ist die dunkle Seite der Treue, die in ihren Forderungen und in

---

[275] Peyrefitte 1977.
[276] Alizade 1987a.

den damit einhergehenden Beschränkungen, die sie auferlegt, monströs ist. In diesem Fall errichtet die Treue einen phobisch abgegrenzten Bereich. Der imaginäre totale Besitz des Objektes beschwichtigt die Angst vor der Trennung von den Primärobjekten. Zugleich fungiert sie als Begrenzung des eigenen entfremdeten Begehrens. Es gibt einzig den Wunsch, das begehrte Objekt zu kontrollieren, und ihm wird alles abverlangt. Dieses »alles« enthüllt zum einen die Idealisierung und Allmacht sowie die hieraus sich ergebende Verfolgung des Anderen. In diesen extremen Fällen des Anspruches auf Treue kann man leicht erkennen, wie man durch hartnäckiges Kontrollieren des Objektes, im starrköpfigen Wunsch, seinen Nebenmenschen im Namen einer drohenden Entwertung zu beherrschen und zu unterwerfen, in Hass abgleiten kann.

Das trifft vor allem zu, wenn der Andere sich entfernt und das Leben erkundet, indem er sich von neuen Ideen, neuen psychischen Territorien verführen lässt (die nicht notwendigerweise neue Sexualobjekte beinhalten), das heißt, wenn er sein Begehren sein Licht auf die Vielfalt an lebenden Dingen werfen lässt. Ich wiederhole hier mit Sibony: »Grundsätzlich kann man jemandem nur treu sein, der einen heiratet, um miteinander zu leben, und nicht jemandem, der einem sein ganzes Leben widmet.«[277] Dies liegt daran, dass die vermutete Treue des Objektes die Kastrationsphantasien aufhebt, die mit der Vorstellung von Zeit und Vergessen verbunden sind. Der Mangel erscheint ausgetrieben, und man streift die Phantasie von Unendlichkeit. In Gesellschaft des Anderen steigert sich die Qualität des erotischen Lebens, und in der Illusion der Verschmelzung wird die Vorstellung von Endlichkeit außer Kraft gesetzt. Die Vorstellung, »immer geliebt zu werden«, impliziert das Erleben ewiger Dauer, und es breitet sich ein Gefühl aus, dass die mit dem bedeutsamen Anderen geschaffene Welt unendlich ist.

---

[277] Sibony 1991.

Die Treue überquert die »Grenzen des Verlusts«[278] und versucht, mit Hilfe des stabilen Vertrauens einen magischen Raum des Wohlbefindens zu erfassen, in dem die affirmative Verzückung eines Körpers der Liebe erstrahlt, der ja sagt und für immer, und dies immer und immer wieder.

Treuer Mann und umgekehrt – untreue Frau

Es ist schwierig, einheitliche Kriterien in Bezug auf diese heikle Frage aufzustellen: Ist man etwa allein aufgrund der Tatsache, einem biologischen Geschlecht anzugehören, eher zur Treue oder zur Untreue geneigt? Hier widersprechen sich die Daten der Geschichte und die Entdeckungen der Psychoanalyse. Durch die Frauen, die um 1900 Freud in seiner Praxis aufsuchten, kristallisierte sich, ausgehend von ihren Neurosen, ein Konglomerat an psychischen Elementen heraus, in dem, Freud zufolge, Frigidität, Melancholie, ein verdrängter Körper und verbotene Sinnlichkeit überwogen. Erfolgreich unterdrückende Erziehung (Freud erwähnt explizit diesen Aspekt des Sexuallebens der Frau jener Epoche) hatte sie dazu gebracht, die notwendige Hörigkeit zu akzeptieren,[279] um in den ihnen von der Gesellschaft zugeschriebenen sozialen Rollen zu funktionieren. Die Frau ist nicht nur treu, sie ist unterdrückt. Eingetaucht in den Nebel der Melancholie wird sie den Verlust ihrer Libido beweinen.

Im Gegensatz dazu hebt Freud die Dissoziation des erotischen Lebens beim Mann hervor.[280] Sexuelle Zügellosigkeit vollziehe sich mit »leichten«, degradierten Frauen. Mit der Ehefrau-Mutter dagegen finde lediglich ein minimaler, genussvoller Austausch im Hinblick auf die Fortpflanzung statt, und dies in einer Umgebung, in der sie respek-

---

[278] Sibony 1991.
[279] Freud 1918a [1917].
[280] Freud 1910a.

tiert und wertgeschätzt wird. Diese Dissoziation macht die Untreue zu einem beinahe natürlichen Zustand des Mannes.

Untreuer Mann – treue Frau, das ist die gängige Gleichung.

Aulagnier denkt auf der gleichen Linie.[281] Die Frau sei immer (die Autorin behauptet dies als eine universale Tatsache unabhängig von allen sozialen Faktoren) eine Befürworterin der Treue, da »das Alibi der Liebe unerlässlich für die Verwirklichung ihres Begehren ist«.[282] An diesem Punkt kommt der weibliche Narzissmus ins Spiel, der eine gewisse größere, dem weiblichen Wesen inhärente Verwundbarkeit zum Vorschein bringt. Eine Frau würde alles dafür geben, geliebt zu werden. Sie wolle zur präödipalen Verschmelzung zurückkehren, sei darauf angewiesen, sich an ein Sexualobjekt zu klammern, das sich ihr zuwendet und sie auf diese Weise für ihre frühen und konstanten narzisstischen Fehlschläge entschädigt, die unlöschbare Spuren hinterließen. Der Mann dagegen, bedrängt durch das Phantasma einer Kastration, das er permanent vertreiben muss, muss sich in permanenter Eroberung immer wieder seines nichtkastrierten Zustandes, seines Status' als begehrtes Objekt mit voller Autonomie über sein Begehren versichern. Die ständige Verführung kann meiner Auffassung nach als eine Art narzisstischer, männlicher Bestätigung betrachtet werden.

Mehr als das Abenteuer selbst interessiert den Mann an jeder neuen Erektion und jedem neuen Abenteuer, noch einmal zu bestätigen, dass es keine Potenzminderung gibt, dass er weiß, wie man einer Frau Genuss bereitet, und es »immer noch« kann. Dieses »immer noch« reflektiert den Schatten der in die Zeit projizierten Kastration. Mit der angeblichen freien Zirkulation seines Begehrens, das sich auf wechselnde Objekte richtet, ratifiziert der Mann seine Männlichkeit, ohne sich dabei übermäßig schuldig zu fühlen, da es als sein natürliches Recht betrachtet wird, das in seinem Status als Mann begründet liegt. Die unvermeidbare Untreue schreibt sich ein in die Dringlichkeit, die

---

[281] Aulagnier 1966.
[282] a. a. O., S. 93.

Fluten der Kastrationsangst zu beruhigen. Der treue Mann könnte sich durch den sozialen Druck feminisiert fühlen, der wiederum von der Frau verlangt, eine ruhige Position einzunehmen und im Verlaufe der Zeit wartend auszuharren.

Andere an die Psychoanalyse grenzende Texte heben die essentielle Animalität der Frau und ihre natürliche Promiskuität hervor.[283] »Die Frau ist von Natur aus eine Sünderin.«[284] Die Frau, Nymphomanin und Betrügerin, müsse domestiziert, auf sie müssten strenge, erzieherische Maßnahmen angewendet werden. Sowohl die Ehe als auch das Kloster dienten ihr als Gefängnis. Die weibliche Untreue sei in ihre Gene eingeschrieben; sie sei daher aufgrund ihrer ererbten Konstitution unvermeidbar. Die Frau falle leicht, und man müsse sie verheiraten, um ihre potentielle, triebhafte Zügellosigkeit zu kontrollieren. Parent-Auber von der medizinischen Fakultät in Paris, Chirurg, Professor der Gynäkologie und Präsident der Medinisch-Hermeneutischen Gesellschaft, schreibt über die nichtdomestizierte Frau:

> Sie läuft wütend davon auf der Suche nach Lust beim erst besten Mann, dem sie über den Weg läuft: sie wird zurückgewiesen, wird wütend, droht und verübt äußerst gewalttätige Vergehen. Bald ist ihr Verstand umnebelt, ihr Geist treibt umher und zeigt alle charakteristischen Symptome von Manie. Blind führt sie wutentbrannte Handlungen aus, sie schlägt, beißt und zertrümmert in blutrünstiger Wildheit alles, was die Befriedigung ihrer Begierden behindert.[285]

Angesichts derart »entfesselter« Libido werden Vergewaltigung und Prostitution in therapeutische Alternativen verwandelt. In dem Artikel »Contenence« zitiert Dr. Esquirol, ein Spezialist für nervöse Erkrankungen von Frauen, den Fall eines jungen Mädchens aus guter Familie, die ohne Erfolg mit konventionellen Methoden behandelt wurde:

---
[283] Moreau 1991; Michelet 1859; Panoff 1984.
[284] Guerra 1971, zitiert in Panoff 1984.
[285] Parent-Auber 1851, zitiert in Moreau 1991.

Eines Nachts, in einer Ecke in einem Pariser Distrikt, antwortet sie auf die Frage, »Was machst du hier?«, »Ich heile mich selbst.« Und tatsächlich, nach zehn Monaten, nachdem sie ihr verwerfliches Tun vollendet und zwei Abtreibungen hinter sich gebracht hatte, genaß sie vollständig und war frei von ihren Selbstvorwürfen.[286]

Michelet berichtet von ähnlichen Situationen aus derselben Zeit in seinem Buch *La femme*.[287] Die verheiratete Frau versuche aus ihrem Gefängnis heraus, mit jedwedem Sexualobjekt ihren Trieben freien Lauf zu lassen, das sich in ihrem Umkreis befindet: den Freunden ihres Mannes, ihren Verwandten, sogar wenn sie Kinder seien, und häufig sei es ihr Schwiegersohn, der von ihren Gefälligkeiten profitiere. Die junge Schwiegermutter wolle, indem sie ihren Schwiegersohn verführe, sowohl von ihrer Eroberung profitieren als auch ein Auge auf das junge Paar behalten.

Die Psychoanalyse, die den Begriff der Bisexualität sowie die Konzepte der weiblichen und männlichen Position hervorhebt – oder, wie Winnicott meint, dass separate männliche und weibliche Elemente bei Männern und Frauen zu finden seien[288] –, kann nicht behaupten, Treue sei Sache der Frauen und Untreue die der Männer. Tatsächlich aber bestätigt die heutige Psychoanalyse oft diese Behauptung, und in der analytischen Praxis zirkulieren vielfältige Varianten davon sowohl bei Männern als auch bei Frauen.

Treue-Untreue tauchen auf als Ausdrücke, die sich nicht nur widersprechen, sondern auch sich verändernde logische Formen annehmen (manchmal der Überschneidung, manchmal der Ausschließung), abhängig vom Verlauf einer jeweiligen Situation und mit metapsychologischen Kombinationen, die in einem gegebenen Individuum den Ausschlag dafür geben, in welchen Bereichen und gegenüber welchem Objekt es treu oder untreu zu sein hat. Noch einmal kommt die Ethik ins Spiel.

---

[286] Dictionary of Medical Science 1958, zitiert in Moreau 1991.
[287] Michelet 1859.
[288] Winnicott, C. et al. 1989.

Unbewusste Elemente,
die die Untreue determinieren

Beobachtung von Ines

Die Untreue ist eine Szene mit mehr als zwei Charakteren, in der sich das ödipale Drama aktualisiert. Der Dritte, von der Szene ausgeschlossene, dessen erogener Körper »im Ausschluss« ins Spiel kommt, sollte seine homosexuellen Ängste und seine ödipale Situation mit relativem Erfolg bearbeitet haben, um die affektiv-repräsentationale Auswirkung von Untreue ohne größere Schäden für sein Selbstwertgefühl durchstehen zu können. Das ermöglicht es, dass diese dritte Person eine gewisse Distanz zur wiedererschaffenen Primärsituation einnimmt und sich dem leidenschaftlichen Drama entzieht, das sie entfesseln könnte.

Ines hat vor etwa einem Jahr geheiratet. Ihr Vater war einige Monate vor ihrer Heirat gestorben. Die chronische Krankheit, unter der er litt, war schmerzhaft gewesen. Es schien so, als würde die Trauer nicht viel Raum in Ines' psychischem Leben einnehmen. Unerwartet beginnen sie und ihr Chef eine erotische Beziehung. Sie schließen sich an ihrem Arbeitsplatz ein und machen heimlich Liebe. Wenig später lädt Ines ihren Chef zu einem Abendessen mit ihrem Mann nach Hause ein. Für sie verläuft diese Szene zu dritt überaus genussvoll. Die Beichte gegenüber ihrem Mann lässt nicht lange auf sich warten. Verletzt entzieht er ihr seine Libido. Mit dieser »gerechten Strafe« befriedigt Ines ihren moralischen Masochismus.

Während Ines' Analyse war es interessant, die Intentionen gegenüber dem Objekt im Hinblick auf die Episode von Untreue zurückzuverfolgen. Die Semantik des Untreueaktes entfaltete sich in verschiedene Richtungen:

1. Mit ihrer Tat forderte sie die Autonomie ein, die sie begehrte, sowie ihr Recht, ihre sexuelle Neugier zu befriedigen und sich nicht der gesellschaftlichen Vorschrift zu unterwerfen, nur *einen* Mann

sexuell zu kennen. Sie stellte so die Gleichheit her, die sie begehrte, was es ihr ermöglichte, ihren Penisneid durchzuarbeiten.

2. Eine Eigenschaft ihres Liebhabers definierte ihre Beziehung: Sein Name und der Nachname ihres Vaters waren beinahe identisch. Durch ihren Geliebten brachte sie ihren Vater wieder zum Leben, fand ein Vehikel für ihre inzestuösen Phantasien und bearbeitete ihre Trauer. In den Momenten ihrer Untreue spürte sie die Liebe ihres Vaters sowie die Tatsache, dass sie den Tod davonjagte.

3. Die Beichte gegenüber ihrem Ehemann befriedigte ihr Bedürfnis nach Bestrafung, das ihrem unbewussten Todeswunsch gegenüber ihrem Vater geschuldet ist, zu dem sie eine sehr ambivalente Beziehung hatte.

4. Der Ehemann nahm die Stelle des Vaters ein, der eifersüchtig war, wenn Ines mit irgendeinem Freund ausging. Ines wiederholte also eine Erinnerung: ihr Vater, der auf sie wartete, wenn sie spät nach Hause kam und sie sich der Anweisung widersetzte, früh nach Hause zu kommen. Die Untreue war eine Auflehnung gegen den Vater-Ehemann. Die Dreistigkeit ihrer Untreue mobilisierte ihren Narzissmus, was auf Dauer ihr Selbstwertgefühl erhöhte.

In dieser erogenen Untreue hielt sie eine grundlegende Treue gegenüber ihrem Begehren sowie einen unkontrollierbaren unbewussten Trieb aufrecht, ihr Primärobjekt, ihren Vater zurückzugewinnen, ihn wiederherzustellen und sich von ihm wiederherstellen zu lassen. Ihre Untreue war eine endogame, inzestuöse Tat, die von dem unbewussten Ziel der Bearbeitung getragen wurde.

Treue – Untreue zum Primärobjekt

Beobachtung von Nadine

Die grundlegende erotische Szene von Nadine ist die folgende: Sie teilt das elterliche Ehebett mit der Mutter (tatsächlich tat sie dies bis zur Adoleszenz), und der Vater, der ihr, wie sie sagt, gleichgültig ist, schläft im Nebenraum. Kurz danach begleitet sie ihre Mutter zu einem Treffen mit deren Geliebtem. Sie bleibt ausgeschlossen, während sich die beiden in ein Zimmer einschließen. Bei ihrer Rückkehr belügt sie den Vater, indem sie die Anwesenheit des Geliebten verheimlicht. Es handelt sich um eine Leidensszene. Das Primärobjekt verführt sie, um sie anschließend mit einem Liebhaber zu betrügen.

Nadine lernt ihren Ehemann durch ihre Mutter kennen: Sie sitzen in einem Süßwarengeschäft, als die Mutter einen attraktiven, jungen Mann bemerkt. Sie fordert ihre junge Tochter sofort dazu auf, hinzugehen und ihn für sich zu gewinnen. Nadine heiratet ein Objekt des Begehrens der Mutter. Kaum ist sie verheiratet, stellt sie mit ihrem Mann die erotische Szene nach, auf die sie fixiert ist. Konstant nimmt sie an, dass er ihr untreu sei (sie projiziert auf ihn ebenso ihre eigene Untreue zur Mutter durch ihre Heirat). In ihrer Phantasie nimmt ihr Ehemann die Stelle des Geliebten ihrer Mutter ein, und so trennt sie sich nicht von ihrem ersten Liebesobjekt.

Ihre unbewussten Schuldgefühle führen zu beruflichem Scheitern und zur Verarmung ihres erotischen Lebens (sie leidet an Dypareunie[289] und einem Mangel an sexuellem Begehren). Nadine schließt sich in eine archaische Treue im Dienste eines tödlichen Narzissmus' ein. Ihre Unfähigkeit zur notwendigen Untreue gegenüber dem Primärobjekt verurteilt sie zu einer morbiden präödipalen Bindung. In ihrem gescheiterten Versuch, sich von der Mutter zu unterscheiden, sich »eine Haut für sich« zuzuschneiden, versucht Nadine sich zu tö-

---

[289] Schmerzen beim Geschlechtsverkehr; Anm. d. Herausgeberin.

ten. Ebenso fürchtet sie sich, in der Übertragung dieses verlockende Primärobjekt wiederzufinden, an das sie sich lebenslang gekettet fühlt. Das auf den Ehemann projizierte Phantasma der Untreue fasst ihr verzweifeltes Schreien und ihre Qual im Angesicht ihrer Unfähigkeit, der Mutter gegenüber untreu und sich selbst gegenüber treu zu sein, zusammen – oder, besser noch, bringt sie erst zum Ausbruch.

7. KAPITEL

Über Leidenschaft und leidenschaftliche Sinnlichkeit

Anmerkungen zur Leidenschaft

Das Wort »Leidenschaft« oder »Passion« beschwört eine Welt herauf, in der große und impulsive Emotionswellen vorherrschen. »Der Begriff ›Leidenschaft‹ leitet sich ursprünglich von *pati*, erleiden, ein Zustand der Inaktivität ab: Er verweist auf etwas, das passiven Charakter hat im Gegensatz zu einer Vorstellung von Bewegung und Willensakt«[290], so Vincent, der sich auf die Etymologie von »Passion« bezieht. Cournut wiederum merkt an, dass die Etymologie (des lateinischen *pati* und des griechischen *pathein*) dieselbe sei wie die von »Patient«, »passiv« und »pathetisch«.[291] Die Definition im *Larousse* lautet: »Gewaltsame, ungestüme Bewegung eines Wesens in Richtung dessen, was es begehrt, machtvolles und kontinuierliches Gefühl, das die Vernunft beherrscht und jedwedes Verhalten lenkt. Starke Neigung: ein leidenschaftlicher Spieler.«

Aulagnier unterscheidet vier Typen von Leidenschaft: mystische, psychopathologische, amouröse und Leidenschaft zum Wissen.[292] Das Objekt der Leidenschaft (Gott, der Fetisch, die geliebte Person, das Wissensobjekt) hat auf den ersten Blick etwas Zwingendes und Katego-

---
[290] Vincent 1986.
[291] Cournut 1977.
[292] Aulagnier 1966.

risches. Es wird eine Art psychischer Maschinerie in Gang gesetzt, die zwingend darauf ausgerichtet ist, einen konstanten und übertriebenen psychischen Kontakt mit dem Objekt der Leidenschaft herzustellen.

Es sind einzig die Objekte, denen die Leidenschaft gilt, die klassifizierbar sind. Sie können unterteilt werden in lebende Objekte – die Früchte intensiver Emotionen (die geliebte oder gehasste Person etc.) – und unbelebte Objekte (Drogen, Sport, die Götter, Kunst, Wissenschaft etc.). Die Tatsache der Leidenschaft wiederum zeigt keine Varianz in ihren wesentlichen Qualitäten: Eindeutigkeit des Objektes, uneingeschränkte Ausrichtung auf das Objekt, repräsentional-affektives Überborden im Kontext der Phantasien, die die Subjekt-Objekt-Bindung mit sich bringt, zugrunde liegende narzisstische Verletzbarkeit, Aufruf zum Genuss, Leidenserwartung.

Es handelt sich um eine Dynamik des Exzesses in Kombination mit der Erfahrung, etwas oder jemandem »ausgeliefert zu sein«, was die Unterwerfung unter eine überwältigende Macht mit sich bringt. Die Dringlichkeit des Triebes enthüllt seine Hypertrophie, da er alle seine Opfer an den Rand der Exaltation und des Wahnsinns treibt. Jeder, der von Leidenschaft erfasst ist, wird wie ein fliehendes Pferd dazu gezwungen, einem bestimmten affektiven Weg zu folgen, der ihn darauf festlegt, ausschließlich auf jenen psychischen Bereich fixiert zu sein, den das Objekt seiner Leidenschaft erstrahlen lässt.

Der Ausdruck »Leidenschaft« definiert niemals ein Subjekt oder ein Objekt, sondern die Bindung, die sie miteinander vereint.[293] Eine weitere metapsychologische Kategorisierung der Leidenschaft definiert sie als »das Überborden des Systems von Vorstellungen, Emotionen und der Verdrängung«.[294] Verbindet man beide Ansätze miteinander, dann tritt die Leidenschaft als ein Überborden innerhalb einer Bindung auf; und darüber hinaus handelt es sich um eine anspruchliche Bindung, die unabänderlich, unaufhörlich, exzessiv ist. Es lässt sich

---

[293] Aulagnier 1966.
[294] Cournut 1977.

keine Bändigung der Triebe beobachten,[295] es besteht im Gegenteil eine Triebunterwerfung, die die an bestimmte Szenen gebundenen Vorstellungen und Affekte effektiv dazu zwingt, in der psychischen Verbindung ausgetragen zu werden, die zwischen dem leidenschaftlichen Subjekt und dem begehrten Objekt entstanden ist.

Die Summe der Vorstellungen und Affekte, die auf das Objekt der Leidenschaft gerichtet sind, ruft nicht nur das weiter oben beschriebene Überborden hervor, sondern sie legt eine gewisse Anarchie zwischen Phantasie und Realität bloß, die für gewöhnlich Gefühle der Verwirrung hervorruft: Das, was von diesem Objekt erwartet wird, geht verloren. Der unbezwingbare Drang, der der Wucht der Leidenschaft des Liebesimpulses innewohnt, erscheint manchmal wie eine dämonische Besessenheit oder eine Sinnestäuschung.

Die Bewegung der Leidenschaft vollzieht sich manchmal symmetrisch, manchmal asymmetrisch. Aulagnier zufolge ist die Asymmetrie ein Wesenszug der Leidenschaft.[296] Der leidenschaftliche Mensch sehnt sich nach demjenigen, dem die Leidenschaft gilt, ohne Gegenseitigkeit. Während ersterer darunter leidet, dass seine Liebe nicht in gleichem Maße erwidert wird, und indem ihm bewusst wird, dass das Objekt seiner Leidenschaft niemals seinetwegen leiden wird, bleibt die geliebte Person Herr der Lage und hiervon unabhängig. In der klinischen Praxis allerdings begegnen wir gewöhnlich symmetrischen Situationen der Leidenschaft, in denen beide Protagonisten Leidenschaft füreinander und gegeneinander (wenn sich die Liebe in Hass verwandelt hat) empfinden. Sogar wenn einer von ihnen Leidenschaft im »Überfluss« für den anderen empfindet, sind beide, was die Menge an libidinösen Empfindungen betrifft, gefangen und dem Überborden sowie der psychischen, parasitären Situation unterworfen, die die Leidenschaft ihnen auferlegt, da sie die psychische Energie des Subjektes absorbiert. Es sieht sich dann gezwungen, das Werk der Leidenschaft zu vollenden.

---

[295] Freud 1937c.
[296] Aulagnier 1979.

Die Leidenschaft ist wie ein Fremdkörper, der sich in einem Subjekt einnistet und es bewohnt, um ihn zu einer Geste, einer Handlung, einem übertriebenen Wort anzustiften, die »außerhalb« dessen liegen, was sein Wesen ausmacht. Daher gilt,

> [w]as die Leidenschaft kennzeichnet, ist die Aura des Todes. Unterhalb dieser Gewaltsamkeit – der das Gefühl für die kontinuierliche Vergewaltigung der diskontinuierlichen Individualität entspricht – beginnt das Gebiet der Gewöhnung [...]. Nur in der Vergewaltigung der individuellen Isolierung – auf der Todeshöhe – erscheint jenes Bild des geliebten Wesens, das für den Liebenden alles bedeutet, was ist.[297]

Die Leidenschaft ist wie eine Verrücktheit, da das Subjekt dem Objekt etwas signalisiert und auf eine Reaktion wartet, die es nicht nur der Gegenseitigkeit, sondern auch der Fortdauer seiner Leidenschaft versichert. In der symmetrischen Leidenschaft konfrontieren sich die Subjekte gegenseitig mit einer Phantasie: nämlich dem möglichen Übergang von Symmetrie zu Asymmetrie. In diesem Fall würde einer dem anderen ausgeliefert bleiben.

Die ausschließende Dyade der amourösen Leidenschaft verlangt nach Ewigkeit und will sich außerhalb von Zeit und Raum vollziehen. Narzisstische Befriedigung, wenn sie denn gefunden wird, spiegelt sich in der primären dyadischen Verschmelzung. Die regressive Bewegung erweckt die Intensität der Verschmelzung der ersten Lebensphasen zu neuem Leben. So können wir die Hartnäckigkeit verstehen, mit der das von Leidenschaft erfasste Subjekt nach seinem Objekt greift, sowie die Unerschütterlichkeit, mit der es darauf besteht, dass es »dieses und kein anderes« sein muss. Das Objekt der Leidenschaft ist kein zufälliges: Es ist notwendig, unersetzbar, einzigartig. Es garantiert das psychische Überleben eines Subjektes, das in der Leidenschaft nicht nur die archaische Leidenschaft zur Mutter noch einmal neu erschafft, sondern auch deren Durcharbeitung und Wiedergutmachung. In Fällen

---

[297] Bataille 1957, S. 23.

asymmetrischer Leidenschaft inszeniert sich das frühe Trauma einer pathologischen Asymmetrie in der Mutter-Kind-Bindung, in der das Primärobjekt das amouröse Verlangen des Säuglings nicht erwiderte und ihm so psychisches Leiden zufügte.

An diesem Punkt geht die amouröse Leidenschaft mit Hilflosigkeit einher. Erstere tritt als eine zeitweise Linderung auf, die die Verwundbarkeit des Subjektes maskiert. Die ökonomische Funktion der Leidenschaft zeigt sich in dem Versuch, sich vom Exzess zu befreien und ihn nach außen zu verlegen: Die innere Welt sucht nach einem Ausweg und einer Wiederherstellung der Balance zwischen Energie und Emotion – nach etwas, das nicht einfach zu erreichen ist. Von daher das verzweifelte Drängen nach dem Anderen, der ein Garant für das Versprechen sein soll, frühe psychische Schäden zu reparieren. Die Triebkraft vereinigt Libido und Selbsterhaltungstrieb in einer Art »psychischen Überlebens«, das sowohl der Gegenwart eines Objektes der Leidenschaft als auch der Erwiderung der Leidenschaft bedarf.

Selbst wenn sich unter der Leidenschaft Zerbrechlichkeit und frühe Hilflosigkeit verbergen, so grenzt ihr Auftreten gleichwohl ans Grandiose. Leidenschaft führt zu einem Exzess an Superlativen und ist kennzeichnend für extreme Polaritäten: Perfektion, das Beste oder das Schlimmste, der intensivste Schmerz, extremer Hass. Der leidenschaftliche Trieb belebt den Narzissmus neu und ruft im Subjekt Gefühle hervor, die wichtig, transzendent erscheinen. Alles Triviale und Lindernde ist ausgeschlossen. Konfrontiert mit der Leere der Hilflosigkeit herrscht hier die Fülle der Leidenschaft. Die »Leidenschaft für den anderen«[298] hält die Frustration der Mittelmäßigkeit, die Langeweile, die aus unterdrückter Libido resultiert, draußen. Die Regung des Exzesses liefert einen Grund dafür, im Umkreis dessen leben zu wollen, was das Subjekt wertschätzt. Die mit dem anderen etablierte psychische Bindung bildet einen schützenden psychischen Raum

---

[298] Vincent 1986, S. 252.

– eine Art Stärke –, in dem das Wertgeschätzte akkumuliert wird – entweder in eifriger Gegenseitigkeit oder in dem schmerzhaften Gefühl, auf keine Erwiderung zu stoßen. Jedwede Leidenschaft hinterlässt signifikante Spuren im Leben der Betroffenen.

Die Leidenschaft für den Anderen zerfällt in drei Räume.[299] Zunächst einmal sucht sie nach einem Körper, auf dem sie ihren unbegrenzten Anspruch hinterlassen kann. Dies ist der *körperliche Raum*. Die Leidenschaft muss sich mit einem Objekt verbinden, das als Lagerstatt für die im Spiel befindliche Phantasie und die notwendigen Identifikationen dienen kann.

Danach müssen wir den *extrakörperlichen Raum* in Betracht ziehen: den imaginären Raum *par excellence*. Er besetzt all jene intrapsychischen und extrapsychischen Orte, durch die das geliebte Objekt sich bewegt. Es handelt sich hierbei um einen unberechenbaren, sich verändernden Raum, der verschiedene Szenen beinhaltet. Hier lebt, entfaltet, handelt, variiert die Leidenschaft ihre verschiedenen Szenarien.

Der dritte ist der *zeitliche Raum*: Die Leidenschaft liegt im Zwist mit der Zeit, sie sucht nach einer Zeit »außerhalb der Zeit«, die nicht den Wechselfällen der Zeit unterworfen ist. In jedem Fall akzeptiert sie nur ein Hier-und-Jetzt, von dem sie will, dass es unbeweglich sei, da dies von Unveränderlichkeit und Ewigkeit künde. Sie beansprucht eine Gegenwart, die intensiv, überbordend, unerschöpflich ist. Wenn die Leidenschaft zu weit geht, grenzt ihre überbordende Ausdehnung ans Dämonische.

Im »Körper-an-Körper« der Leidenschaft fangen die Sinne Feuer, und die Schwelle der Sinnlichkeit wird gesenkt. Dies erleichtert es den Individuen, die sich auf dieses Abenteuer eingelassen haben, größere erotische Empfindsamkeit zuzulassen. Die Vorstellung vom Anderen als »alles« und das damit einhergehende Verschmelzungserleben fungieren als Einleitung zu einer wirklichen sinnlichen Orgie. Dies kann

---

[299] Cournut 1977.

im Pathos der Gefühle zu einer erotischen Erschütterung,[300] zu einer Art Megalomanie des Begehrens, der Öffnung hin zu einer Unendlichkeit führen, die, auch wenn sie trügerisch ist, alles Kleine unberücksichtigt lässt. Dieser Ausgang verdankt sich der triebgesteuerten List der Leidenschaft.

Indem sie in ihren lärmenden Manifestationen die Antithese des Nirvana zum Ausdruck bringt, bringt die Leidenschaft eine Beimischung von in Leben verwandelten Tod mit sich. Sie zeigt die beinahe irritierende Verzweiflung eines phantasmatisch überstimulierten erogenen Körpers.

Leidenschaft will nicht nur für den Moment bestehen, sie hat mit der Vergänglichkeit nichts am Hut. Es handelt sich um einen Zustand, der von Dauer sein will, und in ihrem Absolutismus und ihrer Weigerung, Kompromisse einzugehen (»immer«, »niemals«, »alles«, »nichts« sind Teil ihres Vokabulars), sucht sie nach der Aufrechterhaltung der trügerischen Illusion, die zwischen der von Leidenschaft ergriffenen Person und dem Gefühl der Verlassenheit eine Distanz errichtet.

Zugleich möchte ich einen Raum offen lassen für die Vorstellung von Leidenschaft als einer globalen, konstanten, dauerhaften Daseinsweise.[301] Dieses Konzept grenzt an die Hypomanie, an ständiges exzessives Verhalten, das der Abdichtung gegen ein mögliches Durchsickern von Angst dient. Aus der Perspektive der Pathologie betrachtet versucht diese zwanghafte Leidenschaft oder dieser chronische Zustand der Leidenschaft einiges von dem Leiden zu lindern, das der Kastrationsangst entstammt.

Die Leidenschaft ist ein unvermeidbarer Bestandteil jeden Lebens, das die Dimension der Erkundung und Entdeckung durchstreift hat, und zwar in dem Maße, als sie konstant auf Kastration-Tod verweist, die häufig in den Falten jener impulsiven psychischen Bewegungen verborgen liegen, die sie auszutreiben versucht.

---

[300] Bataille 1957, S. 251.
[301] Cournut 1977.

Die »Hexe« und die Psychoanalyse

Die »Hexe« ist die entfesselte Leidenschaft im Rahmen einer unaufhörlichen Überschreitung.[302] Es gibt grundsätzlich zwei Objekte der Leidenschaft: das Wissen und die Sinnlichkeit. Nichts scheint die Hexe auf ihrem Weg zu diesen Territorien zurückzuhalten. Das Risiko, die Todesdrohung sind ihr täglich Brot und bestimmen das Klima, in dem sie sich bewegt – ein Klima, das sogar notwendig dafür ist, das überschreitende und herausfordernde Potential zu erzeugen, das ihr Dasein als Hexe definiert.

In der Psychoanalyse ist die Hexe eine Metapher für die Leidenschaften, die im Unbewussten brodeln, sie ist »dasjenige«, was mit dem Teufel im Bunde steht, das keinerlei Gesetze respektiert und jeder etablierten Ordnung ins Gesicht lacht. Ihr Bild ist das der Zauberin mit ihrer unwiderstehlichen Verführungskraft, in der sich die Schönheit in der destruktiven Erotik verkörpert. Sie ist der göttliche Dämon, die Schönheit im Dienste des Teufels. Das Wort »Hexe« zu verwenden, bedeutet, ein dämonisches Potential heraufzubeschwören, das Überborden des Begehrens und eine dunkle und gefürchtete Macht, da der »Hexenanteil« die Triebkraft des Begehrens in ihrer überwältigenden Wucht befehligt. Mit der Hexe nähern wir uns dem an, was jenseits des Verbotenen liegt, der Gewalt, die die Grenzen durchbricht und uns ins Niemandsland der Überschreitung ruft.

In einer Analysesitzung alternieren die Positionen der Hexe, des Exorzisten, des Inquisitors und der »Nichthexe«. Es ist leicht zu verstehen, dass die Analytiker den Platz der Hexe in ihrem Pakt mit dem Teufel oder denjenigen des Exorzisten einnehmen; dies ist sogar sehr vielversprechend für den Verlauf einer Analyse. Auf der anderen Seite tauchen iatrogene Effekte immer dann in der Psychoanalyse auf, wenn sich der/die AnalytikerIn, wissentlich oder unwissentlich, in den

---

[302] Bataille 1957, S. 63ff.

Inquisitor auf der Jagd nach der »Hexe« verwandelt, die dem Unbewussten des Patienten zugrunde liegt.

Bereits Freud behauptete, dass Hexenkraft und eine gewisse Magie in die analytische Praxis eingehen. Hierunter verstehen wir eine überschreitende Arbeit während der Analyse, die die Tiefen des Unbewussten freilegt und so zur Entdeckung überraschender Phantasien und zum Auftauchen des Schreckens, des Furchterregenden, des Unheilvollen, des Unmöglichen führt. Die Hexe ist ein Geheimnis, das versucht, mit Hilfe von Abwertungen zu umschreiben und zum Schweigen zu bringen; sie ist die Inkarnation lebendiger Kräfte, die Feuer legen, aber nicht brennen. Wenn Freud das heikle Thema der Triebbändigung erwähnt und nicht in der Lage ist, eine befriedigende Lösung zu finden, ruft er die Hexe zu Hilfe. Er appelliert an die »Hexe Metapsychologie«, die vielleicht Licht auf diese Wissenslücke werfen könnte. Und er klagt: »Leider sind die Auskünfte der Hexe [...] weder sehr klar noch sehr ausführlich.«[303] Das bedeutet, dass die Hexe ihre Geheimnisse nicht preisgibt, beziehungsweise die Natur des Wissens, das sie einführt, lässt sich im Rahmen der Psychoanalyse theoretisch nicht formulieren. So bleibt etwas Unaussprechliches, Unbestimmtes bestehen, das über jeder Sitzung schwebt; es bleibt ein »Mehr«, das freigegeben ist für die Magie oder den Mangel an Magie in der subtilen Alchemie, die in der Begegnung zwischen Analytiker und Analysand gegenwärtig ist.

In seiner Selbstanalyse plante Freud, in die Hölle hinabzusteigen. In seiner Korrespondenz mit Fließ wimmelt es von Bemerkungen, in denen die Hexe oder der Teufel auftauchen.[304] Freud kannte den »Malleus Malleficarum« (*Hexenhammer*) sehr gut; auf dessen Seiten fand er Nachklänge des Kampfes zwischen verbotenen Wünschen und Strafen des Über-Ichs. Die Hexe veranlasste Freuds Entdeckungsreise

---

[303] Freud 1937c, S. 69.
[304] Freud 1887-1904, z. B. Brief 119 vom 24. Januar 1997, S. 239f; Anm. d. Herausgeberin.

in das Unbewusste. Er selbst kategorisierte sein berühmtes Kindermädchen so: »Meine ›Urheberin‹ [war] ein häßliches, älteres, aber kluges Weib, das mir viel vom lieben Gott und von der Hölle erzählt und mir eine hohe Meinung von meinen eigenen Fähigkeiten beigebracht hat.«[305] Diese erste Hexe, die ihm den Weg der Überschreitung wies, war eine Art Wissensmutter[306], eine weise Magierin, die ihn in die Erforschung des Unbekannten einführte.

Alle Hexen praktizieren den sexuellen Akt mit dem Teufel.[307] Daraus lässt sich schließen, dass die Hexe, verstärkt durch ein ebenso machtvolles männliches Bild, die erfolgreiche Bisexualität verkörpert. Der Teufel spielt die Rolle des Vaters, des Verführers, und die Hexe, mit dem für sie charakteristischen Flug, symbolisiert den Wunsch, immer weiter einzudringen, dank der Beschaffung eines grenzüberschreitenden Wissens, das der Natur abgerungen wurde.

Daher stellt die Hexe in der Psychoanalyse eine »Figur der Verdichtung« dar: Sie ist diejenige, die weiß, die kann; sie ist diejenige, die sich traut, die beherrscht, frei und herausfordernd, sie ist die grausame Hexe, die unter dem Fluch kleiner Dinge steht, »die Hexe der Dekadenz«, wie Michelet[308] sie aus historischer Perspektive nennt. Sie ist diejenige, die die Wirklichkeit für Wahrheit ausgibt, indem sie im Akt ihr Fleisch in den Zustand des Rätselhaften versetzt.

Man kann sagen, dass eine gewisse »Hexen«-Funktion bei jeder Sitzung im Raum schwebt oder fliegt. Die Hexenfunktion sorgt für die Magie der Deutung, sie ist dasjenige, was die Verbindung »von Unbewussten zu Unbewussten« herstellt, dasjenige, was an das Reale grenzt. Aber es handelt sich auch um eine manchmal gefürchtete Funktion, und die AnalytikerInnen und die AnalysandInnen werden sich vielleicht in gegenseitigem Einvernehmen für die Position der

---

[305] a. a. O., Brief 141 vom 3. Oktober 1997, S. 288.
[306] Assoun 1983.
[307] Urtubey 1986.
[308] Michelet 1862.

»Nichthexe« entscheiden; das heißt, sie lassen zu ihrer beiderseitigen Erleichterung einen gewissen Konventionalismus, ein »Als-ob« der Analyse vorherrschen. Die Dämonen werden nicht heraufbeschworen, es gibt in den Stunden keinen Hexensabbat, das Erleben in der Analyse findet in einem bekannten Rahmen statt und die Deutungen passen sich der Logik des Vorbewussten an.

Hierzu gibt es eine bedeutsame Vignette.[309] Nach einigen Jahren der Analyse gesteht Isabel ihrem Analytiker:

> Wissen Sie? … Jetzt kann ich es Ihnen sagen. … In der Stunde nach meiner ersten sexuellen Beziehung, als ich Ihnen davon erzählte, drehte ich mich um und sah Sie seltsam und teuflisch lächeln. In dem Moment dachte ich, Sie seien der Teufel, der mich versucht und mich auf den Pfad des Bösen führt. … Ich hatte Angst vor Ihnen … aber ich konnte nichts tun, ich ging weiterhin zu meinen Stunden … aber ich kann Ihr Gesicht und Ihr Lächeln in diesem Moment nicht vergessen; obwohl ich es versuchte, es war nutzlos; Sie sind gut … es war, als würde eines nicht mit dem anderen zusammenpassen.

In dem Ausdruck »teuflisches Lächeln« taucht das Unheilvolle, die dämonische Wiederholung des Gehorsams gegenüber dem Begehren des Primärobjektes auf. An Isabel lässt sich die imaginäre metonymische Nähe zwischen Wollust und Übel beobachten. In diesem Kontrapunkt sind der Wert des Verbrechens[310] und die Strafe für das erotische Erleben skizziert. Auch die Analyse ist als ein Erleben den Wechselfällen überschreitender Bewegungen unterworfen, die in der Schaffung des Neuen, des Anderen, des »noch nie Erlebten« Gestalt annehmen.

---

[309] Yañe 1991, »El retorno de las brujas«; unveröffentlicht.
[310] Bataille 1957, S. 184.

Die »Heilige« und die »Hexe«

Die Heilige und die Hexe stellen zwei Facetten der Weiblichkeit dar. Häufig lassen sie uns die Bereiche, in denen sie sich überschneiden, und den mehr oder weniger gewaltsamen Übergang von einer Figur zur anderen erkennen. Am einen Ende steht die idealisierte Frau, die große Mutter, die der Jungfrau nahekommt, die Frau frei von Begehren. In der mystischen Erfahrung vergisst die Frau ihren fleischlichen Körper, der in Glauben und gelebter Spiritualität erstrahlt. Der Körper / das Bild / das Symbol der Liebe materialisiert sich in einem erhabenen Ich-Ideal. Die heilige Erotik löst sich von der Substanz der Erogenität und wird in eine hohe, spirituelle libidinöse Sehnsucht transformiert. Aus ihrer mystischen Perspektive ist die Heilige der Beweis einer erdentrückten Bindung, in der auf Geheiß Gottes höchste Attribute gegenwärtig werden.

Die Heilige ist eine Figur des »Guten«; die Hexe dagegen schwankt permanent zwischen gut und böse. In ihrer leidenschaftlichen Beweglichkeit lenkt sie die Leidenschaft auf verschiedene Objekte. Hexe bedeutet, in einem Zustand der Leidenschaft zu »sein«, in einer Bewegung des Überbordens. Manchmal ist das Objekt ihrer Leidenschaft das Wissen, wenn sie die Dosierungen und Mischungsverhältnisse ihrer heilsamen Salben und Tränke berechnet; manchmal ist es die dämonische Religion, die die verrückten schwarzen Zeremonien des Hexensabbats beherrscht und die Gegenwart Satans heraufbeschwört; manchmal greift ihre Leidenschaft auf Drogen zurück, auf das Bilsenkraut, das sie über ihre Haut aufnimmt, um sich auf ihren halluzinatorischen Langstreckenflug zu begeben.[311] Im Bereich der Erotik vereinigen sich Mystizismus und Fleischlichkeit. Die Rituale des Hexensabbats mischen Reinigungsakte mit der Zurschaustellung von Sexualität in all ihrer frappierenden Nacktheit. Der Sex wird zu dem Medium,

---

[311] Harris 1974.

das uns zum einer Antiheiligenbringt. In der Heftigkeit und Giftigkeit als Reaktion auf die etablierte Religion offenbart sich der Widerstand gegen genau das, was sie zu vernichten sucht: die Religion. Die Beziehung zwischen Gott und den Menschen wird durch die Hexe-Frau übermittelt, durch die Braut des Dämonen, die Priesterin der anderen Religion, derjenigen der Dunkelheit, des leidenschaftlichen Überbordens des Realen. Wenn in den herkömmlichen Religionen das Symbol triumphiert, ist es in dieser Antireligion das Reale, das sich durchsetzt. An ihrem Horizont scheinen Todeserfahrungen auf, denn die Feuer, die sie erwarten, sind gewiss. Der Hexensabbat ist eine Homage an den Wagemut; er ist das Festgelage in den Vorkammern einer sicheren Vernichtung, das Lachen inmitten von Pest und Elend.

Die Hexe repräsentiert den freien und entfesselten Trieb. Man könnte sagen, dass sie ein unaufhörlicher Drang ist, der viele Trieberlebnisse verdichtet, dabei immer auf Exzess bedacht, sei es, dass sie auf die vom Wissenstrieb unterstützte Heilung in Richtung Sublimierung, sei es, dass sie auf die Erotik, das Heilige zielt und dabei ihre Überlegenheit in der »Wissenschaft der Lust« und der Apotheose der Sinne zeigt. Die Intensität des sinnlichen Genusses, der ihr zugeschrieben wird, erreicht eine übernatürliche Dimension, die von der Phantasie idealisiert und aufgrund der Grenzüberschreitung, von der sie kündet, verdammt wird.

Die Hexe verkörpert eine Bewegung, die uns eigen ist – eine, die nicht auf die Vernunft zurückgeführt werden kann. Es ist eine Bewegung, die an Gewalt grenzt, die abwechselnd erschreckt und fasziniert. An ihren Wurzeln liegt die undefinierte Überschreitung, eine Herausforderung für die Wachsamkeit. In diesem reinen unerschöpflichen Begehren, das sie leben will, grenzt sie an den Tod, an Träume, das Unbekannte, das Nichts, die Wirklichkeit. Die Gewalt bringt den erogenen Schmerz und den Genuss ins Spiel. Das sinnliche Überborden bedient sich des erogenen »dämonischen« Potentials. Brennende Sinnlichkeit sprüht maßlos Funken.

Während die Heilige ihr Fleisch beiseite legt, um reiner Geist zu werden, benutzt die Hexe ihre Fleischlichkeit als einen Mittler in ihrer Verbindung mit dem Spirituellen. Das Fleisch der Hexe ist ein Fleisch, das öffnet, spricht, um Vernichtung bittet, durch Folter zerschlagen und durch Feuer versengt. Wo die Heilige den Körper erhebt, zieht die Hexe ihn herunter. Die Heilige bändigt ihre Triebe, die Hexe verliert sich in ihnen. Der Körper der Heiligen ist still, ganz und rein. Der Körper der Hexe ist wild (sie fliegt, wirbelt, hurt herum), offen, zerrissen, imperfekt. Die Heilige steht auf der Seite des Ewigen, die Hexe auf der Seite des Vergänglichen. Die eine verleugnet den Tod, die andere taucht absichtlich in ihn ein. Die eine klammert sich an das Symbolische, die andere an das Reale. Das Geschrei der Hexe zeigt in den Raum, der den unerschöpflichen Pfad des Rätselhaften eröffnet, es ist auf das gerichtet, was jenseits des menschlichen Verständnisses liegt. Die Ruhe der Heiligen umfasst die Akzeptanz des Schicksals und die Sublimierung der fleischlichen Sinnlichkeit. Zur Heiligen gehört das stille Lächeln, zur Hexe zusammenhanglose Bewegungen, Hässlichkeit, extreme Schönheit, schneller Fortschritt durch das Verbotene und Unordnung und Exzess.

Die Heilige und die Hexe sind mögliche Extreme, die in der Bestimmung einer jeden Frau eine Rolle spielen.

8. KAPITEL

Weiblicher Masochismus: Erotik und die Conditio humana[312]

Der weibliche Masochismus, wie Freud ihn konzeptualisiert hat,[313] weist widersprüchliche Facetten auf. Ich werde den Begriff des weiblichen Masochismus' noch einmal aufnehmen und zu definieren versuchen. Meine Überlegungen basieren nur teilweise auf Freuds Theorien. Ich möchte den Begriff aus zwei Perspektiven betrachten: aus der klinischen Perspektive, aus der eine Annäherung an das Thema der Erotik abgeleitet ist, sowie aus der philosophischen Perspektive, in der der weibliche Masochismus durch eine biologische Metapher gerahmt ist, der eine Wahrheit der menschlichen Verfasstheit zugrunde liegt, die eng mit dem Nichts verbunden ist.

Die klinische Perspektive

Es drängen sich zwei Prämissen auf:

1. Freud schrieb, bei keinem Menschen fehle eine Beimengung an Perversion zu den normalen sexuellen Zielen, und diese verallgemeinerbare Feststellung reiche aus, die Unangemessenheit zu konstatieren, den Begriff der »Perversion« in einem pejorativen

---

[312] Alizade 1991. Dieses Kapitel wurde bereits in der Ausgabe der Zeitschrift *Imago*, Bd. 4, die dem Masochismus gewidmet war, publiziert.
[313] Freud 1924c.

Sinn zu gebrauchen. Ich weite diese Idee auf den Begriff des weiblichen Masochismus' aus und weise ihm einen trophischen, positiven Wert zu, der nichts mit masochistischer Perversion zu tun hat.
2. Um meine Ausführungen klarer zu gestalten, halte ich es für wesentlich, die Besonderheit des weiblichen Masochismus' hervorzuheben, obwohl wir in der analytischen Praxis viele Mischformen beobachten. Die Vorstellung vom weiblichen Masochismus, die ich vorschlage, befreit ihn von der Konnotation des Vorurteiles zum Leiden der Frau und verleiht ihm eine bedeutsame Position in der Ordnung der Triebe und im menschlichen erotischen Leben.

Freud sagt, der Masochismus »tritt unserer Beobachtung in drei Gestalten entgegen, als eine Bedingtheit der Sexualerregung, als ein *Ausdruck des femininen Wesens* und als eine Norm des Lebensverhaltens«.[314] Er entscheidet sich dafür, seine Untersuchung mit dem *weiblichen* Masochismus zu beginnen, da er keine großen Probleme zu bereiten scheint. Doch nach einer Weile finden sich Gegenüberstellungen und bedeutsame theoretische und klinische Ableitungen. Zunächst einmal stellt er ihn bei Männern fest, und *noch einmal wird die Vorstellung der weiblichen Position losgelöst vom Geschlecht des Subjektes, das diese Haltung einnimmt, emphatisch hervorgehoben*. Männer und Frauen müssen sich selbst zugunsten des einen oder des anderen Geschlechtes verlagern, und »Weiblichkeit« manifestiert sich anhand dieses ihr eigenen Masochismus.

Aus der Perspektive seiner Entwicklung betrachtet Freud den weiblichen Masochismus als eine Abzweigung der endgültigen sexuellen Organisation, aus der die Charakteristika der Weiblichkeit abgeleitet werden: kastriert zu sein, sexuell besessen zu werden, zu gebären. Was Freud beschreibt, ist beinahe ein biologischer Masochismus. Als nächstes zeigt er die Verbindung zwischen dem Kindlichen und dem Weiblichen auf. Allerdings verkompliziert sich seine Beschreibung,

---

[314] Freud 1924c, S. 373; kursiv von A. M. A.

wenn er auf dem Höhepunkt seiner Rhetorik aus dem weiblichen Masochismus masochistische Phantasien ableitet, die auf seine Arbeit »Ein Kind wird geschlagen«[315] zurückverweisen: geknebelt, gefesselt, geschlagen, misshandelt und sogar verstümmelt zu werden. Meinem Verständnis zufolge überlappen sich hier die drei Formen des Masochismus', und der weibliche Masochismus ist im erogenen und im moralischen Masochismus enthalten, verbunden mit einer Andeutung von Perversion.

Es ist nicht einfach, das rein weibliche masochistische Element zu isolieren. Bevor ich es näher betrachte, werde ich einige kurze Bemerkungen zum psychischen Schmerz machen, der aus den weiblichen Phantasien (den Penis des Vaters gestohlen zu haben, vergewaltigt und dominiert zu werden) entsteht, in die das Schuldgefühl und das Bedürfnis nach Strafe hineinspielen und die dem Liebesleben ein gewisses Quantum an moralischem Masochismus beimischen.[316] Der Körper der Frau wird in eine mythische Bühne verwandelt, auf der sich Szenen von außen (Penetration durch den Penis, Achtung vor der männlichen Kraft, entjungfernde Vergewaltigung) und von innen (die schmerzhaften Geburtswehen) zugefügter Gewalt abspielen. Ich stimme mit Cosnier darin überein, dass bei der Identifikation, die mit dem weiblichen Masochismus der genitalen Phase korrespondiert, eine Identifikation mit der Mutter im Koitus stattfindet und dass diese Identifikation eng mit dem ursprünglichen erogenen Masochismus und der ursprünglichen Beziehung zur Mutter verbunden ist.[317]

Die folgende Vignette verdeutlicht die Überlappung der Masochismen bei einer jungen Frau:

> Mercedes erzählt in ihrer Analyse von ihren Kindheitsphantasien, die die Masturbation begleiteten. In ihrem Zimmer eingeschlossen tat sie so, als sei sie an die Füße ihres Bettes gefesselt, und während sie ihre Genitalien

---
[315] Freud 1919e.
[316] Chasseguet-Smirgel 1964.
[317] Cosnier 1987.

streichelte, stellte sie sich die Gegenwart eines Mannes vor, der sie mit einer Peitsche schlug. Dann stöhnte sie und flehte ihn an, mit ihrer Bestrafung aufzuhören. In ihrem Leben hatte sie versucht, Situationen des Scheiterns herbeizuführen, indem sie ihren erogenen und moralischen Masochismus ins Spiel brachte. Der Schmerz erschien als eine Art Fetisch: Er gab ihr das Gefühl, etwas Bedeutsames zu erleben. Der psychische Schmerz wurde sehr hochgeschätzt. Nur wenn sie voller Schmerzen war, fühlte sie sich lebendig.[318] Auf der anderen Seite fürchtete sie sich während ihrer beiden Schwangerschaften vor dem physischen Geburtsschmerz. Es war, als wäre die Fähigkeit, den weiblichen Masochismus in seinem positiven Aspekt zu akzeptieren, blockiert und als könne sie nur die zerstörerischen Auswirkungen des Masochismus kultivieren.

Das Element des weiblichen Masochismus, das ich zu isolieren versuche, stellt eine normale Komponente des erotischen Lebens dar, das den Faktor des Schmerzes (ohne Zerstörung) beinhaltet, der in die Kategorie einer zusätzlichen Bedeutung erhoben wird. Es handelt sich um die Lust an der Transitivität, die die Verwundbarkeit des Säuglings in seiner frühen Lebensphase imitiert (liebkost, gefüttert, versorgt zu werden, zu jemand anderem zu gehören). Sie ist in der geheimnisvollen Lust an der Hingabe gegenwärtig. Sich selbst in die weibliche Position zu versetzen, bedeutet, biologisch und psychisch dazu bereit zu sein, zu regredieren und eins zu werden mit einer ursprünglichen Passivität, indem man sich zwingen und davontragen lässt. Masochismus kommt ins Spiel und verdeutlicht dabei die Mitbeteiligung der Triebe (*Eros* und *Thanatos*) an der Erotik.

Der weibliche Masochismus, angesiedelt auf halbem Weg zwischen dem Biologischen und dem Imaginären, ruft einen der Frau eigenen Raum auf den Plan, einen weiblichen Raum, eine Bahusung, die das Subjekt in eine reale oder imaginäre Innerlichkeit einführt, in der die Wehklage »des Dunklen« ertönt, in der eine Regression zu einer finsteren Vertrautheit unbekannten Ursprungs stattfindet. »Die Anato-

---

[318] Abadi 1981.

mie ist Schicksal« wird transformiert zu »die Biologie imaginiert das Schicksal«, und das Sanfte, das Passive, die Verschmelzung der Hingabe und die Depersonalisation rufen einen köstlichen Schmerz hervor. Dieser in den Begriff des weiblichen Masochismus' eingebettete Schmerz fügt ein Mehr an Sinnlichkeit einer bereichernden orgasmischen Expansion hinzu.[319] Marie Bonaparte ist der Überzeugung, dass »eine homöopathische Dosis an Masochismus notwendig [ist], um die erotischste feminine (weibliche) Penetration zu akzeptieren«.[320]

Benno Rosenberg hat den positiven Aspekt des Schmerzes untersucht. Er schreibt: »Der Zustand der Hilflosigkeit, wenn man sich selbst nicht helfen kann, ist ein objektiver Zustand, vom Beobachter als solcher wahrgenommen, der aber, wie ich es sehe, von subjektiver Hilflosigkeit unterschieden werden muss.« Er leitet aus dieser Hilflosigkeit, die trotz der Halluzination von Befriedigung nicht aufhört, *»die Notwendigkeit des primären erogenen Masochismus, um die Hilflosigkeit zu ertragen«*, ab.[321]

Schmerz kann nicht nur dabei helfen, Wehrlosigkeit zu ertragen, er kann auch heiter (beispielsweise bei der Geburt) als Teil des Prozesses angenommen werden, der in dem Geschenk eines Kindes gipfelt (erotischer Schmerz).

Bei erneuter Betrachtung der für die Weiblichkeit charakteristischen Situationen, auf denen der weibliche Masochismus beruht, halte ich es an diesem Punkt für angemessen, auf das Paradox der dominierenden Gewalt hinzuweisen, die in der Situation des Penetriert-Werdens ins Spiel kommt. Hierbei spielt es kaum eine Rolle, ob wir von der Vagina einer Frau oder dem Rektum einer Frau oder eines Mannes sprechen. Das Finstere und das Unbekannte treffen sich. Wohin gelange ich, wenn ich jemand anderen penetriere? Die revolutionäre Fähigkeit des menschlichen Subjektes, zwischen weiblichen und männlichen

---

[319] Alizade 1989.
[320] Bonaparte 1952, S. 444.
[321] Rosenberg, zitiert in Cosnier 1987, S. 96; kursiv von A. M. A.

Positionen zu fluktuieren (und sogar als sexuelles Subjekt neutral zu werden) sowie der Wechsel der Identifikationsspiele ermöglichen es einer Frau, zu penetrieren, und einem Mann, penetriert zu werden. Die Körper präsentieren lediglich ihre Anatomien: Die miteinander verwobenen Register des Imaginären, Symbolischen und Realen übernehmen den Rest.

Ferenczi hat bedeutsame Beiträge hierzu geliefert.[322] Es genügt, seine kleine Arbeit »Versuch einer Genitaltheorie« zu lesen. Die Erotik wird zu einem faszinierenden Feld der Fiktion. Koitus und Geburt verschmelzen miteinander. Die weibliche Unterwerfung, der männliche Herrschaftstrieb, die hypnotische Faszination, nackte Gewalt, der Kampf der Geschlechter und unzählbare Identifikationsspiele und -bewegungen ebenso wie die Verschiebung der Erotik und die sinnlichen Gleichzeitigkeiten bilden zusammen einen breiten Fächer erogener Potentialitäten, die auf das gleiche Ziel ausgerichtet sind, auf das höchste Ziel der Erotik: in den Mutterleib, zu Ontogenese und Phylogenese zurückzukehren, die Phantasmagorie der Ursprünge des Lebens zu berühren und sich sogar den Geburtsqualen und archaischen Erlebnissen anzunähern.

Das Leiden, das einen Teil des Abenteuers ausmacht, sich in Richtung einer depersonalisierenden Regression gehen zu lassen, ist ein Leiden – um ein Bild anzubieten – wie Tod und Wiederauferstehung. Hierauf zielt das Abtauchen in den Tumult, die Überschreitung der Sinne, die Zügellosigkeit des Fleisches, die erotische Konvulsion, die die nackte, lebende Materialität, den pure, sterblichen Körper zurücklassen.

Nachdem wir diesen Punkt erreicht haben, ist es nicht schwer, den von Lacan[323] vorgeschlagenen Begriff eines exzessiven Genusses zu formulieren, eines weiblichen Genusses, eines »Genusses jenseits des Phallus«, eines Genusses, der von dem begrenzt wird, was nicht ent-

---

[322] Ferenczi 1924.
[323] Lacan 1972-1973, S. 81.

schieden werden kann, indem Mystizismus und Sinnlichkeit die Erde mit einer heiligen Erotik betrachten und es dabei wagen, den Körper in ein namenloses Abenteuer zu stürzen.[324]

Weiblicher Genuss und Masochismus überschneiden sich. Es ist ein köstliches Leiden, wenn der gesamte Körper – manchmal der einer Frau, manchmal der eines Mannes – zwischen Regression und Gefühlen der Vernichtung eine Reise jenseits phallischer Wahrzeichen beginnt. Dann kann man einen Blick auf das beinahe unvorstellbare Terrain der Realität des Nichts erhaschen.

Die philosophische Perspektive

Bataille schreibt: »Als Ganzes gesehen, ist das Leben ein ungeheurer Kreislauf, den Fortpflanzung und Tod in Bewegung halten. Das Leben hört nicht auf hervorzubringen, aber nur, um wieder zu vernichten, was es hervorbringt. Es war verwirrend für das Gefühl der ersten Menschen.«[325] Dieses »verwirrende Gefühl« hat einen weiten Weg zurückgelegt. Das Geheimnis des Lebens und des Todes materialisierte sich in den Bäuchen der Frauen, die anschwollen und aus denen, zwischen Gewalt und Schmerz, lebende oder tote Kreaturen hervorgingen, wenn es nicht die Frau selbst war, die inmitten dieser wunderbaren und zugleich gefährlichen Beschäftigung des Gebärens starb.

Die weiblichen Bilder des Leidens (kastriert zu sein, sexuell besessen zu werden, zu gebären) sind Symptome der Kultur. Das so zurechtgeschnittene Weibliche bildet die Grenze, ein Schutzschild, um dem menschlichen Subjekt einen grundlegenden narzisstischen Schmerz zu ersparen: die Begrenzung jedweder Omnipotenz, die not-

---

[324] Alizade 1988b.
[325] Bataille 1957, S. 84.

wendige Unterwerfung unter die Kräfte der Natur, die Akzeptanz der Vergänglichkeit.

Der weibliche Masochismus eröffnet einen natürlichen Pfad, auf dem das Individuum in seinem Fleisch ein unentrinnbares Schicksal erleben wird, das von einem anderen Gesetz regiert wird und dem es gehorchen muss, da es wehrlos ist. Freud wählte den Ausdruck »femininer Masochismus« *a potiori* – das heißt auf der Grundlage seiner extremen Beispiele. Das Adjektiv »feminin« ist ein Extrem, dicht an der Polarität, und es verweist auf eine Grenze. Ein fremder Schmerz durchzieht das Fleisch des weiblichen Körpers, der von verschiedenen Ereignissen erschüttert wird: Jeden Monat fließt Blut, die Entjungferung schmerzt, die Geburt wird gefürchtet. Im angekündigten Schmerz – »mit Schmerzen sollst du Kinder gebären«, wie die Bibel verheißt – liegt ein sogar tieferer Schmerz als der Hieb mit der Peitsche oder irgendeine sadistische Folter: Es ist der Schmerz des verletzten Narzissmus', das Wissen um die unerbittliche Endlichkeit.

Der weibliche Masochismus nimmt eine psychische Form an, die es dem Subjekt erlaubt – dank des Schmerzes und der neuen Bedeutungen, die er in den Vorstellungen annimmt, in denen Phantasmen des Mangels eine Rolle spielen –, die Fähigkeit zu entwickeln, seinen Narzissmus zu transformieren,[326] sich selbst zu dezentralisieren, die Existenz zu relativieren und aus dem Wissen um den eigenen Tod ein Instrument zu machen, um die Unbilden des Lebens zu mildern und die Möglichkeiten zu erweitern, das Beste daraus zu machen.

Der weibliche Masochismus ist eine Verbindung zwischen Erotik und Tod. Um mit den Worten Marie Bonapartes zu sprechen: »Ich sage Destruktion und nicht Tod, da [...] die zerstörerischen Triebe, die Aggression nicht mit ihrem Wesen identisch oder mit-identisch sind mit der stillen Tendenz ins anorganische Leben, zum Tod.«[327] Der weibliche Masochismus ist ein Vehikel des Todes, nicht der Zerstö-

---

[326] Alizade 1987b.
[327] Bonaparte 1952.

rung. Die Schicksalsgöttinnen sind nicht umsonst Frauen. Der weibliche Schmerz wird durch drei Stereotype zum Ausdruck gebracht: Mutter, Geliebte, Tod. So ist diejenige, die uns das Leben schenkt, dieselbe, die uns zurückschickt in die Stille des Grabes. Freud erwähnt diesen Punkt in seiner Arbeit »Das Motiv der Kästchenwahl«:

> Die Schöpfung der Moiren ist der Erfolg einer Einsicht, welche den Menschen mahnt, auch er sei ein Stück der Natur und darum dem unabänderlichen Gesetze des Todes unterworfen. Gegen diese Unterwerfung musste sich etwas im Menschen sträuben, der nur höchst ungern auf seine Ausnahmestellung verzichtet. Wir wissen, daß der Mensch seine Phantasietätigkeit zur Befriedigung seiner von der Realität unbefriedigten Wünsche verwendet. So lehnte sich denn seine Phantasie gegen die im Moirenmythos verkörperte Einsicht auf und schuf den davon abgeleiteten Mythus, in dem die Todesgöttin durch die Liebesgöttin, und was ihr an menschlichen Gestaltungen gleichkommt, ersetzt ist.[328]

In der Erotik vermischen sich Leben und Tod miteinander. Die menschliche Verfasstheit, die *Conditio humana* verkörpert sich. Bataille beschreibt die Erotik als ein »Jasagen zum Leben bis in den Tod«.[329] Wenn er hervorhebt, dass der entscheidende Akt ist, sich zu entkleiden, so verweist der nackte Körper, selbst wenn wir dachten, wir würden Lust und das Vergnügen des Sexes erleben, auf einen undenkbaren anderen Körper: Er benennt den Leichnam, das zurückgewonnene nichtorganische Element. In die Erotik sickert ein düsteres Wissen um das Ziel alles Lebenden ein. In der Zügellosigkeit lebender Kräfte laden die erotischen Bewegungen einen dazu ein, zu sterben (die Kontinuität zurückzugewinnen, wie Bataille sagt) und wieder aufzuerstehen (zur Diskontinuität zurückzukehren).[330]

Im weiblichen Masochismus verbirgt sich der Schmerz, »nicht zu haben« und »nicht zu wissen«. Der Körper schreit gegen den Schmerz

---

[328] Freud 1913f., S. 33f.
[329] Bataille 1957, S. 26.
[330] a. a. O., S. 25f.

des Unmöglichen, des Nichtvorstellbaren und gegen das Unendliche an. Die Weiblichkeit im Allgemeinen und ihre masochistische Variante im Besonderen wurzeln in der Idee des Schmerzes, die der Symbolisierung der Kastration als Stütze dient und die sich in der unvermeidlichen Tragödie der unaufhörlichen Vernichtung der Materie manifestiert, die dem Wesen der *Conditio humana* zugrunde liegt.

Bibliographie

Alizade, A. M. (1981): Protomasoquismo *versus* pseudomasoquismo. *Revista de Psicoanálisis, 38 (2)*.

Alizade, A. M. (1987a): *El sentimenta de odio y el divorcio*. Presented at the XXVI. Symposium of the Asociacion Psicoanalitica Argentina.

Alizade, A. M. (1987b): Una direccion del narcisismo. *Revista de Psicoanálisis, 44 (1)*

Alizade, A. M. (1988a): Ensayo de investigacion sobre il divorcio patologico. *Revista Argentina de Psicopatologia, 2 (5)*, 1991.

Alizade, A. M. (1988b): Ensayo psicoanalitico sobre el orgasmo femenino. *Revista de Psicoanálisis, 45 (2)*.

Alizade, A. M. (1989): El cuerpo erogeno femenino: sus tabues y sus orgasmos. *Revista de Psicoanálisis, 46 (5)*.

Altamirano, N. (1990): *Neruda, una lectura psicoanalitic*. Peru: Esfinge.

Andreas-Salomé, L. (1899): Der Mensch als Weib. Ein Bild im Umriß. In: *Die Erotik*. München: Matthes & Seitz, 1979, S. 7-44.

Andreas-Salomé, L. (1916): »Anal« und »Sexual«. *Imago, 4*, S. 249-273.

Anzieu, A. (1974): Emboitements. *Nouvelle Revue de Psychanalyse, 9*, S. 57-71.

Anzieu, A. (1987): The hysterical envelope. In: Anzieu, D.: *Psychic Envelopes*. London: Karnac, 1990.

Anzieu, D. (1970): »Eléments d'une théorie de l'interprétation«. *Revue Française de Psychanalyse, 34*, S. 755-820.

Anzieu, D. (1974): *Das Haut-Ich*. Frankfurt a. M.: Suhrkamp, 1991.

Anzieu, D. (1987): The formal signifiers and the ego-skin. In: Ders.: *Psychic Envelopes*. London: Karnac, 1990, S. 1-58.

Anzieu, D. (1990): *A Skin for thought*. London: Karnac.

Assoun, P. L. (1983): *Freud et la femme*. Paris: Calmann-Levy.

Aulagnier, P. (1966): *Le désir et la perversion*. Paris: Éd. du Seuil, 1967.

Aulagnier, P. (1975): *The violence of interpretation*. Philadelphia: Brunner, Routledge, 2001.

Aulagnier, P. (1979): *Les destins du plaisir: aliénation, amour, passion: séminaire Sainte-Anne, années 1977 et 1978*. Paris: PUF.

Azzeo, R. (1991): Formation et activité du psychomaticien. Lecture given at the first French-Argentinian Symposium of Psychosomatic Medicine, July.

Badinter, E. (1980): *L'amour en plus*. Paris: Flammarion.

Bataille, G. (1957): *Die Erotik*. München: Matthes & Seitz, 1994.

Beauvoir, S. de (1949): *Das andere Geschlecht*. Reinbek bei Hamburg: Rowohlt, 1951.

Bérouti, R. (1977): Orgasme, grandes orgues et petites eaux. *Revue Française de Psychanalyse*. Paris: PUF.

Bick, E. (1968): The experience of the skin in early object relations. *Int. J. Psycho-Anal., 49*, S. 484-486.

Bleger, J. (1967): *Symbiosis and ambiguitiy. A psychoanalytic study*. New York: Routledge, 2011.

Blum, H. P. (1977): *Female Psychology. Contemporary Psychoanalytic Views*. New York: Internat. Univ. Pr.

Bodni, O. (1991): *Psicopatologia general*. Buenos Aires: Psicoteca.

Bonaparte, M. (1949): *Female Sexuality*. London: Imago, 1953.

Bonaparte, M. (1952): Reflexions biopsychiques sur le sadomasochisme. In: *Chronos, Eros, Thanatos*. Paris: PUF.

Bowlby, J. (1969): *Bindung. Eine Analyse der Mutter-Kind-Beziehung. Bd 1*. München: Kindler, 1975.

Bowlby, J. (1979): *Das Glück und die Trauer. Herstellung und Lösung affektiver Bindungen*. Stuttgart: Klett-Cotta, 1982.

Cachard, C. (1981): Enveloppes de corps, membranes de rêves. *L'Evolution Psychiatrique, 46*, S. 847-856.

Chambon, J. (1977): Orgasme et phantasme. *Revue Française de Psychanalyse*. Paris: PUF.

Chasseguet-Smirgel, J. (1964): *Psychoanalyse der weiblichen Sexualität*. Frankfurt a. M.: Suhrkamp, 1974.

Chasseguet-Smirgel, J. (1970): Weibliche Schuldgefühle. In: Dies.: *Psychoanalyse der weiblichen Sexualität*. Frankfurt a. M.: Suhrkamp, 1974, S. 134-191.

Cosnier, J. (1987): Le masochisme feminin. In: *Destins de la femininité*. Paris: PUF.

Cournut, J. (1977): El orgasmo infinito. In: Alizade, A. M. (Hrsg.): *Voces de femineidad*. Buenos Aires, 1991.

Desroches-Noblecourt, C. (1986): *La femme au temps des pharaons*, Paris: Stock.

Dolto, F. (1982): *Weibliche Sexualität. Die Libido und ihr weibliches Schicksal*. Stuttgart: Klett-Cotta, 2000.

Dolto, F. (1984): *Das unbewusste Bild des Körpers*. Weinheim, Berlin: Quadriga, 1987.

Dorey, R. (1983): Introduction: Penser la transgression. In: Pérard, D. et al. (Hrsg.): *L'interdit et la transgression*. Paris: Dunod.

Eco, U. (1980): *Der Name der Rose*. München: Hanser, 1983.

Eliot, T. S. (1944): *Werke 4*. Frankfurt a. M.: Suhrkamp, 1972.

Éluard, P. (1963): Immerwährende Dichtung. *Ausgewählte Schriften*. Frankfurt a. M.: Luchterhand, S. 473.

Ferenczi, S. (1924): Versuch einer Genitaltheorie. In: Ders.: *Schriften zur Psychoanalyse II*. Frankfurt a. M.: S. Fischer, S. 317-400.

Firpo, A. et al. (Hrsg.) (1984): *Amor, familia y sexualidad*. Barcelona: Argot.

Flem, L. (1986): *Freud et ses patients*. Paris: Hachette.

Foucault, M. (1963): Vorrede zur Überschreitung. In: Ders.: *Schriften in vier Bänden. Dits et Ecrits. Bd 1, 1954–1969*. Frankfurt a. M.: Suhrkamp, 2001, S. 320-342.

Freud, S. (1885): Entwurf einer Psychologie. *Nachtragsband, Teil IV*, S. 375-486.

Freud, S. (1887-1904): *Briefe an Wilhelm Fliess*. Frankfurt a. M.: S. Fischer, 1999, 2. Aufl.

Freud, S. (1894a): Die Abwehr-Neuropsychosen. *GW 1*, S. 59-74.

Freud, S. (1895b [1894]): Über die Berechtigung, von der Neurasthenie einen bestimmten Symptomenkomplex als »Angst-Neurose« abzutrennen. *GW 1*, S. 15-342.

Freud, S. (1895c): Obsessions et phobies; leur mécanisme psychique et leur étiologie. *GW 1*, S. 345-353.

Freud, S. (1900a): *Die Traumdeutung. GW 2/3*.

Freud, S. (1905c): *Der Witz und seine Beziehung zum Unbewußten. GW 6*.

Freud, S. (1905d): Drei Abhandlungen zu Sexualtheorie. *GW 5*, S. 33-147.

Freud, S. (1908c): Über infantile Sexualtheorien. *GW 7*, S. 171-188.

Freud, S. (1908d): Die »kulturelle« Sexualmoral und die moderne Sexualität. *GW 7*, S. 143-167.

Freud, S. (1910a): Über Psychoanalyse. *GW 8*, S. 1-60.

Freud, S. (1910c): Eine Kindheitserinnerung des Leonardo da Vinci. *GW 8*, S. 27-211.

Freud, S. (1910h): Über einen besonderen Typus der Objektwahl beim Manne. *GW 8*, S. 66-77.

Freud, S. (1912-13a): *Totem and Tabu. GW 9*.

Freud, S. (1913f): Das Motiv der Kästchenwahl. *GW 10*, S. 24-37.

Freud, S. (1913i): Die Disposition zur Zwangsneurose. *GW 8*, S. 442-452.

Freud, S. (1914c): Zur Einführung des Narzißmus. *GW 10*, S. 137-170.

Freud, S. (1915c): Triebe und Triebschicksale. *GW 10*, S. 210-232.

Freud, S. (1916-17a [1915-17]): Vorlesungen zur Einführung in die Psychoanalyse *GW 11*.

Freud, S. (1918a [1917]): Das Tabu der Virginität. *GW 12*, S. 159-180.

Freud, S. (1919e): Ein Kind wird geschlagen. *GW 12*, S. 197-226.

Freud, S. (1919h): Das Unheimliche. *GW 12*, S. 229-268.

Freud, S. (1923e): Die infantile Genitalorganisation. *GW 13*, S. 293-298.

Freud, S. (1924c): Das ökonomische Problem des Masochismus. *GW 13*, S. 371-383.

Freud, S. (1924d): Der Untergang des Ödipuskomplexes. *GW 13*, S. 395-402.

Freud, S. (1925j): Einige psychische Folgen des anatomischen Geschlechtsunterschieds. *GW 14*, S. 19-30.

Freud, S. (1926d [1925]): Hemmung, Symptom und Angst. *GW 14*, S. 111-205.

Freud, S. (1926e): Die Frage der Laienanalyse. *GW* 14, S. 207-286.

Freud, S. (1927e): Fetischismus. *GW 14*, S. 311-317.

Freud, S. (1930a [1929]): Das Unbehagen in der Kultur. *GW 14*, S. 419-506.

Freud, S. (1931b): Über die weibliche Sexualität. *GW 14,* S. 517-537.

Freud, S. (1933a): Neue Folge der Vorlesungen zu Einführung in die Psychoanalyse. *GW 15*.

Freud, S. (1937c): Die endliche und die unendliche Analyse. *GW 16*, S. 57-99.

Freud, S. (1937d): Konstruktionen in der Analyse. *GW 16*, S. 59-99.

Freud, S. (1940a [1938]): Abriß der Psychoanalyse. *GW 17*, S. 63-138.

Freud, S. (1940c [1922]): Das Medusenhaupt. *GW 17*, S. 45, S. 47f.

Freud, S. (1941f [1938]): Ereignisse, Ideen, Probleme. *GW 17*, S. 149ff.

Garma, A. (1949): The origin of clothes. *Psychanalytic Quarterly, 18 (2)*.

Gauthier, X. (o. J.): Pourquoi sorcières? *Sorcières, 24*.

Goldstein, R. (1983): The dark continent and its enigmas. *Int. J. Psycho-Analysis, 65*, 1984, S. 179-89.

Green, A. (1970): *L'Affect.* Paris: PUF.

Green, A. (1986): Pulsion de mort, narcissisme négatif, fonction desobjectalisante. In: Ders.: *La pulsion de mort*. Paris: PUF.

Grunberger, B. (1974): Beitrag zur Untersuchung des Narzissmus in der weiblichen Sexualität. In: Chausseguet-Smirgel, J. (Hrsg.) (1964): *Psychoanalyse der weiblichen Sexualität*. Frankfurt a. M.: Suhrkamp, 1974, S. 97-119.

Harris, M. (1974): *Cows, pigs, wars & witches: The riddles of culture.* New York: Random House.

Hermann, I. (1936): Sich-Anklammern – Auf-Suche-Gehen. *Internat. Zeitschrift f. Psychoanalyse, 22*, S. 349-370.

Hite, S. (1987): Report. *Time,* 12. Oktober.

Horney, K. (1933): Die Verleugnung der Vagina. In: Dies.: *Psychologie der Frau.* München: Kindler, 1977.

Hourcade, J. (1989): *L'eglise est-elle mysogine?* Paris: Bibliothèque Centrale Pompidou.

Institor, H. (Krämer, H.) & Sprenger, J. (1486): *Malleus Maleficarum.*

Jones, E. (1927): Über die Frühstadien der weiblichen Sexualentwicklung. *Internat. Zeitschrift f. Psychoanalyse, 21*, 1935, S. 331-341.

Joyce, J. (1922): *Ulysses.* Übers. v. Hans Wollschläger. Frankfurt a. M.: Suhrkamp, 1975.

Kawabata, Y. (2004): *Die schlafenden Schönen: Roman.* Frankfurt a. M.: Suhrkamp.

Klein, M. (1932): Die Psychoanalyse des Kindes. In: Dies.: *Gesammelte Schriften, Bd. 2,* Tübingen: frommann-holzboog, 1997.

Kristeva, J. (1987): *Geschichten von der Liebe.* Frankfurt a. M.: Suhrkamp, 1989.

Lacan, J. (1953-54): *Freuds technische Schriften. Das Seminar Buch 1.* Weinheim, Berlin: Quadriga.

Lacan, J. (1958): Die Bedeutung des Phallus. In: *Schriften II.* Weinheim, Berlin: Quadriga, 1975, S. 119-132.

Lacan, J. (1959-1960): *Die Ethik der Psychoanalyse. Das Seminar Buch VII.* Weinheim, Berlin: Quadriga, 1996.

Lacan, J. (1972-73): *Encore. Das Seminar Buch XX.* Weinheim, Berlin: Quadriga, 1986.

Langer, M. (1949): Viaje al centro de la tierra. Una fantasia de adolescente. *Revista de Psicoanálisis, 7 (19).*

Langer, M. (1951): *Mutterschaft und Sexus. Körper und Psyche der Frau.* Freiburg i. Br.: Kore, 1988.

Laporte, R. (1975): Au delà de l'horreur vacui in Figuresdu vide. *Nouvelle Revue de Psychanalyse, 11,* S. 118.

Lawrence, D. H. (1933): Der Mann, der gestorben war. In: Ders.: Liebe im Heu. Zürich: Diogenes, 1975, S. 132-194.

Leclaire, S. (1979): »Entrevista a la revista *Imago*«. *Imago, 8.*

Luquet-Parat, C. (1964): Der Objektwechsel. In: Chausseguet-Smirgel, J. (Hrsg.): *Psychoanalyse der weiblichen Sexualität.* Frankfurt a. M.: Suhrkamp, 1974, S. 120-133.

McDougall, J. (1982): *Theater der Seele. Illusion und Wahrheit auf der Bühne der Psychoanalyse.* München, Wien: Verl. Internat. Psychoanalyse, 1988.

McDougall, J. (1986): *Corps et histoire.* Paris: Société d'édition »les belles lettres«.

Mead, M. (1946): *Mann und Weib: das Verhältnis der Geschlechter in einer sich wandelnden Welt.* Reinbek bei Hamburg: Rowohlt, 1958.

Merleau-Ponty, M. (1945): *Phänomenologie der Wahrnehmung.* Berlin: de Gruyter, 1966.

Michelet, J. (1859): *Die Frau.* Leipzig: Reclam, ca. 1890.

Michelet, J. (1862): *Die Hexe.* München: Rogner und Bernhard, 1974.

Moll, A. (1898): *Untersuchungen über die Libido sexualis.* Berlin: Kornfeld, 1897.

Monestier, M. (1963): *Les sociétés secrètes feminines.* Paris: Les Productions des Paris.

Moreau, T. (1991): La mégère apprivoisée. In: Sibony, D.: *La fidélité.* Paris: Editions Autrement.

Nasio, J.-D. (1989): *7 Hauptbegriffe der Psychoanalyse.* Wien: Turia + Kant, 2000.

Neruda, P. (1972): *Die Steine des Himmels.* Berlin: Volk & Welt.

Nobecourt-Granier, S. (1981): Freud et la virginité. In: Ders.: *La première fois ou le remain de la virginité perdue à travers les siècles et les continents.* Paris: Ramsey.

Panoff, M. (1984): La sensualidad de los otros o el jardín del vecino. *Revista de Psicoanálisis, vol. XLII (2)*, 1985.

Perrot, P. (1984): *Le corps féminin.* Paris: Seuil.

Rank, O. (1924): *Das Trauma der Geburt und seine Bedeutung für die Psychoanalyse.* Frankfurt a. M.: Fischer Taschenb. Verl., 1988.

Rascovsky, A. (1973): Filicied. In: Feinstein, S. C. (Hrsg.): *Adolescent Psychiatry.* Bd. 3. Chicago, Ill.: Univ. of Chicago Pr.

Rascovsky, A. & Raskovsky, M. (1977): *Die vorgeburtliche Entwicklung: Psychoanalytische Untersuchungen zur pränatalen Psychologie.* München: Kindler, 1978.

Resnik, S. (1990): La madre arcaica y la funcion des padre. *Revista de Psicoanálisis, 67 (2).*

Rivière, J. (1927): Weiblichkeit als Maskerade. In: Weissberg, L. (Hrsg.): *Weiblichkeit als Maskerade.* Frankfurt a. M.: S. Fischer, 1994, S. 34-47.

Rodrigué, E. (1987): *Ondina. Supertramp.* Buenos Aires: Sudamericana.

Rosolato, G. (1985): *Eléments de l'interpretation.* Paris: Gallimard.

Schust-Briat, G. (1991): Gesten, die sprechen – Worte, die verdecken oder Horchen auf das Unsagbare und Worte für das Unbenennbare. *EPF-Bulletin, 37,* S. 44-52.

Sciarreta, R. (1986): Seminar given in a course on *The four basic concepts of Lacan*. Unveröffentlicht.

Sibony, D. (1919): Partage des eaux. In: Ders.: *La fidélité*. Paris: Editions Autrement.

Spitz, R. (1965): *Vom Säugling zum Kleinkind*. Stuttgart: Klett-Cotta, 1967.

Stern, D. (1985): *Die Lebenserfahrung des Säuglings*. Stuttgart: Klett-Cotta, 1992.

Thom, R. (1980): *Paraboles et catastrophes*. Paris: Champs Flammarion.

Urtubey, L. (1983): *Freud et le diable*. Paris: PUF.

Vilaine-Montefiore (o. J.): De qui suis-je en deuil? *Sorcières, 18*.

Vincent, J. (1986): *Biologie des Begehrens: Wie Gefühle entstehen*. Reinbek bei Hamburg: Rowohlt, 1990.

Winnicott, D. W. (1953): Übergangsobjekte und Übergangsphänomene. *Psyche, 23*, 1969, S. 666-682.

Winnicott, D. W. (1958): Die Fähigkeit zum Alleinsein. In: Ders.: *Reifungsprozesse und fördernde Umwelt*. Frankfurt a. M.: S. Fischer, 1984, S. 36-46.

Winnicott, D. W. (1989): On the Split-off Male and Female Elements. In: Winnicott, C. et al. (Hrsg.): *Psycho-Analytic Explorations*. London: Karnac, 1989, S. 168-189.

Brandes & Apsel

Der Frankfurter Verlag
Psychoanalyse

Daniel N. Stern et al.
(The Boston Change Process Study Group)

Veränderungs-prozesse

Ein integratives Paradigma

280 S., geb., € 29,90
ISBN 978-3-86099-901-1

Diese hochkarätige Forschergruppe vereinigt Psychoanalyse, Säuglingsforschung, kognitive Neurowissenschaften und Entwicklungspsychologie. Die weltberühmten Kliniker und Forscher zeigen in diesem bahnbrechenden Buch die Hintergründe, wie Psychotherapie erfolgreich Veränderungsprozesse bewirkt – ein Grundlagenwerk!

»Der eigentlich neue und originelle Beitrag der Stern-Forschungsgruppe gründet im Beharren auf der zentralen Bedeutung vorsprachlicher Begegnung als eigentlich relevantes therapeutisches Geschehen.«
(V. Kattermann, Deutsches Ärzteblatt)

Unseren Psychoanalysekatalog erhalten Sie kostenlos:
Brandes & Apsel Verlag • Scheidswaldstr. 22 • 60385 Frankfurt am Main
info@brandes-apsel.de • www.brandes-apsel.de
Fordern Sie unseren Newsletter kostenlos an: newsletter@brandes-apsel.de

Brandes & Apsel

»**Therapeut und Patient** können der in den Vitalitätsformen zum Ausdruck kommenden Abwehr innewerden, lange bevor der Konflikt, der die Abwehrmechanismen ursprünglich aktiviert hat, einer expliziten Erforschung zugänglich wird. Stern geht davon aus, dass die Fokussierung auf die Dynamik des Berichtens auch die Untersuchung des konflikthaften Inhaltes erleichtert. Es entsteht ein körperlich-geistiger Dialog des impliziten Erlebens, der neben der reflektierten verbalen Verarbeitung herläuft und es dem Psychoanalytiker und seinem auf der Couch liegenden Patienten ermöglichen kann, tiefe Einblicke in das Implizite zu bekommen. Dieses Buch wird sicherlich zu einem neuen Klassiker der psychoanalytischen Literatur werden.«
(W. Milch, Selbstpsychologie)

Daniel N. Stern

Ausdrucksformen der Vitalität

Die Erforschung dynamischen Erlebens in Psychotherapie, Entwicklungspsychologie und den Künsten

212 S., geb., € 24,90
ISBN 978-3-86099-692-8